일계인 디아스포라의 초국가적 성격과 민족교육

저자

임영언 전남대학교 세계한상문화연구단 전 연구교수
조선대학교 국제티앤커피문화학과 겸임교수, 경제사회학 박사

임채완 전남대학교 세계한상문화연구단 전 단장,
전남대학교 정치외교학과 명예교수, 정치사회학 박사

Ajay K. Dubey Professor, School of International Studies Jawaharlal Nehru University

전남대학교 세계한상문화연구 6차 총서 09
일계인 디아스포라의 초국가적 성격과 민족교육

2021년 3월 20일 초판 인쇄
2021년 3월 25일 초판 발행

지은이 | 임영언 · 임채완 · Ajay K. Dubey
펴낸이 | 이찬규
펴낸곳 | 북코리아
등록번호 | 제03-01240호
주소 | 13209 경기도 성남시 중원구 사기막골로 45번길 14 우림 2차 A동 1007호
전화 | 02-704-7840
팩스 | 02-704-7848
이메일 | ibookorea@naver.com
홈페이지 | www.북코리아.kr
ISBN | 978-89-6324-799-1 (93300)

값 17,000원

• 이 총서는 2010년 정부재원(교육과학기술부 인문사회연구역량강화사업비)으로 한국연구재단의 지원을 받아 연구되었음 (NRF-2010-413-2013S1A5B8A01055017).
This work was supported by the National Research Foundation of Korea Grant funded by the Korean Government (NRF-2010-413-2013S1A5B8A01055017).

전남대학교 세계한상문화연구 6차 총서 09

일계인 디아스포라의 초국가적 성격과 민족교육

Japanese Diaspora: Transnational Characteristics and Ethnic Education

임영언 · 임채완 · Ajay K. Dubey

┃총서를 펴내며┃

전남대학교 세계한상문화연구단은 2010년 한국연구재단 대학중점연구소지원사업에 선정되어 “민족분산과 지구적 소통으로서 디아스포라 연구”라는 주제로 9년에 걸쳐 연구를 수행하고 있다. 이 총서는 제2단계 연구주제인 “동북아시아 디아스포라의 초국가적 성격”이라는 3년간의 연구과제 중 3차년도 연구주제인 “동북아 민족분산의 초국가적 성격”에 해당되는 내용으로 1년간 수행한 연구결과물을 엮어 책으로 출간한 것이다.

본 연구단이 수행하고 있는 중점연구 제2단계의 연구목표는 한국, 중국, 일본 등 동북아 이산민족들의 현지적응과 정착기제를 초국가적인 관점에서 비교하여 이들 국가에서 발생한 이산민족의 보편성과 특수성을 규명하는데 있다. 이론적으로는 베르브너(Werbner)가 정의한 ‘디아스포라의 위치(Place of Diaspora)’ 개념과 초국가주의(Transnationalism)의 개념을 원용하여 탈영토적 ‘경계(Border)’에 걸쳐 사는 이주민들의 초국가적인 삶을 재해석하는 데 있다. 또한 글로벌 동북아 디아스포라가 거주국에 정착하는 과정에서 마주하게 되는 ‘물리적 경계(Boundary)’가 어떤 방식으로 그들을 타자화 시키고 심리적 경계로 고착화시켜 왔는지, 그리고 모국에 대한 디아스포라들의 상상력은 어떻게 형상화되었고 다중정체성(Multiple-Identity)을 발현시켰는지에 대해 밝히는 데 있다.

구체적으로 제2단계 3년동안 수행될 연구내용을 살펴보면, 제1년차에는 동북아 이산민족(해외 한인, 화인, 일계인)의 현지적응과 정착기제를 연구하였다. 모국을 떠난 동북아 디아스포라들이 이주지에서 현지사회로부터 경험한 배제와 타자화의 기제에 대하여 구체적인 사례와 자료수집을 통해 규명하였다. 또한 동북아 디아스포라 이주자들이 어떻게 현지에 적응했는지에 대한 현지적응 기제(Mechanism)를 밝히고 있다. 제2년차에는 해외 한인, 화인, 일계인의 다중정체성과 모국과의 연계성을 비교 연구하는 작업을 수행하였다. 본 연구과제를 수행하기 위해 모국에 대한 동북아 디아스포라의 송금, 모국에 거주하는 가족 내지 친척과의 교류와 방문정도, 모국에 대한 기대와 희망 등을 심층 조사하였다. 그리고 도상학(Iconography)적 관점에서 동북아 디아스포라가 갖는 '모국신화'와 '상징'기제를 조사하여 모국에 대한 기억장치가 어떻게 각인되었고, 실제로 어떻게 작용하였는지에 대하여 분석하였다. 연구과정에서 발굴한 자료들을 가공하여 문화콘텐츠로 개발하였다. 제3년차는 동북아 디아스포라의 사례를 통해 동북아 이산민족의 초국가적 성격의 비교 연구를 수행하였다. 먼저 연구 수행을 위해 동북아 민족분산을 유형별(Typology)로 분류하고 이주의 보편성과 특수성을 개념화하는 이론작업을 시도하였다. 또한 동북아 각국에서 국제이주를 유발하는 배출요인(PUSH Factor)과 이주를 수용하는 흡인요인(PULL Factor)이 무엇인지를 비교 연구하였다. 이러한 연구를 통해 궁극적으로 동북아 디아스포라의 초국가적 성격을 도출하였다. 2단계 3년간의 연구성과는 아카이브 작업을 통해 '디아스포라 문화자원 DB'로 구축하여 후속연구에 유용한 자료를 제공할 것으로 기대한다.

해외 한인팀은 제2단계 3차년도 연구과제인 "해외 한인의 민족분산과 초국가적 성격"을 규명하고자 중점을 두었다. 이러한 목적을 달성하기 위해 연구팀은 문헌연구와 현지조사, 면접조사 등을 통해 자료를 수집하여 활용하였다. 연구팀은 조선족의 신 이주와 초국가적 삶을 살펴보기 위해 중국의 수도인 베이징에 이주, 정착한 조선족의 사례와 일본의 수도인 도쿄 지역에 이주, 정착한 조선족 사례와 함께 중앙아시아 지역에서 한국에 이주, 정착한 고려인의 사례를 살펴보았다. 구체적으로, 이번 총서에서는 초국적 생활공간으로써 특징을 갖는 중국 베이징 왕징과 일본 도쿄에서 살아가고 있는 조선족들의 이주 동기와 정착지에서 적응하기 위해 형성한 커뮤니티 현황 및 기능, 그리고 초국적 삶이 어떠한지 고찰하였다. 이를 위해 연구자는 2016년 2월 26일부터 3월 4일까지 베이징 왕징과 옌자오를 방문하여 수집한 자료들을 활용하였다. 또한 광주광역시 광산구 월곡동 일대에 거주하고 있는 고려인들이 지역사회에 정착, 적응하는 과정에서 형성한 고려인마을의 공간적 특성이 어떠한지 현지조사를 통해 자료를 수집, 활용하였다.

해외 화인팀은 제2단계 제3차년도 연구주제인 "해외 화인의 민족분산과 초국가적 성격"을 규명하고자 했다. 막강한 경제파워와 초국적 네트워크를 구축한 화인 디아스포라는 현지 거주국에서 안정적으로 정착하고 있을 뿐만 아니라, 모국어와 전통문화를 계승하고 민족정체성을 유지하면서 모국과의 연계를 이어가고 있다. 화인 디아스포라는 모국과 거주국을 넘나드는 '경계인'으로서 초국가적 성격을 나타내고 있다. 이번 총서에서는 동남아시아 중에서도 현지사회에 안정적으로 정착한 말레이시아 화인 디아스포라를 연구대상으로 선정하여 연구를 수행했다. 연구팀은 심도 있는 연구를 진행하기 위해 말레이시아 쿠알라룸푸르, 말라카, 페낭을 직접 방문하여 자료를 수집하였으며, 문헌연구 · 설문조사 · 심층면접을 병행하여 화인 디아스포라의 이주역사, 화인 밀집거주지역 차이나타운의 현황, 민족교육 실태, 말레이인과의 종족관계, 모국과의 연계 등을 세부적으로 검토하였다.

해외 일계인팀은 제2단계 제3차년도 연구주제인 "해외 일계인의 민족분산과 초국가적 성격"을 규명하고자 하였다. 이러한 목적을 달성하기 위한 연구방법으로 일본과 브라질 지역은 현지조사와 참여관찰에 의한 심층면접 및 설문조사, 미국 지역은 문헌연구를 중심으로 진행하였다. 인터뷰 대상자는 이들 해외 일계인의 경험을 비교적 온전히 증언할 수 있는 면담자를 선정하여 해외 일계인 이주의 유형화, 유출입 요인, 초국가적 성격에 관한 구술사료를 수집하고 이를 채록하여 연구자료로 활용했다. 해외 일계인 2단계 3차년도의 연구목적을 달성하기 위해, 현지조사의 주요 대상지역은 도쿄 요코하마에 있는 JICA(해외이주자료관), 요코하마시 쓰루미구(横浜市鶴見区), 시즈오카 현 하마마쓰 시(静岡県浜松市), 나고야 오수(名古屋大須) 및 9번 단지 등 일계인 집거지를 현지 방문하여 참여관찰을 수행하였다. 또한 브라질 상파울루 리베르다지 일계인타운과 봉헤찌로 코리아타운을 방문하여 문헌자료와 인터뷰조사를 수행하였다. 이와 같이 이번 총서는 3개 연구팀에서 실시한 현지조사와 설문조사, 면접조사 등의 자료를 활용하여 발간하기에 이르렀다.

마지막으로 이 책이 세상에 나오기까지 물심양면으로 도와주신 분들께 감사드린다. 이 책의 연구성과는 중점연구사업의 일환으로 동북아디아스포라 연구를 수행할 수 있도록 지원해주신 한국연구재단, 그리고 연구단이 주최한 각종 국내 및 국제학술대회에 참석하여 연구성과에 대한 발표자 및 토론자로 유익한 조언을 해주신 국내외 디아스포라 전문가 및 학자, 연구단 홍보에 아낌없이 지원해주신 언론 관계자들 덕분이다. 이들 모두에게 진심으로 감사드린다. 또한 이른 아침부터 늦은 밤까지 불철주야로 연구에 전념해준 학술연구교수를 비롯하여 공동연구원, 연구보조원들에게도 감사를 드린다.

2021년 3월

용봉골에서

저자 일동

| 서 문 |

이 책의 목적은 일계인 디아스포라 사례를 통해 일본인의 글로벌적 민족분산의 초국가적 성격을 살펴보고 재외방인의 민족교육을 연구하는 데 있다. 특히 일본에서 국제이주를 유발하는 요인과 그것을 수용하는 요인이 무엇인가를 규명하고 재외방인 지원정책 중 재외국민 교육에 초점을 두었다.

글로벌 이동과 국제이주론의 관점에서 포르테스(portes, 1997)와 코헨(cohen, 1997)은 민족분산을 배출요인(push factor)과 흡인요인(pull factor)으로 구분하여 설명한 바 있다. 이들의 연구결과 유출요인으로서는 소득 불평등과 연계된 저성장, 인구과잉 및 높은 인구성장, 경제구조조정의 결과를 포함하는 불완전 고용과 실업률, 토지와 도시환경의 압력, 분쟁과 인종청소, 인권 확대와 차별박해, 정부의 비효율성 등을 주장하였다. 흡인요인으로는 유입국의 노동수요에 기인하는 사회경제적 개선으로 이민자들을 위한 보호나 일자리가 제공되는 곳으로 이동하게 된다는 점을 지적하였다.

또 다른 사회구조적 측면에서 초국가적 민족분산에 대해 논의한 연구자는 파이스트(Faist, 2000)나 캐슬(Castles, 2003)이다. 이들의 연구는 민족이동을 촉진시키는 구조요인으로 마크로(거시적), 메조(중간), 미크로(미시적)요인 등 크게 세 가지를 제시하였다. 즉 민족분산은 사회 구조화됨으로서 마크로 요인의 구성요소인 미크로 네트워크, 메조(중간자)에 의한 다양한 조직이나 기관을 통해 확대되고 지속된다는 이론이다. 다만 송출국에서는 이민에 의한 민족분산이 긍정적인 효과가 있다고 가정할 때 계속해서 자기 충족적으로 발생하며 수용국의 권리획득을 위한 사회문화적 통합이나 융합, 혹은 정치적 권리획득을 다음 단계에서 계속적으로 요구하게 된다고 주장하였다. 일본 내 이민자들의 연구에 초점을 둔 하기와라와 나카지마(萩原理沙 · 中島隆信, 2014)의 연구에 의하면, 이민자들의 이주지 결정요인은 소득수준이 높고 안정적인 사회, 출신국가로부터 이주지의 거리가 짧고 이민네트워크가 구축되어 있는 국가, 모국보다 이주지의 소득수준이 높거나 GDP수준이 높은 곳을 선호한다고 주장하였다.

이 책은 이러한 이론적 토대 위에 일계인 디아스포라의 초국적 성격에 대하여 1945년 전쟁 전후 해외이주, 1990년대 이후 귀환이민, 그리고 이를 지탱하는 민족교육에 대하여 살펴보았다. 일본인의 글로벌 국제이주와 재외방인교육은 상호불가분의 관계를 가지고 있다. 먼저 1945년 전쟁전후 일본인의 해외이주는 식민지 세력권과 비세력권으로의 이동으로 확연히 구분되는데 이는 일본정부의 보호와 비보호라는 전제 하에 이주와 식민개척이 각기 따로 전개되었다는 점을 상기할 필요가 있다. 특히 일본정부의 식민지 비세력권으로의 이동은 이민중개알선업자와 인재파견시스템을 통해 이루어졌다는 점과 이를 지원하는 식민협회, 해외흥업, 해외이주조합법제도, 아마존흥업 등과 같은 법률적 제도적 뒷받침이 있었기 때문에 가능했다는 점을 미리 지적해 두고자 한다.

1945년 전후, 그리고 일본인의 해외이주와 귀환이주 등으로 해외 거주 재외방인이 증가함에 따라 일본인 자녀들이 재학할 수 있는 재외교육시설들이 출현하였다. 이들 학교의 형태는 일본인학교, 보습수업교, 사립재외교육시설 및 보습교실, 기타 '재외교육시설' 등이다. 재외교육시설은 일반적으로 현지의 일본인회 등이 주체가 되어 설립되고 운영은 일본인회나 진출기업의 대표자, 보호자의 대표 등으로 구성되는 학교운영위원회가 담당하고 있다. 일본외무성과 문부과학성은 일계기업의 해외진출을 배경으로 재외교육시설의 수요가 많은 것을 감안하여 가능한 한 많은 해외자녀들이 재외교육시설에서 배울 수 있도록 지원하고 있다. 재외교육시설은 일본헌법, 교육기본법을 기반으로 한 설립과 교육과정은 정부학습지도요령의 지도방침에 의해 일본 국내와 동등한 초중등교육정책을 추진하고 있는 것으로 나타났다. 일본정부의 외무성과 문부과학성이 실시하고 있는 재외방인 교육정책은 일본 국내의 글로벌화와 해외거주 일계인청소년의 일본화라는 두 가지 측면에서 진행되고 있다.

이 책의 내용은 디아스포라 관련 연구자들이 추후 연구에 조금이나마 도움이 되고 일계인 디아스포라의 연구에 관심을 가지고 있는 학생과 일반인들의 이해를 돕고자 집필하게 되었다. 또한 이 책은 특히 일계인 디아스포라의 초국적 성격이 어떤 차원에서 이루어졌고 일계인 2~3세의 민족교육이 어떻게 이루어지고 있는지를 이해하는데 일조하고자 한다. 이 책의 내용은 총 9장으로 구성되어 있다.

제1장은 이 책의 연구목적 및 배경을 기술하였다. 일계인 디아스포라의 민족분산의 초국가적 성격과 재외방인교육과 어떻게 연결되어 있는지를 구체적으로 제시하였다.

제2장은 일본인의 1945년 이전의 해외이주의 특징에 대하여 서술하였다. 1885년 하와이 정부와 메이지정부가 맺은 계약에 의거하여 하와이 관약이민의 개시 이후 하와이를 중심으로 돈벌이 노동자이민을 매년 수 천 명의 규모로 송출하는 한편 관약이민 종료(청일전쟁 이후) 후에는 비세력권의 하와이, 북미방면 및 중남미 지역과 식민지 세력권이었던 중국, 대만, 한국방면으로 송출하였다. 1945년 이후 일본인이민은 브라질과 일본의 국교회복과 동시에 재개되었다. 민간에 의한 이민송출재개와 병행하여 일본정부에 의한 해외이주의 국책화가 진행되었다. 결국 처음에는 귀국을 전제로 한 브라질 이민이었지만 조기 돈벌이가 곤란하였던 점, 일본과 브라질의 물리적 거리가 멀었던 점, 가족동반의 이민이었던 점, 일본인간의 촌락공동체를 형성했다는 점 등이 정주이민을 가능하게 했으며 최종적으로 영주와 연결되어 브라질은 해외 최다 일계인인구를 기록하게 되었다. 1990년대 이후 해외거주 일계인들이 1990년 입국관리법개정 이후 일본 각지의 기업을 중심으로 제

조업 혹은 일손부족이 심각한 산업, 즉 3K산업분야 노동자, 비숙련노동자로서 종사할 수 있게 되었다.

제3장은 1945년 전후 일본정부의 해외이주사업의 성격과 특징, 1990년대 이후 일본귀환 일계인의 지원정책을 살펴보았다. 일본인의 해외이주에 대하여 역사적 관점에서 개괄하고 일본정부에 의한 1945년 전후 북남미 이민송출정책과 외국인수용정책을 통한 귀환이민정책, 그리고 이들에 대한 지원정책에 대하여 논의하였다. 일본정부의 재외방인정책은 국민과 비국민이라는 경계선을 확정함으로써 해외거주 재외일본인과 재외방인, 그리고 일본국내외 재외방인(일계인=현지국적자)에 중점을 두고 있다. 글로벌화와 더불어 일계인의 국내외 이동이 다양화되고 있는 가운데 국적에 따른 향후 출입국관리정책과 사회통합정책의 괴리를 해결할 수 있는 통합지원정책의 필요성을 제시하였다.

제4장은 해외진출 일계기업의 증가에 따른 재외방인정책과 그들 자녀의 교육 실태에 대하여 살펴보았다. 일본인의 글로벌 이동이 활발해짐에 따라 해외로 진출하는 일계기업도 증가해왔으며 일본의 영토 외에 진출하고 있는 일계기업의 총수도 아시아를 중심으로 급성장 해왔다. 해외일계기업의 증가와 더불어 장기체류자의 증가, 그리고 해외자녀 수의 증가에 따라 이들의 교육지원을 위해 해외에 재외교육시설들이 설립되기 시작했다. 해외체류 재외방인이 증가함에 따라 해외에 거주하는 일본인 자녀들이 재학할 수 있는 재외교육시설들이 출현하게 되었는데 이들 학교의 형태는 일본인학교, 보습수업교, 사립재외교육시설 및 보습교실, 기타 '재외교육시설' 등이 있다. 재외교육시설은 이주지의 대표자로 구성되는 학교운영위원회를 모체로 하여 일본의 학교관계법령에 준거하여 초등학교 혹은 중학교에 상당하는 교육을 수행하는 것을 목적으로 하는 전일제 교육시설을 말한다. 일반적으로 현지의 일본인회 등이 주체가 되어 설립되고 운영은 일본인회 등이나 진출기업의 대표자, 보호자의 대표 등으로 구성되는 학교운영위원회가 담당하고

있다. 일본외무성과 문부과학성은 일계기업의 해외진출을 배경으로 재외교육시설의 수요가 많은 것을 감안하여 가능한 많은 해외자녀들이 재외교육시설에서 배울 기회를 부여할 수 있도록 지원조치를 강구하고 있다.

제5장은 일본 내 설립된 일계브라질학교의 설립과 운영실태, 해외일본인학교에 대하여 살펴보았다. 구체적으로는 군마 현 일계브라질학교 일백학원, 아이치 현 에스코라 상파울루 일계브라질학교 등을 통해 일본 내 일계브라질학교의 실태, 해외일본인학교의 딜레마 등에 대하여 분석하였다. 일본출입국체류관리청에 의하면 2019년 6월 기준으로 일본체류 외국인 수는 282만 9,416명으로 일본 총 인구의 2.24%에 달했다. 일본 내 도도부현별 체류외국인이 가장 많은 곳은 도쿄도, 아이치 현, 오사카 부, 가나가와 현 등 이들 4도후현이 전체 외국인인구의 47%를 차지하였다. 도도부현별로 브라질인 인구는 아이치 현이 가장 많고 시즈오카 현, 미에 현, 기후 현 등 지방에 집중되고 있다. 기타 군마 현, 나가노 현, 사이다마 현 등 북관동 지역에 집중되고 있다. 이들 자치단체에는 자동차 관련 기업이나 각종 제조업공장이 집중되어 있으며 아이치에는 도요타, 시즈오카에는 스즈키, 혼다, 야마하, 미에 현에는 샤프, 도시바 등의 액정 제조라인이 있다. 체류외국인이 일본 도시에 집중되는 이유는 주로 서비스업의 임금이 지방도시보다 높고 생활을 지원하는 외국인공동체가 발달되어 있기 때문이다. 일본 내 일계브라질인들도 1990년대 이후 장기체류자가 급증하게 되자 브라질 모국의 정체성을 지키면서 일본에서의 생활에 잘 적응하기 위하여 학교를 설립하기 시작했다. 학교설립배경에는 체류의 장기화, 정주화 경향이 높아지고 있지만 브라질로 귀국하더라도 생활에 지장이 없도록 어린이들에게 모국의 언어와 문화를 가르치고 싶다는 욕구가 강하고 언젠가는 브라질에서의 생활을 희망하고 있기 때문이다. 이에 따라 일본전국에 일계브라질 학교가 거의 100여 개 이상이 설립되었다.

제6장은 브라질 한인이주역사에 대하여 해방 전후, 1963년 브라질 공

식이민 재개 이후 1953년이 경과된 시점에서 한인공동체의 이주역사를 회고하고 봉헤찌로를 중심으로 한 코리아타운의 형성과 에스닉 산업의 전개과정, 의류산업의 성공신화, 타운의 지역적 특성과 민족계승, 교회를 중심으로 한 한인공동체의 형성과 특징 등에 대하여 현지조사를 토대로 살펴보았다. 브라질 봉헤찌로 코리아타운에서 민족계승은 맨 처음 유대인이 진출하여 이후 이탈리아-볼리비아-일본인-한국인-중국인 순서로 에스닉 산업의 민족승계가 이루어지고 있다. 코리아타운의 의류산업과 식당업은 현재 고급화를 지향하는 한국인으로부터 저임금과 값싼 상품을 앞세운 중국인들의 진출이 현저한 것으로 나타났다. 또한 주목할 것은 리베르다지 일계인타운, 봉헤찌로 코리아타운, 브라스 지역 차이나타운이 독립적으로 존재하는 것이 아니고 상호 협력관계에 있다는 점이다. 이러한 점은 리베르다지 일계인타운의 아시아타운화에 잘 나타나고 있다.

제7장은 일본정부의 해외일계인 청소년 정책을 고찰하고 실태와 현황을 분석하였다. 분석 결과, 일본정부의 청소년정책은 2001년 1월 이후 새로 편성된 정부 관계성청이 청소년에 관한 각 분야의 정책을 분담하고 내각부가 청소년의 건전 육성에 관한 사안의 기획 및 입안, 종합조정 등을 담당하고 있는 것으로 나타났다. 일본정부의 차세대 청소년 육성 지원정책은 2020년까지 약 18만 명의 유학생을 지원한다는 계획을 세우고 있다. 이러한 일본의 성장 동력을 견인하는 글로벌 인재양성을 달성하기 위해 일본 각 부성청의 강점을 살리고 유기적인 대응을 통해 상호 연계하여 협력하고 있는 것으로 나타났다. 일본정부의 재외방인 청소년을 위한 교육시설은 해외에 체류하는 일본인 자녀를 위한 학교교육법(1947년 법률 제26호) 규정을 준수하고 일본 국내 초등학교, 중학교, 혹은 고등학교와의 동등한 교육과정을 유지한다는 취지로 지정 혹은 인정을 허가하고 있는 것으로 나타났다. 일본정부의 해외귀국 학생들에 대한 지원정책은 학교생활의 원활한 적응을 위한 지도 및 지원과 함께 다른 학생들을 포함하여 해외에서 학습 및 생활경험을 존중

한 교육을 추진하는 것을 주요 목표로 삼고 있다. 일본정부의 재외교육시설과 일본인학교는 넓은 의미에서 국제화를 지향하고 있지만 일본 국내 초등학교, 중학교 과정과 동등한 과정을 유지하는 것을 중시하고 있다. 재외교육시설은 일본헌법, 교육기본법을 기반으로 한 법규에 준거한 설립과 교육과정은 정부학습지도요령의 지도방침에 의해 일본 국내와 동등한 초중등교육을 추진하고 있는 것으로 나타났다. 결국 일본정부의 내각부와 문부성에 실시하고 있는 일본인 청소년 교육 및 재외방인 청소년 교육정책은 일본 국내의 국제화와 해외거주 일계인청소년의 일본화(내부화)라는 두 가지 측면에서 진행되고 있는 것으로 나타났다.

제8장은 브라질 일계인타운과 한인타운에 대해 구체적인 현지조사의 연구수행 내용을 중심으로 살펴보았다. 리베르다지 일계인타운은 일본인, 한국인, 중국인들이 혼재되어 거주하고 있는 곳으로 이를 '동양인 거리'로 불리고 있다. 상파울루 '동양인 거리'는 과거에는 '일본인 거리'로 불리던 곳이다. 일본인들이 최초로 만든 거리였기 때문이다. 하지만 최근 일계인타운에 중국인들이 모여들어 일계인들이 축적한 문화와 브라질인들의 일본인 신뢰를 활용하여 장사를 시작하였고 중국인들이 상점을 인수하기 시작하면서 일본인들의 소멸이 가시화되고 있다. 그 이유는 출세한 사람을 잘 활용하는 중국식 문화와 질투로 다른 사람의 장사를 방해하는 일본식 문화의 차이 때문이라는 분석도 있다. 현재 리베르다지 일계인타운은 인근지역 슬럼가에 거주하고 있는 흑인들의 접근으로 치안이 불안정하고, 토지가격의 상승과 상점의 대부분을 중국인들이 차지하여 일계인들이 교외로 내몰리면서 일계인들이 거의 보이지 않는 일계인타운으로 변하였다. 이렇게 리베르다지 일계인타운은 동양인의 거리로 불리게 되었고 최근에는 '차이나타운'화 되어 가고 있는 추세이다.

제9장은 이 책의 결론 및 향후과제에 대하여 서술하였다. 일계인 디아스포라의 초국가적 성격은 크게 3가지로 요약된다. 1945년 이전의 식민지 세

력권과 비세력권으로의 이동, 1945년 이후부터 1970년대 중반까지 계속된 브라질이주, 1990년대 귀환일계인 등이다. 이러한 일계인 디아스포라의 초국가적 성격을 규정하는 사회구조적 시스템은 이민알선업자와 인재파견시스템의 존재, 그리고 일본정부의 법률적 제도적 지원으로 가능했다. 이러한 일계인 디아스포라의 이주의 성공여부를 떠나 재외국민교육에 대해서도 많은 지원정책을 실시해 오고 있다는 것을 간과해서는 안 될 것이다.

이 책이 나오기까지 일본 요코하마에 있는 일계인 해외이주자료관, 일계인 단체인 NPO 법인 ABC저팬, 시즈오카 현 하마마쓰 시, 나고야 오수 지역 브라질학교, 나고야 9번 단지 일계인 집거지와 일계인들의 종교적 집합장소인 MIR교회 목사, 나고야 일계브라질인 안나슈도(ANNA SHUDO)와 구와바라 마리아(桑原マリア), 그리고 익명의 일계인 현지 협력자들로부터 일본 현지조사와 자료수집 과정에서 많은 도움을 받았다. 또한 브라질 리베르다지 일계인타운에 있는 오키나와현인회, 상파울루 인문과학연구소 마쓰자카 겐지, 닛케이 신문, 상파울루 신문, 오치나 프레스 등 브라질 일계신문, 상파울루 일계인문화복지회관원장 요시야스 소노코 등의 도움이 없이는 이 책이 출판되기는 힘들었을 것이다. 마지막으로 졸고의 출판에 아낌없이 협력해 주신 북코리아 이찬규 사장님께 감사드린다.

2021년 3월

저자 대표 임영언

| 차 례 |

표 차례

사진 차례

그림 차례

I

머리말

1. 연구목적 및 배경

이 책의 목적은 일계인 디아스포라 사례를 통해 민족분산의 초국가적 성격을 비교 연구하는 데 있다. 이를 위해 동북아 민족분산을 유형별로 분류하고 그 보편성과 특수성을 개념화하는 이론적 작업을 진행할 것이다. 또한 일본에서 국제이주를 유발하는 요인과 그것을 수용하는 요인이 무엇인지 밝혀내어 비교할 것이다. 이러한 작업을 통해 궁극적으로 일본인 민족분산의 초국가적 성격을 도출해 낼 수 있을 것이며, 이를 민류학적 개념의 틀로 설명을 가하고자 한다. 연구방법으로는 일계 거주지역에 대한 심층적인 현지조사와 참여관찰을 진행할 것이며, 이들 집단의 경험을 비교적 온전히 증언할 수 있는 면담자를 선정하여 이주의 유형화, 유출입 요인, 초국가적 성격에 관한 구술 사료를 수집하고 이를 채록하여 연구자료로 활용할 것이다.

이 책의 중심내용은 제2단계 제3차년도에서 진행할 연구주제인 일계인 디아스포라의 이주를 유형화 하는 것이다. 이 연구를 위해서는 제1단계에서 진행한 이주루트를 계보화한 것을 체계화하여 2단계에서는 일정한 규칙을 찾아내는 작업을 통해 이주루트의 보편성과 특수성을 발굴하는 작업을 수행할 것이다.

가령, 중국의 화교(화인)의 경우 이주 경로는 다양하지만 그 중 한국으로의 경로는 대체로 다음과 같은 세 가지 루트가 있다. 첫째, 산동에서 인천을 통해 직접 조선으로 이동한 경로, 둘째, 산동에서 만주로 1차 이동을 한 후 다시 조선으로 2차 이동한 경로, 셋째, 중국에서 일본으로 1차 이동한 후 다시 조선으로 2차 이동한 경로 등이다.

해외한인의 경우, 함경도에서 월경이 시작되는 두만강루트, 두만강에서 노루고르드만 연안의 포시예트(Posyet)를 기점으로 한 연해주루트, 연해주에서 우즈베키스탄과 카자흐스탄 등지로 이어지는 중앙아시아루트, 그리고 중앙아시아에서 다시 극동 연해주로 이어지는 극동귀환루트 등 고려인들의 이주루트를 재현하였다. 또한 조선족의 경우, 한반도 북부에서 압록강과 두만강의 대안(對岸)으로 이어지는 월강(越江)루트, 대안 지역에서 집중촌인 간도로 이어지는 간도루트, 1885년 길림조선상민무역지방장정(吉林朝鮮商民貿易地方章程) 체결 이후 화룡욕, 광제욕, 서보강 등지에 확산된 통상루트 등을 이주루트로 재현하였다. 그리고 한반도에서 현해탄을 건너 오사카와 사할린 등지로 송출된 재일한인들의 이주루트에 관한 자료를 수집하여 네트워크이론을 활용한 이주루트를 지도(mapping)로 재현하였다.

해외일계인의 경우 1866년 요코하마 항구에서부터 하와이로 이주하는 하와이이주루트, 그리고 미국본토로 이어지는 시애틀 · 다코마이주루트, 브라질 중남미이주루트, 싱가포르를 경유한 남미이주루트 등을 계보화하였다.

구체적으로 동북아 이산민족들이 정착지에서 지역적으로 어떻게 달리 나타나고 유사점들은 무엇인가를 규명하고 유형화하는 연구들이다. 이러한 연구 작업을 통해서 가령 한국 내에도 고려인, 중국조선족, 동남아시아, 중동 등 다양한 민족들이 거주하고 있지만 이들 이주민들의 거주 유형이나 정착 유형은 각기 다를 것이다. 마찬가지로 동북아에서 발생한 일계인의 민족분산과 이주유형도 비슷한 맥락에서 유형화가 가능할 것으로 보인다. 동북아 이산민족의 이주루트의 계보화 과정에 대한 분석을 통해서 디아스포라 이주의 일반적인 유형을 찾아 이를 체계화하는 것이 필요하다. 그리고 이러한 연구를 일반화시키기 위해서 이주루트 계보화에 대한 원자료의 수집과 발굴을 수행할 것이며 일계인의 이주를 유형화하기 위해서 관련 협약기관과 공동으로 집거지에 대한 조사를 수행할 것이다.

해외한인 연구는 중국, 일본, 연해주 등 협약기관과 공동으로 집거지에 나타난 이주의 원자료를 수집하였다. 해외화인 연구는 중국 남양연구소를 중심으로 일본, 한국, 싱가포르와 필리핀 현지의 연구소와 협력하여 화인의 이주유형을 통시적으로 살펴보았다. 해외일계인의 경우 미국 하와이와 브라질 상파울루 리베르다지를 중심으로 한 일계인집거지의 원자료를 수집하였다. 그리고 1990년대 도일한 귀환일계인을 대상으로 일본 현지조사를 통해 일계인의 이주유형을 통시적으로 살펴보았다.

디아스포라의 이주유형화를 확립하기 위해서는 1세대부터 현재의 5~6세대에 이르기까지 이주의 기원을 찾아서 후손들의 이주경로를 통해서 이주의 유형을 도출해 낼 수도 있을 것이다. 이러한 이주루트의 유형화를 통해서 민족분산의 보편성과 특수성을 규명할 수 있을 것이다.

국제이주론에서 포르테스(portes, 1997)나 코헨(cohen, 1997)은 민족분산의 배출요인(push factor)과 흡인요인(pull factor)으로 나누어 설명한 바 있다. 이들의 연구결과 유출요인으로서는 소득 불평등과 연계된 저성장, 인구과잉 및 높은 인구성장, 경제구조조정의 결과를 포함하는 불완전 고용과 실업률, 토지와 도시환경의 압력, 분쟁과 인종청소, 인권 확대와 차별박해, 정부의 비효율성 등을 도출하였다. 흡인요인으로는 유입국의 노동수요에 기인하는 사회경제적 개선으로 이민자들을 위한 보호나 일자리가 제공되는 곳으로 이동하게 된다는 것이다.

이와 관련하여 두 번째 연구주제는 일계인의 민족분산에 따른 유출과 유입의 원인을 조사하는 것이다. 디아스포라의 이주에는 개개인의 이주이유와 목적에 따라서 다양한 양상을 띠게 된다. 따라서 이주는 매 시기와 장소에 따라 다양한 결과를 생산하면서도 동시에 국적을 초월하는 특성을 지닌다. 또한 이러한 이주에는 유출국의 사회, 경제, 문화 등의 다양한 요인으로 내국민의 해외로의 이주를 유발하게 된다. 일계인의 경우 1868년 메이지유신 이후 농민들이 경제적 궁핍에서 탈피하기 위해 일본 농촌으로부터 하와이나 브라질로 이민개척을 떠나게 되었다. 해외화인의 경우, 1978년 문화대혁명을 거치면서 많은 지식인들과 경제적 핍박을 벗어나고자 해외로 이주하였다. 이처럼 이주의 주요원인은 모국인 기원국의 여러 가지 상황으로 인해 발생한 결과라고 할 수 있다.

또한 거주국에서의 경제적 핍박과 차별적 대우로 인해 많은 디아스포라들이 제3국으로 이주하였다. 이처럼 출신국에서의 이주원인 뿐만 아니라 거주국에서의 이주원인을 분석해서 유출국의 이주요인을 도출할 필요가 있다. 그리고 또 하나 이주를 촉진하는 동기로는 유입국의 경제적 발전과 더불어 수용정책에서 찾아볼 수 있다. 호주나 미국 등의 선진국은 우수한 인재를 유치하기 위해 다양한 우대정책을 기반으로 이주를 유도하고 있다. 초기 이주의 원인으로 경제적 도피를 본다면 선진국의 다양한 다문화정책은 디아스포라에게 물리적 경계뿐만 아니라 언어적 문화적 차이를 극복할 수 있도록 하는 디아스포라의 의식과 정체성에도 많은 영향을 미칠 것으로 생각된다.

따라서 이 책은 주로 일본에서 이주를 유발하는 요인과 그것을 수용하는 요인을 분석하였다. 이러한 작업을 통해서 일본인 이주의 유형화를 체계적으로 밝혀낼 수 있고 또한 민족 대이동의 보편성과 특수성을 밝힐 수 있을 것이다. 더불어 일본인의 이주 요인분석을 통해서 일반적인 이주의 보편성을 비교분석함으로서 특징을 규명하고 더 나아가 세계디아스포라의 이주유형을 예측할 수 있을 것이다.

사진 1.1 19세기 중엽 중국인의 미국서부개발 철도화공 투입장면

사진 1.2 1936 일본 고베, 화교 거류 외국인 등록증

초국가시대 민족분산에 관한 파이스트(Faist, 2000)나 캐슬(Castles, 2003)의 연구에 의하면 민족이동을 촉진시키는 구조요인으로 마크로(거시적), 메조(중간), 미크로(미시적)요인 등 크게 세 가지를 지적하였다. 즉 민족분산은 구조화되어 마크로 요인은 미크로 네트워크, 메조(중간자)에 의한 다양한 조직이나 기관을 통해 확대되고 지속된다는 이론이다. 다만 송출국에서는 이민에 의한 민족분산이 긍정적인 효과가 있다고 가정할 때 계속해서 자기 충족적으로 발생하며 수용국의 권리획득을 위한 사회문화적 통합이나 융합, 혹은 정치적 권리획득을 다음 단계에서 계속적으로 요구하게 된다.

먼저 마크로 요인은 각국이 놓여있는 역사, 정치, 경제, 사회문화적 이동요인을 지적하고 있다. 예를 들면 일계인의 경우 정치적으로 일본과 브라질이라는 양국관계가 실질적으로 어떠한 상황에 놓여있는가에 따라 일본인 이동에 가장 큰 영향을 미친다는 것이다.

다음은 마크로 요인에다 민족분산을 원활하게하기 위한 미크로 요인이 필요하게 된다. 민족분산은 각 개인이 소유하고 있는 이동에 대한 지향성(목표), 각국의 경제적 사회적 상황, 사회적 자본(네트워크), 문화자본(신념이나 가치관)등이 개인의 이동요건으로 고려된다. 송출국이나 유입국의 이민정책이나 거기에 따른 민족분산이 어떤 촉발요인을 가지고 있을지라도 그것이 그 주변과 지역자체를 끌어들이면서 전개되는 이주시스템을 구축하기 위해서는 이러한 미크로적인 구조요인은 필수적이다.

특히 일본인의 민족분산과정에서도 선발과 후발 이민자를 이어주는 이주시스템 구축은 사회적 자본으로서의 민족네트워크가 중요한 역할을 담당하게 된다.

디아스포라는 정치적, 경제적 상황 속에서 어쩔 수 없이 고국을 떠날 수밖에 없는 사람들이 대거 포함되어 있다. 이들은 전 세계적으로 국민 국가적 소속과 충성심이 강조되어 온 20세기에 국민 국가적 선택을 강요받아왔거나 거주국으로 귀화한 형태로 살아오고 있다. 이러한 전 지구적인 자본축적의 움직임 속에서 국민국가들은 기존의 영토 주의적 성격과 초국가적 성격의 양면성을 지니게 된다. 이에 따라 디아스포라 집단이 모국과의 유대를 강화하도록 민족주의를 부추기기도 한다. 예를 들어, 중국 조선족은 동남아 화인보다 자발적으로 거주국 환경에 편입되었고 여기에는 이데올로기적 요소가 크게 작용하였다. 이는 초국적 활동 측면에서 본다면 중국 조선족과 한국, 즉 모국간의 협력 · 유대 · 갈등 · 차별 등 복합적인 성격에 영향을 주고받았으며 이로 인해 모국에 대한 무관심, 모국사회 편향성 등의 결과로 나타났다고 볼 수 있다. 또한 중국 조선족의 초국가적 활동은 모국 중심의 네트워크에 종속되어 있는 경향이 강하며, 추상적인 민족의식에 의존하기 때문에 적극적인 행위주체로서 참여 동기가 매우 취약하다.

따라서 이 책은 일본인 이산민족의 초국성이라는 연구를 통해서 일계인 디아스포라 유출입 특징의 비교, 일본인의 이주유형 비교, 정착지에서의 상이한 민속놀이와 축제, 정착지의 이주유형의 특수성과 보편성 등을 통해 궁극적으로 일본인 민족분산의 초국가적 성격을 도출할 수 있을 것이다. 이 책의 연구방법으로서는 일본인 이산민족의 집거지 현지 참여관찰과 심층면접을 통하여 진행하고 이주에 관한 공식 비공식문서, 이민자 모집공고, 서신, 일기 등의 자료수집을 통해 구체적으로 이를 해석하는 작업을 수행할 것이다.

2. 연구방법 및 내용

이 책에서 다루고 있는 해외일계인 2단계 3년차의 연구내용은 일계인 디아스포라 사례를 통해 동북아 민족분산의 초국가적 성격을 비교 · 연구하는 것이다. 이를 위해 해외일계인의 민족분산을 유형별로 분류하고 그

보편성과 특수성을 개념화하는 이론적 작업을 전개할 것이다. 또한 동북아 각국에서 일본인의 국제이주를 유발하는 요인과 그것을 수용하는 요인이 무엇인지 밝혀내어 비교할 것이다. 이러한 작업을 통해 궁극적으로 일본인 민족분산의 초국가적 성격과 유의미한 차이점을 도출하고 이를 민류학적 개념의 틀로 정립하고자 한다. 연구방법으로는 일본과 브라질 일계인집거지에 대한 심층적인 현지 면접조사와 참여관찰을 진행할 것이며 이들 집단의 경험을 비교적 온전히 증언할 수 있는 면담자를 선정하여 해외일계인의 이주의 유형화, 유출입 요인, 초국가적 성격에 관한 구술 사료를 수집하고 이를 채록하여 연구자료로 활용할 것이다.

해외일계인의 2단계 제3차년도 연구 목표는 일계인의 이주를 유형화하고 일계인 민족분산의 흡입요인과 배출요인을 규명하여 초국가적 성격을 비교 연구하는 데 있다. 이러한 목적을 달성하기 위한 연구방법으로 일본과 브라질 지역은 현지조사와 참여관찰에 의한 심층면접 및 설문조사, 미국 지역은 문헌연구를 중심으로 진행할 예정이다. 인터뷰 대상자는 이들 해외일계인의 경험을 비교적 온전히 증언할 수 있는 면담자를 선정하여 해외일계인 이주의 유형화, 유출입 요인, 초국가적 성격에 관한 구술사료를 수집하고 이를 채록하여 연구자료로 활용할 것이다.

표 1.1 현지조사대상지역과 조사내용

대상지역	조사내용	조사기간
- 일본(도쿄, 요코하마, 쓰루미구, 하마마쓰, 나고야 오수 및 9번 단지 등 - 현지조사) - 미국 (LA 및 뉴욕 일계인 타운) - 브라질(상파울루 리베루다지 일계인 타운 등) - 문헌조사	• 해외일계인의 이주유형화(보편성과 특수성) 원자료 기초 조사 등 • 해외일계인의 이주 유형별 구술채록 등 • 해외일계인 유출입 요인 비교 연구 등 • 일계인 디아스포라의 초국가적 성격 비교 분석 등 • 연구방법: 현지참여관찰, 설문조사, 문헌연구, 면접조사 및 구술채록 등	2016. 1~2

해외일계인 2단계 3차년도의 연구목적을 달성하기 위해, 현지조사의 주요 대상지역은 도쿄 요코하마에 있는 JICA(해외이주자료관), 요코하마시 쓰루미구(横浜市鶴見区), 시즈오카 현 하마마쓰 시(静岡県浜松市), 나고야 오수(名古屋大須) 및 9번 단지 등 일계인 집거지를 현지 방문하여 참여관찰을 수행하였다. 구체적인 참여관찰 연구대상 지역과 조사내용은 〈표 1.1〉과 같다.

3. 현지조사 내용 및 연구성과

해외일계인의 2단계 3차년도의 연구과제는 "해외일계인의 민족분산의 초국가적 성격"을 분석하는 것으로 문헌연구와 현지방문조사, 그리고 설문조사를 실시했다. 현지조사의 목적은 동북아 민족분산 중 일계인 디아스포라 사례를 통해 초국가적 성격을 비교 연구하는데 있다. 또한 해외일계인의 민족분산을 유형별로 분류하고 이주의 보편성과 특수성을 개념화하는 이론적 작업을 전개하는데 있다. 특히 동북아에서 일본인의 국제이주를 유발하는 요인과 수용하는 요인이 무엇인지 현지조사를 통해 규명하는데 있다. 이러한 연구를 통해 향후 동북아 3국 민족분산 중에서도 일본인(일계인)의 초국가적 성격과 유의미한 차이점을 도출하고 이를 민류학적 개념의 틀로 정립할 것이다. 이러한 연구목표를 달성하기 위해 이번 현지조사는 브라질 상파울루 리베르다지 일계인타운과 봉헤찌로 코리아타운을 방문하여 문헌자료와 인터뷰자료를 수집하였다. 브라질 상파울루에 있는 리베르다지 일계인타운과 봉헤찌로 한인타운을 방문하여 수집한 자료 및 현지조사 내용, 연구성과를 제시하면 〈표 1.2〉과 같다.

표 1.2 브라질 상파울루 거주 일계인의 현지조사 내용 및 성과

구분	조사기간	조사자	조사지역	조사내용
해외	2016. 2.14~26	임영언 (연구교수)	브라질 상파울루 리베르다지 일계인타운 봉헤찌로 한인타운	• 리베르다지 일계인타운 주요 방문지역 - 브라질 일본 이민자료관, 브라질 일본문화복지협회, 브라질 일본 도도부현인회 연합회, 브라질 일본상공회의소, 상파울루 인문과학 연구소, 상파울루 일본-브라질 원호협회, 브라질 상파울루 닛케이신문 일본신문, 일본-브라질 문화연맹, 브라질 일본어센터 등 방문 인터뷰를 통한 구술자료 수집 및 타운 사진촬영, 기타 브라질 한인회, 평통 남미협의회, 한인 상공회의소, 한글학교 협회, 한인 대학생회, 브라질 한국학교, 브라질 한국방송, 파라과이 주간교포 등 • 구술조사 - 조사내용: 일본인 및 한인의 이주, 적응, 모국관계, 초국가적 삶에 대한 인식 및 태도 등 - 브라질 현지 인터뷰 조사: 일계인 16명 시마부쿠로(70대 남성, 일본 오키나와현인회회장), 구시켄 시게코(70대 여성, 오키나와현 전통춤 전수자), 이와야 겐지(40대 남성, 오키나와현인회 사무국장), 오키나와 출신 류큐무용회회원(8명, 오키나와현인회 사무실에서), 일본인회 문교(고야회장, 나카지마 사무국장), 요시야스 소노코(88세 여성, 문화복지회관 원장), 코사카씨(73세, 천리교 전도사) • 기초자료 수집 - 도서자료:『브라질 오키나와 현인 이민사』,『브라질 일본이민 80년사』,『눈으로 보는 브라질 일본이민 100년』,『이민 청년대 25주년 기념지』등 이외 다수 신문 및 정보지 - 사진자료: 브라질 일본이민사, 리베르다지 일계인 타운, 봉헤찌로 한인타운 등 300장 수집 • 설문조사 현황 - 설문내용: 일계인의 인구사회학적 특성18문항, 사회적 관계 7문항, 현지 브라질인과의 관계 34문항, 초국적 네트워크 40항 등 - 설문지 회수: 일계인 150부, 브라질 거주 한인 100부(현재 진행 중) - 설문조사 협력자: 일계인(시마부쿠로 오키나와 현인회장, 이와야 겐지 현인회 사무국장),한인(브라질 노인복지협회 정은선 사무국장과 김요진 한인회장)

II

1945년 전쟁 전후 일본인의 송출이민과 귀환이민

1. 일본인의 해외이주

일본인의 해외이주는 1868년 메이지유신과 함께 시작되었다. 세계 각지를 연결하는 국제경제, 노동시장, 교통망의 일부로 편입된 메이지시대 일본은 근대화와 더불어 급속한 사회변화를 겪게 되었다. 특히 농업행태나 경제구조가 전환되는 가운데 농촌을 중심으로 잉여노동력이 생겨나고 국내 및 해외로 이동하는 돈벌이 노동이민자들이 등장하기 시작했다. 1868년 요코하마에 거주하던 미국상인 유진 반리드는 약 150명의 일본노동자를 하와이 사탕수수 농장으로, 그밖에 약 40명을 괌으로 송출하였다. 이들 이주노동자들은 일반적으로 '원년이민자'로 불렸으며 일본정부의 허가나 여권을 받지 않고 출국하였다. 근대 일본 최초의 해외 '이민'이었던 '원년이민자'는 이주지에서 노예와 같이 취급당해 결국 일본정부의 체면유지를 이유로 메이지정부가 구출에 나서게 되었다. 메이지 '원년이민자'의 이민 실패로 일본정부는 이후 20년간 일본인의 해외이주를 허가하지 않고 일본 내 홋카이도 개척을 추진하였다.

이후 1885년에는 하와이 관약이민과 함께 일본인의 본격적인 해외이주가 시작되었다. '관약이민'제도는 일본과 하와이왕국의 조약에 의해 일본인 노동자를 3년 계약으로 사탕수수농장에 송출하는 것이었다. 1894년까지 약 9년간 총 29,000명의 일본인들이 이 제도에 의해 하와이로 도항하였다. 동시에 많은 일본인들이 태평양 섬, 뉴칼레도니아, 오스트레일리아, 피지 등으로 도항하였다. 이 시기 도항자의 대부분은 해외에서의 정착을 희망했던 이민이 아니라 몇 년간 계약노동을 목적으로 이주한 일시적인 돈벌이 노동자들이었다.

그리고 1893년에는 일본 외무성관계자, 지식인, 저널리스트 등이 모여 '식민협회'를 설립하였다. 이들은 일본도 서양의 근대국가와 같이 해외시장을 개척하여 잉여인구를 해외로 송출시켜 발전해나가지 않으면 안

된다고 주장하였다. 식민협회는 1897년 에노모토 다케아키(榎本武揚)회장을 중심으로 멕시코남부에 일본인 농업정주지를 건설하는 사업에 착수하였다. 에노모토 식민지라고 불렸던 이 사업은 결국 실패로 끝났지만 이후 1899년 페루에 최초로 계약노동자들의 도항이 시작되어 라틴아메리카로의 일본인 이민이 유행하게 되었다.

20세기 초에는 북미를 향해 다수의 일본인 유학생들이 도항했다. 일부 일본인 엘리트들은 미국동부의 유명 대학에 국비나 사비로 유학을 했지만 대부분의 학생들은 경제적인 이유로 일본의 중고등교육을 받을 수 없어서 샌프란시스코, 시애틀, 포틀랜드 등에서 일을 하면서 영어를 배우고 학교에 다니기를 희망하여 '스쿨보이'라고 불리는 청년들이었다. 이들은 백인가정에 거주하면서 식사비와 임대료를 면제받고 용돈을 받는 대신에 요리나 청소, 세탁 등을 봉사해주고 자유로운 낮 시간에 통학하였다. 한편 농촌 등에서 일하던 많은 돈벌이 노동자들이 미국이나 캐나다 서부로 이주함에 따라 일본인인구의 급격한 증가로 백인의 인종적 공포심을 자극하여 일본인 배척운동이 일어났다. 결국 배일운동은 미국 의회를 끌어들이는 정치운동으로 발전하여 1923년 캐나다, 1924년에는 미국이 일본인 이민입국을 금지하게 되었다.

북미에서 일본인 입국을 거부하자 세계의 여러 나라들이 일본인 이민을 수용하게 되었다. 그 중에서도 특히 브라질이 일본이민노동자의 중요한 이주지가 되었다. 1908년 일본정부가 미국과의 신사협정에 의해 이민노동자에 대한 미국행 여권의 발급을 제한하게 되자 최초 브라질행 이민이 페루행 이민과 함께 일본을 출발했다. 동시에 다수의 계약노동자들이 필리핀으로 건너가서 도로건설 등에 종사하였다. 기타 동남아 지역에도 일본인 이민노동자나 상인들이 활발히 이주하기 시작했다.

이러한 가운데 제1차세계대전까지 일본은 미크로네시아를 포함한 주변지역을 식민지화하였다. 청일전쟁 후 1895년에 대만이 공식적으로 일본영토에 편입되었고 1910년에는 조선이 강제 병합되어 1912년에는 구 독일영토였던 미크로네시아를 위탁통치령으로 지배하였다. 이들 식민지는 제국일본의 '신발전지'화 되어 많은 일본인 이식민자들이 유입되었다. 이들 이식민자들은 북미나 남미로 건너간 '이민자'들과 출신지나 출신계급에서 비슷한 양상을 보였다. 전자는 이주지에서 일본 군사력에 의해 보호되어 식민지지배계급의 일원이 되었지만 후자는 이주지에서 소수민족으로서 차별과 배척의 대상이 되는 등 대조적인 상황에 놓여 있었다.[1]

만주국 건설 후에는 만주 지역으로의 이주가 일본정부의 주요 정책의 하나가 되었다. 이때까지 하와이로의 관약이민을 제외하고 일본정부가 주도권을 잡고 일본인의 해외이주를 추진한 적은 없었다. 통상 각자가 스스로 절차를 거쳐 이주하든지 민영의 이민회사가 수수료를 받고 이민자모집에서 도항절차까지 수행하는 것이 보통이었다. 만주국이 일본의 지배하에 놓이게 되자 일본정부는 동북지방이나 중부지방의 영세 농가를 모집하여 가족이나 마을 단위로 정주 이민을 송출하는 사업이 시작되었다. 태평양전쟁이 시작되자 북미나 남미로의 일본인 도항이 전면적으로 금지되었지만 일본의 식민지, 미크로네시아, 기타 동남아시아의 점령지에는 일본의 패전까지 대량의 이식민자들이 이주를 지속했다.

제2차세계대전 후 수년간 구식민지나 전쟁지역으로부터 600만 명이 넘는 군인이나 이식민자들이 일본으로 귀환하였다. 이 과정에서 가족이산이 빈발하고 기아, 질병으로 사망하는 사람들도 많았다. 특히 구 만주, 필리핀, 미크로네시아 등에 많은 어린이들이 잔류하는 비극도 발생하였다. 일본으로 귀환하지 않고 이주지에 잔류한 일본인들은 전시 중 강제수용소나 감금, 경제적 몰락으로부터 탈출하기 위해 재출발하였다.

---

1 일본인의 해외이주사(1868~1998): http://www.janm.org/projects/inrp/japanese/overview_ja.htm(검색일: 2020.02.20.)

전후 일본은 다수의 귀환자를 포함한 국내인구를 지탱할 수 있는 경제적 기반이 약하여 식량을 충분히 공급할 수 없었다. 샌프란시스코 강화조약(1951년)으로 일본의 독립을 승인하자 일본정부는 라틴아메리카 여러 나라와 조약을 맺고 일본인정주농업이민을 송출하게 되었다. 먼저 1952년 브라질로의 전후 최초의 이민단이 도항하자 2년 후에는 파라과이, 다음에는 아르헨티나, 1956년에는 도미니카, 1957년에는 볼리비아를 향해 많은 일본인들이 이주하였다. 그러나 1960년대 일본의 경제가 급성장하자 일본인의 조직적인 해외이주는 막을 내리게 되었다. 1980년대에 들어서면 남미의 경제공황과 일본의 버블경제의 영향으로 다수의 일계브라질이나 페루인들이 일본에 돈벌이를 위해 도일하는 현상이 시작되었다.

오늘날 일본인들이 조직적으로 해외로 이주하는 일은 발생하지 않지만 직업이나 결혼, 유학이나 상업 등을 이유로 세계의 다양한 국가로 이주하고 있다. 이에 따라 새로운 일본인공동체가 유럽, 아시아, 미국, 오스트레일리아 등 세계 각지에서 생겨났다. 1924년 이후 일본인들에게 문호를 닫은 미국도 전후에 먼저 일본인 '전쟁신부'의 입국을 허가하여 1952년에는 소수의 일본인 입국을 허가하였다. 이후 미국 국내의 공민권 운동의 기운이 고조되고 1965년에는 백인중심주의에 의한 이민정책을 철폐하여 일본인이민자에 대한 차별적 입국제한이 사라졌다.

일본외무성 통계에 의하면 1972년 시점에서 135만 명 이상의 일본인 및 일계인들이 해외에 거주하고 있는 것으로 알려졌다. 이들은 남미에 79만 명, 북미에 56만 명, 아시아에 3,700명, 유럽에 1,650명, 태평양 지역에 580명 등이 대략 거주하고 있는 것으로 나타났다.

표 2.1 일본인의 주요 내용 및 해외이주연표[2]

연도	해외이주 주요 내용
1868	일본 메이지유신, 근대일본의 시작, 미국 상인 유진 반리드가 약 150명의 일본인노동자를 하와이 사탕수수농장으로 송출. 그들은 해외이주 '원년자'로 부르고 있음. 반리드가 괌으로 40명의 일본인노동자를 송출하였음.
1869	네덜란드 상인 에드워드 스넬이 후쿠시마 아이즈 지역으로부터 약 40명의 일본인을 데리고 캘리포니아 주 골드 힐에 '와카마쓰 콜로니'라는 농업정주지를 설립하였음. 이 사업은 1년 만에 실패로 끝나고 그룹의 일본인 구성원들은 이산되었음.
1885	하와이 왕국과 일본의 2국간 조약에 의해 약 943명의 일본인 관약이민 제1진이 출발하였음. 그들은 3년간 하와이 사탕수수농장에서 일한다는 계약을 맺고 있었음. 1894년 조약이 무효가 될 때까지 모두 26개의 관약이민그룹이 일본에서 하와이로 건너갔음.
1886	영국 상인이 일본인노동자 약 40명을 남태평상의 '목요도'로 송출하였음.
1889	미국 본토 거주 일본인 약 2,000명, 대부분이 학생과 자유 민권 활동가였음.
1892	뉴칼레도니아 니켈 광산으로 일본인 노동자 도항하였음.
1893	약 130명의 일본인 하와이로부터 중미 과테말라로 향하였음. 도쿄에 '식민협회'가 결성되었음.
1894	피지로 일본인노동자들이 도항하였음. '이민보호규칙' 제정. 해외 돈벌이 도항자 알선업무를 민간 이민회사에 위탁하였음.
1896	'이민보호법' 공포. 이민노동자의 이익을 지키면서 이민회사의 관리를 지향. 해외이식민의 장려는 목적에 포함되지 않음.
1897	약 28명의 일본인 이민단이 멕시코남부 치아파스 주에 입식하였음. 전 외무장관 에노모토 다케아키를 중심으로 일본인정주지를 만드는 것을 목적으로 한 이 사업은 '에노모토 식민지'로서 알려지게 되었음.
1899	약 790명의 계약노동자들이 페루로 이주하였음.
1903	도로공사에 종사하는 3,000명 이상의 일본인계약노동자들이 필리핀으로 이주하였음.
1904	약 150명의 일본인들이 필리핀 다바오로 들어갔음. 다음 해 다바오에는 일본인 공동체가 만들어졌음.

2 일본인해외도항연표: http://www.janm.org/projects/inrp/japanese/overview_ja.htm(검색일: 2020.02.21.)

연도	해외이주 주요 내용
1907~1908	'미일신사협정'에 의해 일본인노동이민의 미국도항이 제한되었음. 캐나다와는 르뮤협정(Lemieux Agreement)이 체결되어 이민제한이 실시되었음. 일본인노동자들이 멕시코나 캐나다로 이주하여 거기에서 미국으로 입국하는 경우가 증가하였음. 그밖에도 남미와 아시아 지역으로 이주하는 돈벌이 일본인노동자들이 증가하였음.
1908	최초 브라질 이민이 개시되었음.
1909	약 160명의 일본인 이민자들이 브라질로부터 아르헨티나로 이동하였음. 1913년부터 일본으로부터 아르헨티나로 직접 도항이 시작되었음.
1910	일본이 한국을 강제로 합병하였음. 일본인의 유입과 함께 토지수탈로 많은 농민들이 소작농으로 전락하고 일부는 일자리를 찾아 일본과 만주, 중국북동부로 이주하기 시작하였음.
1914	제1차세계대전이 시작되었음. 일본이 독일로부터 미크로네시아를 빼앗음. 1919년 이후 일본의 '위임통치령'이 된 미크로네시아는 태평양전쟁 중기까지 다수의 일본인 이식민자를 수용하였음.
1924	미국 신규일본인 이민자의 입국을 전면 금지하였음.
1925	일본정부에 의한 브라질 이주자에 대한 도항비보조를 개시하였음(전년도부터 실시된 관동대지진피해자 이민에 대한 도항비보조를 확대한 것임).
1927	'해외이주조합법' 제정, 더불어 '해외이주조합연합회' 설립. 조직적인 정주식민지의 창설을 적극적으로 시행. 2년 후 브라질에 '브라질척식조합'이 설립되었음.
1929	일본 '척무성' 설치. 해외이식민의 장려, 지도를 수행하였음. 북미는 척무성 관할에서 제외되었음.
1931	만주사변. 일본 본격적인 중국침략의 막이 열림.
1932	만주국 건국. 지역의 농업개발과 일본인에 의한 식민지화를 진행하기위해 척무성이 최초무장이민단을 보내었음.
1935	만주의 식민지화를 촉진하기 위해 동경에 '만주이주협회', 신경에 '만주척식주식회사'를 설립하였음.
1936	파라과이에 일본인 이민단이 처음으로 도항하였음.
1937	일본정부, 만주이민 '5개년 계획' 개시. 국가주도에 의한 대규모 이민정책 개시. 계획 1년째는 일본인 농가 6,000가족의 만주입식이 예정되었음. 이후 일본패전까지 농업공황의 타격을 받은 동북, 중부지방을 중심으로 생활고에 시달리는 많은 일본인 농업자들이 가족 단위로 만주로 이주하였음.
1938	브라질정부 일본인 입국을 제한하는 새로운 이민법 제정.
1940	페루 리마에 반일 폭동 발생.

연도	해외이주 주요 내용
1941	태평양전쟁 개시. 미국으로의 일본인 도항 정지, 일본패전까지 많은 민간인 및 군관계자들이 동남아시아, 미크로네시아, 중국, 기타 점령지역으로 향하였음.
1945	일본정부, 연합국에 무조건 항복.
1947	특별법에 의해 일본인 '전쟁신부' 미국입국 허가.
1950	당시 1950년까지 총 625만 명의 전 일본군관계자, 민간인들이 구식민지나 점령지역으로부터 귀국하였음.
1951	샌프란시스코강화조약. 다음해 발효와 함께 연학국의 일본점령 종료.
1952	브라질정부, 총 9,000명의 일본인농민입식계획에 허가 부여. 먼저 54명이 브라질로 갔으며 전후 대규모 일본인해외이주의 시대가 개막되었음.
1954	전후 최초 일본인 파라과이 이민 18명이 출국하였음.
1955	일본정부, 외무성내 이주국 설치. 1963년까지 '일본해외이주진흥주식회사'나 '일본해외협회연합회' 등을 통해 남미 각국으로의 일본인이주를 관리하였음. 미국 신난민법의 제정으로 다음해 10월까지 주로 가고시마 현 출신 약 1,000명이 이주하였음.
1956	도미니카공화국에 최초 일본인이민단이 출국하였음. 서독일, 일본으로부터 단기탄광노동자를 수용하였음.
1957	볼리비아로 최초 일본인 이민자들 출국.
1961~1962	총 595명의 일본인 이민자들이 도미니카로부터 귀국하였음. 그밖에 다수가 도미니카로부터 남미 여러 나라로 재이주하였음. 매스컴이 일본 출국 전 정부기관에 의한 선전과는 전혀 다른 이주지의 비참한 생활상황을 상세히 보도함과 동시에 일본이 급속히 경제부흥을 이루었기 때문에 이후 일본의 남미이주는 종결되기 시작하였음.
1963	외무성 외곽조직 '해외이주사업단' 설립, 일본의 전후 이주사업을 총괄하게 되었음. 이 단체는 1973년 '국제협력사업단'으로 발전하였음.
1965	미국, 신이민법제정. 인종, 민족, 출신국에 의한 차별을 철폐하여 서구 이외지역으로부터의 이민자들에게 평등하게 문호를 확대하였음.
1966	캐나다로 이주재개(기술자 중심). 오스트레일리아, 백호주의를 철폐하여 백인 이외의 이민입국을 인정하였음. 베네수엘라도 백인한정이민정책을 철폐하였음.
1978	'국제협력사업단'에 의한 오스트레일리아 이주사업 개시(기술자 중심).
1988	브라질로부터 일계인 돈벌이 노동자가 일본에 본격적으로 유입.
1990	'출입국관리 및 난민인정법'의 개정으로 일계인 취업이 합법화되어 남미 각국에서 일본으로 돈벌이노동자의 유입의 붐이 일어났음. 이후 일본 버블경제의 붕괴에도 불구하고 일계인 돈벌이노동자 계속해서 증가하였음.

이러한 일본인들의 해외이주는 해외이주장려책과 당시 이를 지원하는 식민협회, 해외흥업, 해외이주조합법제도, 아마존흥업 등과 같은 법적 제도적 뒷받침이 있었기 때문에 가능했던 것으로 생각된다.

2. 1945년 이전 일본인의 해외이민

일본인의 해외진출을 개략해보면, 메이지기 일본정부는 1885년 하와이 정부와 메이지정부가 맺은 계약에 의거하여 하와이 관약이민의 개시 이후 하와이를 중심으로 돈벌이 노동자이민을 매년 수천 명의 규모로 송출하는 한편 관약이민 종료(청일전쟁 이후) 후에는 일본인 20,000명에서 40,000명 정도를 비세력권의 하와이, 북미방면과 식민지 세력권이었던 중국, 대만, 한국방면으로 송출하였다. 일본은 1895년에 대만, 1905년에 사할린을 영유하여 같은 해 조선을 식민지화 하는 과정에서 이민자들이 증가하기 시작했다. 일본제국 통계연감에 '이민'이라는 명칭이 등장하게 된 것은 1910년부터이며, 1930년부터 1934년까지는 브라질이민이 증가하였다.

식민지세력권이었던 대만, 사할린, 조선, 관동주에 이어 1925년 이후 남양군도로 확대되어 각각 총독부통계연보나 통계청 통계서, 통계요람 등을 참고하여 이민자 수를 산출한 결과 1910년 4,697명, 15년 13,040명, 20년 29,981명, 25년 59,476명, 30년 71,600명, 34년에 56,395명으로 나타났다.[3] 1925년 이후 사할린, 1930년에는 각지에서 이민자들이 증가하였다. 1934년에는 만주국에 54,000명이 이주하여 1934년 전체적으로 177,000명의 일본인들이 해외로 이주한 것으로 나타났다. 국세조사에 의

---

3 移民学会編(2018),『日本人と海外移住』, 明石書店, pp. 31-33.

하면 1934년부터 35년에 걸쳐 일본 인구는 1년 평균 약 960,000명이 증가하였으며 증가인구의 18.4%가 해외 이민자였다.

표 2.2 일본인 이주지별 상위 출신 도도부현[4]

지역	연도	항목	제1위	제2위	제3위	제4위	제5위
하와이 관약이민	1885~1894	여권발급자	히로시마	야마구치	구마모토	후쿠오카	니가타
홋카이도 이민	1886~1922	누계이민호수	아오모리	니가타	아키타	이시카와	도야마
동척이민	1909~1920	1921. 이주민 명부	고치	사가	후쿠오카	야마구치	오카야마
브라질 이민	1908~1941	누계이민수	구마모토	후쿠오카	오키나와	홋카이도	히로시마
페루이민	1899~1923	계약이민수	오키나와	구마모토	히로시마	후쿠시마	후쿠오카
만주이민/의용대	1945. 5. 현재	누계이민수	나가노	야마가타	구마모토	후쿠시마	니가타
대만	1930	국세조사 본적지	가고시마	구마모토	후쿠오카	히로시마	사가
조선 체류자	1930	국세조사 현거주내지인 부현별	야마구치	후쿠오카	히로시마	나가사키	구마모토
사할린	1930	국세조사 본적지	홋카이도	아오모리	아키타	야마가타	미야기
관동	1930	국세조사 본적지	후쿠오카	가고시마	나가사키	구마모토	히로시마

위의 〈표 2.2〉에 제시한 바와 같이 해외로 진출한 일본인이민자의 도도부현은 1885년부터 94년까지 26회에 걸쳐 진행되었다. 하와이 관약이민에 있어서는 히로시마 현, 야마구치 현, 구마모토 현, 후쿠오카 현이 상

4 위의 책, 移民学会編(2018), p. 34. 참조

위를 차지하였으며 이후 하와이 북미방면으로는 이들 현을 중심으로 이주자들이 등장했다. 브라질 방면으로는 구마모토 현, 후쿠오카 현, 오키나와 현, 홋카이도, 히로시마 현, 후쿠시마 현, 만주농업이민은 나가노 현, 야마가타 현, 구마모토 현, 후쿠시마 현이 상위를 차지하여 전체적으로 구마모토 현, 후쿠오카 현이 7개소에 히로시마 현이 6개소에 상위로 나타났다. 기타 남양군도나 필리핀에서 상위였던 오키나와도 이민자들이 많이 송출된 지역의 하나였다. 수도권이나 긴끼 지역은 그 주변 현으로부터 인구가 집중되는 경향을 보였으며 메이지 중기 이후 인구증가 추세는 전국적으로 국내외를 향한 인구이동이 수행되었다고 볼 수 있다. 이렇게 이동의 방향성이 다른 이유는 지리적 관계, 어업이나 상업과 같은 직업적 관련, 정보, 정책, 중개자에 의한 것이라고 할 수 있다.

경제적인 이유로서는 하와이 관약이민의 경우 1881년부터 마쓰가타 디플레 정책에 의한 불황으로 상업적 농업을 전개한 선진지형에 가까운 농업지대로 몰락한 농민층이나 소작농으로 전락한 농민들이 이주한 것으로 지적되고 있다. 가정의 지위측면에서 1900년부터 1910년대 전반에 걸쳐 나가노 현으로부터 국내이동 사례는 가족 호주나 장남출신 층이 많았고 제1차세계대전 이후에는 역전된 것으로 나타났다.

일본인의 해외이민 정책에서 어떠한 정책이 작용했는지에 대해서는 추진과 억제라는 양면성이 작용한 것으로 나타났다. 하와이 관약이민은 하와이정부의 요청에 메이지정부가 응한 것으로 식민지 세력권이나 정주 농업이민이 추진되어 관약이민 후 하와이나 북미로의 돈벌이 노동이민의 경우 억제 혹은 금지되었다. 하와이정부에 의한 관약이민 송출의 요청으로 1872년 마리아 루스호 사건 이후 방침을 바꾸어 일본정부가 응한 것은 당시 일본정부가 불평등조약개정교섭의 소용돌이 속에서 하와이 측이 보상으로 치외법권의 철폐를 실시했기 때문이라는 주장도 있다.

일본 식민세력권으로의 이민의 경우는 초기 불평등조약에 의해 설정된 거류지, 조계지의 세력유지를 위해 유력상공업자의 진출을 장려했지만 1901년에는 이민보호법의 적용에서 벗어나는 조치를 취하였다. 또한 식민지 보호국으로 자작농업이민의 정착에 의해 통치개발의 실적도 필요하여 여비를 보조하고 세금을 일정기간 면제하는 국책 농업이민이 추진되었다. 현지농민과의 경쟁으로 반드시 성공했다고 보기는 어렵지만 내지의 각 마을에 할당적으로 부여한 측면이 있었다. 이러한 국책이민은 태평양전쟁 하에서 군정 하에 놓이게 되자 동남아시아의 구미식민지거주자를 포함하여 패전이라는 사태에 직면하여 철수하게 되었다.

미국본토는 1900년경 증가하는 일본인노동자 배척의 움직임이 일어나고 미국에 편입된 하와이로부터의 '전항자'의 증가에 대하여 비판이 일자 1900년 이민금지나 1908년 미일신사협약에 의한 재도항과 초청 이외의 이민금지를 시행하게 되었다. 브라질 이민에 대해서는 도항비보조, 해외흥업주식회사에 대한 동양척식주식회사를 통한 자금투자, 해외이주조합에 의한 토지확보 등이 수행되어 도도부현 레벨에서 이민추진운동이 일어났다. 1928년에는 고베에 '이민수용소'를 설치하여 이민자에 대한 사전교육을 실시하였으며 미국에서와 같은 배척이 일어나지 않도록 하는 것이 당국의 걱정거리였다.

어쨌든 해방이전 일본의 해외이민은 일본의 국제관계나 대외전략의 하나로 이들 방침에 종속되는 형태로 전개되었다.

1894년 하와이로의 관약이민이 종료하기 직전부터 일본각지에 이민중개자로 불리는 민간의 알선업자들이 등장하게 되었으며 이러한 업자를 통해서 이민의 송출이 이루어지기 시작했다. 때문에 일본정부는 1894년 이민보호규칙, 1896년 이민보호법을 규정하여 알선업자의 감독과 단속을 실시하였고 이민송출을 관리해 나갔다. 이렇게 하여 설립된 이민회사나 중개업자는 1913년 77개에 달하였고 1899년부터 1913년까지 약 153,000명이 송출되었다. 그러나 폐해도 많았고 서서히 도태 합병되어 최종적으로 동양척식회사계열의 반국책회사였던 해외흥업주식회사 1사에 수렴되어 최종적으로 브라질이민의 선전, 모집, 승선절차, 우송, 배정 및 보호 등을 담당하였다. 또한 현 지사를 톱으로 하는 해외이주조합도 각 도도부현 단위로 설립되어 연합회를 조직하여 이주민의 모집이나 개척자금, 생활비 조성, 경영서포트 등을 수행했다. 식민지 세력권의 경우에는 알선업자의 손을 거치는 일은 거의 없었다. 또한 집단적으로 노동자의 송출을 수행하는 일이 거의 없었고 청부업자가 직접 모집하는 경우가 많았으며 개별분산적인 경우 마을에서 모집하는 사례가 많았다. 자작농민의 경우 민간회사 혹은 개인, 국책회사가 농지를 사들이고 거기에 자작농민을 보내는 사례가 많았다.

이민알선업자의 설립주체로는 재벌관계자, 대도시 비재벌계 경영자, 지방명망가, 정당관계자 등으로 개별기업의 이익추구나 정치적 지위의 상승이라는 측면 이외에도 인구와 식량문제의 해결이라는 국가적 정책차원이나 지역피폐의 해소라는 관점에서 이민을 알선하였다. 해외흥업주식회사나 남양흥발주식회사는 먼저 설립된 동양척식회사로부터 자금을 제공받아 그 자회사로 활동하였다.

하와이 관약이민이 종료하자 1894년 이후는 민간 이민회사가 이민취급업무를 담당하게 되어 하와이 이외의 캐나다, 미국, 페루 등으로 이민을 송출하기 시작했다. 여기에다 직접 미국으로 입국하려는 자들이 증가하여 1891년부터 1900년 사이 약 27,000명 정도가 미국으로 입국했다. 그리고 1898년 하와이가 미국으로 합병되어 1900년 미국의 주로 편입되자 하와이로 건너간 일본인들 중 미국본토로 전항하는 이들이 증가하였다. 미국으로 건너간 이들은 미국 서부 각지의 철도건설현장과 벌목, 제재소, 농장 등의 캠프에서 일했다. 미국행의 유행과 더불어 1900년부터 1907년 사이에 도미한 일본인들은 43,000명 정도로 이들 중 하와이로 도미한 자는 38,000명에 달했다.

러일전쟁 직후 도미하는 자가 급증하였기 때문에 미국국내에서는 일본의 대외팽창정책에 대한 위기감이 팽배해지고 돈벌이목적의 일본인이민을 배척하자는 목소리가 높아지기 시작했다. 새로운 미일위기를 수습하기 위해 취한 조치가 1907년부터 1908년에 걸쳐 체결된 일미신사협약이었다. 이 협약에 의해 미국에 건너갈 수 있는 일본인들의 자격조건은 다음과 같았다. 첫째, 이미 미국에 거주하고 있기 때문에 일본 영사관이 발행하는 체류증명서를 가지고 재도항하는 자, 둘째, 이미 미국에 거주하고 있는 부모나 아내, 20세(나중에 17세)미만의 자녀, 아내를 초청하는 경우 입적후 6개월이 경과할 것, 셋째, 외무성이 허가한 정주 농부 등으로 단지 돈벌이 목적으로 도미하려는 자의 도항을 제한하였다.

결혼하지 않은 남성은 고향에 사진을 보내 혼담을 의뢰하기도 했다. 입적한 신부는 자신의 사진을 미국에 거주하는 아직 얼굴도 보지 못한 남편에게 보내 초청소식을 기다렸다. 이렇게 도미한 여성들이 '사진신부'였다. 제1차세계대전 후 다시 미국에서 배일의 목소리가 높아지고 미일위기가 알려지면서 일본정부는 자주규제로서 사진신부의 도미를 금지하는 조치를 취했다. 1920년까지 약 6,000명이 사진신부로서 도미한 것으로 알려졌다.

미국으로 건너간 일본인 이민의 역사는 1907년 미일신사협약을 계기로 돈벌이노동의 시대로부터 부모와 형제, 처자를 초청하여 생업에 종사하는 정주의 시대로 전환되어 갔다. 샌프란시스코나 시애틀, 로스앤젤레스 등의 도시부에서는 고향의 지명을 사용한 여관이나 일본요리점들이 들어서고 초청으로 도미한 가족의 체류에 편의를 제공했다. 도시근교의 농장에 들어간 이들은 지주로부터 토지를 빌려 가족과 함께 일하며 야채나 과일을 생산하고 경작지를 넓혀나갔다. 그리고 현지에서 태어난 2세 자녀들을 위하여 일본어학교를 설립하고 독자적인 교과서를 편찬하여 교육에도 힘을 기울였다.

이상과 같이 일본의 전쟁 전 송출이민에 관한 역사를 개관하고 일본에서의 송출이민사에 관한 기본적인 사항을 정리하였다. 일본정부는 매년 증가하는 인구의 최대 약 20% 정도를 해외로 송출했다는 구체적인 이민자 수나 이주지별 출신상위 도도부현에서 보면 구마모토 현, 후쿠오카 현, 히로시마 현, 오키나와 현이 상위를 차지하였고 이민의 촌락 내의 계층은 반드시 최하위층이 아니고 가족 내의 지위에서는 초기 돈벌이 이민자들은 호주나 장남 층의 비율이 높았다. 경제적인 배경으로는 지주소작관계, 면작이나 면업 등 상품생산의 전개와 몰락, 정책은 추진과 억제적인 측면이 있었고, 대외관계에 의해 크게 좌우되었으며 민간이나 국책의 이민알선업자의 존재가 이민송출에 매우 중요한 역할을 담당한 것으로 나타났다.

3. 1945년 이후 일본인의 해외이민

1945년 전후 일본으로부터 브라질로의 이민은 양국의 국교회복과 동시에 재개되었다. 제2차세계대전 중 중단되었던 양국의 국교는 1952년 9월 통상협정체결로 재개되어 일본으로부터 이민송출이 가능하게 되었다. 먼저 근친자초청으로서 독신남성이 51명이 53년 1월 브라질 산토스항에 도착했다. 이것이 전후 일본이민의 최초가 되었다. 또한 브라질거주 일본이민에 의한 브라질정부에 대한 요청으로 브라질 북부, 동북, 중서부의 각 지방에 일본 이민도입의 길이 열려 같은 해 2월과 7월에 일본정부의 도항비 대여를 받아 가족이민(18가족 54명과 22가족 112명)의 입식이 개시되었다. 1954년에 시작된 양봉농가의 도항은 1961년까지 계속되었다. 1955~1967년까지 코치아 산업조합의 후계자를 육성하기 위하여 일본으로부터 '코치아 청년 이민'이 송출되었다. 같은 시기 1956~1965년에 일본 건설성에 의한 기술훈련을 받은 '산업개발 청년대'가 브라질개발에 협력하는 것을 목적으로 상파울루 주 농업척식협동조합중앙회를 창구로 송출되었다. 1965년 제10기까지 301명의 독신청년을 송출하여 업무를 종료했다.

이러한 민간에 의한 이민송출재개와 병행하여 일본정부에 의한 해외이주의 국책화가 진행되었다. 1954년에 일본이민의 송출과 수용의 업무를 담당하는 '재단법인 일본해외협회연합회'가 외무성의 외곽단체로 설립되었다. 1955년에는 브라질에 이주지를 건설하여 일본국민을 자영개척이민으로 입식시키는 '해외이주진흥주식회사'가 설립되었다. 브라질의 현지법인회사로서 자믹 이식민유한회사와 제미스 신용금융주식회사가 설립되었다. 전자는 이주지의 건설이나 농업 지도를 담당하였으며 후자는 이주자에 자금을 융자하는 브라질 척식회사의 재편이었다. 양 회사를 통해 1959년~1984년에 10개소의 입식지가 건설되어 총 2,395구획의 토지분양이 이루어졌으며 일본인 및 일계인 2,011명, 379가족이 입식했다.

양국의 국교는 회복되었지만 이주협정의 비준은 바로 실현되지 못했고 비준서의 교환이 실현된 것은 1963년이었다. 이에 앞서 일본정부는 같은 해 이주사업을 일원화하기 위해 '해외이주사업단'을 발족시켜, 여기에 해협련과 이주진흥회사를 흡수했다. 일본 국내에 이미 노동력을 흡수하는 산업이 육성되었다. 1974년 일본정부는 특수법인의 정리에 착수하여 해외이주사업단은 해외기술협력사업단, 해외농업개발재단, 해외무역개발협회와 함께 새롭게 발족된 '국제협력사업단-JICA'에 흡수되었다. 이민업무만의 법인의 필요성은 이미 후퇴하고 있었다.

브라질의 자믹과 제미스는 국제협력사업단의 현지법인이 되었다. 그런데 일본정부가 출자한 일본의 회사 자믹과 제미스의 브라질활동이 군사정권 하의 브라질에서 문제가 되었다. 일본정부 자금으로 설립된 자믹과 제미스가 브라질의 토지를 구입하여 일본이민자에게 분양하였고 브라질의 은행법과 금융법과는 관계없이 일본이민에 독자적인 금리로 융자하거나 변제방법을 결정하는 것은 브라질의 법률을 위반하였다고 지적받았다. 1979년 양 회사의 활동정지와 폐쇄가 브라질정부로부터 요구되어 1981년 이주회사는 폐쇄되었다. 이후 일본으로부터 이주사업은 브라질의 일계기관과 브라질정부의 관계기관이 다루게 되었다. 이미 당시 일본은 더 이상 이민을 송출하는 나라가 아니었고 브라질도 기술협력은 필요해도 해외로부터의 이민의 수용은 하지 않았다. 브라질의 빈곤지대인 북동부지방으로부터 공업화가 진행된 남동부에 유입된 다수의 미숙련노동자의 흡수에 힘을 쏟지 않으면 안 되는 상황이었다. 이렇게 하여 약 53,000명의 전후 일본이민자는 자믹과 제미스의 폐쇄와 함께 종언을 맞이하였다.

전후이민의 최전성기는 1953년부터 1963년까지 45,596명을 송출하여 전후이민자의 약 86%를 차지하였다. 특히 1959년에는 최다를 송출하여 전후이민자의 13%, 7,041명을 송출하였다. 종래 이민송출업무를 대신하여 국제협력단은 1985년 일계기업의 협력을 구하여 '해외개발청년사업'을 개시하였다. 일본의 청년들이 농업, 제조업, 상업 등 넓은 분야에서 3년간 브라질생활을 경험하는 제도였다. 연수 후에는 브라질에 잔류하든 일본에 귀국하든 자유였다. 이 사업은 1995년에 종료되었다. 이민이나 이주도 아니었고 해외생활을 경험하는 하나의 기회를 일본 청년들에게 제공하는 것이었다. 100년 이상 지속된 일본과 브라질을 연결한 이민과 이주는 더 이상 존재하지 않았다. 사람의 이동이라는 새로운 용어로 새로운 개념의 국제간 이동이 시행되고 있다는 것을 전후 일본의 이민송출사업의 변화로부터 읽어낼 수 있을 것이다.

이상과 같이 일본인의 브라질이민의 특징을 간단히 요약하면 다음과 같다. 첫째, 브라질 일본이민은 도중 전쟁에 의해 중단되었지만 1908년부터 1981년까지 양국의 협정에 의해 약 70년간 송출이 계속되었다. 둘째, 일본이민의 송출에는 항상 일본과 브라질, 그리고 미국의 정책이 영향을 미치고 있었다. 셋째, 제2차세계대전이 끝날 때까지 대부분의 일본이민은 농업종사자였다. 농촌지역에서 일본인들은 그들만의 완결한 집거지를 각각 형성하여 브라질 전체를 포괄하는 일본인의 조직을 형성하지는 못했다. 넷째, 브라질 일계인들이 도시생활자가 되는 것은 브라질에 영주를 결심한 전후로 같은 시기 브라질전체를 포괄하는 일본인의 조직이 출현했다. 다섯째, 상파울루 시를 중심으로 하는 상파울루 대도시권에 일계인의 모습이 관찰된 것은 전후 도시이동의 결과이지만 동시에 일본이민이 당초 도입된 것이 상파울루 주정부의 이민정책에 의한 것이었기 때문이다. 여섯째, 귀국을 의도한 브라질이민이었지만 조기 돈벌이가 곤란하였다는 점, 일본과 브라질의 물리적 거리가 컸던 점, 가족이민이었던 점, 일본인만의 촌락공동체를 형성했다는 점 등이 정주이민을 가능하게 했으며 최종적으로 영주와 연결되어 브라질은 해외 최다 일계인인구를 기록하는 국가가 되었다.

4. 1990년 일계브라질인의 귀환이민

일계인을 중심으로 한 재일브라질계 이민은 일본측에서 보면 일계이민사의 연장선상에서 보는 경향이 있으며 브라질 측에서 보면 재일브라질인은 브라질로부터 세계로 이산한 재외브라질계 디아스포라의 일원으로서 보고 있다. 재일브라질계이민은 일계인노동자, 돈벌이 일계브라질인, 돈벌이 일계이민, 돈벌이 노동자, 일계이민의 자손, 일본브라질 이민사의 새로운 한 페이지로 정의되고 있다. 그러나 브라질사의 교과서에서는 재외브라질인, 세계의 브라질인, 브라질계 이민, 경제기민 등으로 브라질을 떠나 세계로 도약하는 사람들로 정의되고 있다.

1980년~1990년대에는 많은 브라질인들이 미국이나 서구유럽으로 신천지를 향해 이민을 떠났다. 같은 시기 많은 브라질인들이 일본으로 도향하게 되었는데 구미를 지향한 이들과의 큰 차이는 그들 대부분이 일계인이었다는 점이다. 일본의 공장이나 건설현장에서 비숙련 비정규노동자로서 재출발을 도모한 사람들은 1990년 6월 개정된 일본의 출입국관리 및 난민인정법이 일계인만 활동제한이 없는 장기체류를 허가한 이유로부터 특수한 집단으로 인식되었다. 브라질의 일계인사회에서 데카세기(dekassegui: 돈벌이)로 불리고 나중에 브라질 주요 미디어나 포르투갈어 사전에 데카세기라는 외래어가 널리 사용되었다. 재일브라질인의 가장 큰 특징은 대부분이 합법적으로 일본에 체류하여 활동에 제한이 없는 체류자격을 가지고 있었다는 점이다.

브라질인들의 데카세기 목적의 도일을 유행시킨 것은 1990년 입국관리법개정이후이다. 이 개정에 의해 외국적이어도 '일계인'임을 증명하면 일계 3세는 '정주자', 일계 2세는 '일본인의 배우자 등'이라는 자격을 취득할 수 있었다. 취업이 가능한 체류자격 때문에 세계 최대의 일계인들이 오래 지속된 인플레와 경제위기에 빠진 브라질로부터 일본취업으로 도일하게 되었다. 그리고 일계인들은 일본 각지의 기업을 중심으로 제조업 혹은 일손부족이 심각한 산업, 즉 3K노동자, 비숙련노동자로서 종사하였다. 이러한 붐을 가속화시킨 것이 일본-브라질 간 초국적인 '인재파견시스템'이었다. 이들은 브라질의 일계공동체와 전혀 관계가 없거나 비일계이지만 일계인의 배우자로서 합법적으로 도일한 이들도 있었다.

일본에서 일계브라질인들이 가장 많이 집거하고 있는 지역은 동해지역이다. 도도부현별로 아이치 현이 가장 많았고, 시정촌별로는 시즈오카 현 하마마쓰시가 많았다. 인구비율로는 군마 현 오이즈미마치 지역이 가장 높았다. 중국, 한국, 필리핀 출신자들은 수도권에 취업하거나 생활하는 경우가 많았는데 브라질인들은 매스 미디어의 주요 기업들이 본사를 두고 있는 도쿄에서는 찾아보기 어려운 지역에 집거하였다. 동해지역의 로컬 TV국과 지방지 등에서 빈번하게 등장하는 경우는 있었지만 전국미디어의 보도에서 자주 소개되는 사례는 거의 없었다.

재일브라질인들의 도일유형은 크게 U턴으로부터 데카세기(1990년대 이전), 데카세기로부터 돈벌이노동자(1990년대), 데카세기노동자로부터 이주자(2000년대), 마지막으로 이주자에서 세계의 재외브라질인(2010년대)으로 구분할 수 있다.

20세기말 브라질은 극도의 불황에 빠져 1980년대 이후 많은 브라질인들이 미국으로 도항해 신세계를 희망하였고 서구유럽에도 많은 브라질인들이 도항하였다. 그러나 당시 가장 화제가 된 것은 브라질로부터 일본으로 온 데카세기노동자들이었다. 데카세기 역사의 공식적인 입국관리법 개정이 1990년대 시작되었지만 실제로는 1980년대 중반에 이미 시작되었다. 브라질로부터 일본으로 향한 이주의 개시연도는 정확하지 않다. 1980년대 중반부터 후반까지 일본에 입국한 이들을 브라질의 일계신문들은 이를 U턴 현상으로 불렀다. 그 이유는 일본국적을 유지하고 있던 일계인 1세가 중심이었기 때문이다. 이후 브라질의 패스포트만 가지고 있는 일계인 2세와 일계인 3세가 급증하여 브라질에서 데카세기라는 용어가 등장하였다.

1990년대의 일계브라질인 키워드는 모국으로의 송금, 취업 면에서 잔업과 저축, 생활 면에서 브라질에서의 중간계층의 라이프 스타일의 복원이었다. 이른 시기부터 일본 각지에 브라질 레스토랑, 브라질상품을 취급하는 상품이나 쇼핑센터, 포르투갈어 신문 등이 출현하였다.

2000년대는 많은 재일브라질인들이 일본체류를 '일시적 혹은 잠정적'으로 보는 환상에서 깨어난 시기이다. 이들은 영주자격의 신청이나 취득자가 급증하기 시작했다. 일본에서 주택을 구입하는 브라질인들이 과거에는 기업가나 엘리트 샐러리맨에 제한되어 있었지만 일반노동자들도 이러한 경향을 보이기 시작했다. 많은 이들이 브라질에서 주택을 구입하고 창업하는 희망을 가지게 되었다. 브라질시대의 중간층으로서의 꿈을 이주지에서 실현하게 된 것이다.

2000년대에 들어서면 재일브라질인 취업자들 중에는 3K노동을 피하는 사람들이 증가하고 가령 수입이 줄더라도 비숙련노동 이외의 취업처를 우선하는 '탈 단순노동'을 시도하는 이들이 증가하였다. 특히 이때는 재일브라질인 자녀들의 교육문제가 주목을 받게 되었고 재일브라질인을 논의할 때 반드시 중심 주제의 하나로 부상하였다. 이것은 재일브라질인들 사이에 젊은 층 인구가 증가하고 일본에서 태어나 자란 제2세대가 성장하였기 때문이다. 그러나 재일브라질인들에게 데카세기 20주년이 되는 2008년 하반기 리먼쇼크로 인한 고용위기가 재일브라질공동체에도 들이닥쳤다.

이러한 가운데 에스닉 노동시장의 형성과 화이트칼라 노동으로 전환한 재일브라질인들이 증가하였다. 브라질계 에스닉비즈니스의 증가로 많은 브라질인들이 일본에서 창업하여 고용기회를 창출하고 브라질인뿐만 아니라 일본인들을 고용하는 경우도 등장하였다. 또한 많은 재일브라질인들이 일본과 브라질을 왕복하는 것이 아니라 적극적으로 국내외여행을 즐기는 주체가 되기도 했다.

재일브라질인들에게 2000년대가 데카세기에서 이민으로의 전환시대라면 2010년대는 세계 속의 브라질인이라는 의식이 배양된 시대였다. 재일브라질인과 외국으로 이산한 브라질인들이 국경을 초월한 교류가 급증하였다. 이 교류는 정치활동에 그치는 것이 아니고 비즈니스분야에서 파트너쉽, 문화이벤트, 예술 활동 등 다양한 분야에도 영향을 미쳤다.

그러나 귀환 재일브라질인을 둘러싼 새로운 문제들도 등장하고 있다. 하나는 고령화문제이다. 또 하나는 재일브라질 4세의 비자문제이다. 현행 입국관리법에서 활동의 제한 없이 일본에서 장기체류가 가능한 것은 일계 3세이지만 브라질에서 경제활동인구의 연령층에 이르는 일계인 4세가 증가하여 일본에서 취업을 희망하는 일계인 4세들이 출현하였다. 이에 따라 브라질일계사회에서도 일계인 4세에게 비자를 허가하라는 요구가 높아져 왔다. 2017년 9월 법무성은 워킹홀리데이 제도를 원용하여 18~30세에 한정하여 가족의 동반 없이 도일 시 간단한 일상회화가 가능한 일본어 검정 4급 정도, 체류자격갱신 시 복잡한 문장도 이해할 수 있는 3급 정도의 일본어 능력을 갖추는 것을 조건으로 수용하고 있다. 하지만 현재 수용인원을 연간 1,000명으로 제한하고 있으며 일계인 4세에게 일계인 2세나 일계인 3세와 같은 체류자격이 부여될 가능성은 낮다.

III

일본정부의 이민정책과 일계인사회 지원정책

1. 이민정책과 일본인 사회

최근 일본에서 해외로 이동하는 일본인은 연간 약 1,600만 명에 달하고 해외에 거주하고 있는 일본국적 재외일본인은 약 130만 명, 일계인은 380만 명 정도로 추정되고 있다. 이 장의 목적은 1945년 이후 일본의 이민정책의 변화와 재외방인(일계인)의 지원정책을 고찰하는 데 있다. 일본인의 해외이주는 1945년 전후로 크게 구별되는데 이 연구에는 주로 1945년 이후 일본정부의 이민정책의 특성과 지원정책에 초점을 두었다. 특히 일본정부의 재외방인 지원정책의 대상은 재외일본인 혹은 재외방인(일본국적자)에 집중되어 있다. 이 연구의 대상은 해외거주 재외일본인과 재외방인, 그리고 일본 국내외 일계인(현지국적자)에 중점을 두고자 한다.[1]

1945년 전후 일본정부의 이민정책은 1945년 일본의 패전과 더불어 미군점령군으로부터 주권국가로 회복된 1952년 샌프란시스코강화조약에 의해 시작되었다. 이후 1950년대는 과거 일본제국의 세력권 내에 성립된 국가대상의 해외이주에 대하여 국민과 비국민(외국인)이라는 경계선을 명확히 설정하고 재정의하여 새로운 이동의 조건을 정비한 시대였다. 새로운 이동의 시대 일본인 해외이주자들은 전쟁으로부터 귀환자, 재일조선인과 대만인의 귀국, 재일일계인 2세의 미국귀환, 전쟁신부나 혼혈고아의 이주 등 전쟁 전부터 점령기에 걸쳐 이주한 사람의 이동, 그리고 북미나 남미로의 신규농업이민과 점령기 조선인 '밀항' 등과 같이 전쟁 직후 혼란

1 '재외방인'이란 국적법에 의해 일본국민이 되는 요건을 갖춘 일본국적을 가진 자를 말한다. '재외일본인'이라고도 부르는데 일본국외에 장기 거주하는 일본국적자로 일본인유학생, 국외출장자 등이 포함된다. 이와는 달리 일본이외의 국가에 이주하여 거주국의 국적 혹은 영주권을 취득한 일본인 및 그 자손을 '일계인'으로 부르고 있다. 재외방인 수는 2015년 기준 131만 7,078명, 전 세계 일계인은 2017년 기준 380만 명으로 추정되고 있다. 일본법무성 체류외국인통계에 따르면 2019년 6월 기준 일본 국내에 거주하는 남미일계인은 270,780명으로 이들 중 일계브라질인이 206,886명으로 나타났다.

이나 고난을 피해 새로운 기회를 찾아 이동하는 양면성을 가지고 있었다.

이러한 가운데 일본정부는 일본 내 단일민족국가의 신화를 창조하기 위한 방편으로 구식민지출신자나 해외이주정책으로 인한 이민송출을 불가시적인 존재로 배제하고 고도경제성장기 때는 집단이동에 따른 농촌에서 도시로의 국내이동을 강조하였다. 결국 전후 이민송출국으로서 철저히 가려진 일본이미지는 일본에서의 국민논리의 재정의와 제도적 뒷받침을 담당했던 출입국관리국의 '1952년 체제'를 바탕으로 구체화되었다. 즉 1952년 확립된 일본정부의 출입국관리통제는 일본제국, 이민송출국의 부정, 비이민국이라는 단일민족의 신화, 그리고 전후 평화와 국제협력이라는 일본적 이주이데올로기에 의해 철저히 감추어진 일본인 이주자들이 이민자로서의 자기부정을 강요한 이민정책이라 할 수 있다. 전후 일본정부의 이주이데올로기에 의한 일본인의 해외이민과는 달리 1990년대 일계브라질인들의 귀환은 일본의 기술습득보다는 3K단순노동분야에 흡수되어 실제로 일본노동력부족의 수급을 조정하는 역할을 담당하게 되었다.

이상과 같이 일본정부의 1945년 전후 일본인 해외이주정책은 빈곤농촌의 인구를 줄이고 전쟁 이후에는 평화와 국제협력이라는 이민이데올로기와 더불어 전쟁귀환자들의 실업대책의 하나로 추진되었다. 그리고 1990년대 이후에는 주로 브라질 거주 일계브라질인들이 일본노동력부족을 해소하기 위해 일본정부의 입국관리법개정을 통해 일계인 3세와 배우자에게 '정주자'의 체류자격을 부여함으로써 데카세기이주노동자들이 대거 일본으로 귀환하게 되었다.[2]

이 장에서는 일본정부의 이민정책을 1945년 전후로 구분하여 일본인

2 본 논문에서 이민과 외국인노동자의 용어는 데카세기 일계인노동자를 지칭하고 있다. 원래 이민은 수용국의 국민이 되어 영주를 전제로 입국하는 외국인을 가리키며, 외국인노동자는 수용국에서 노동하기 위해 입국하여 언젠가는 수용국에서 출국하는 외국인을 지칭하지만 외국인노동자들이 수용국에서 영주하는 사례는 극히 드물다.

의 해외 이주요인을 규명하고 이에 따른 지원정책의 추이에 대하여 살펴보고자 한다. 이 장의 구체적인 연구내용은 다음과 같다. 첫째, 1945년 전후 일본정부의 이민정책과 해외이주요인, 그리고 이들에 대한 정부의 지원정책은 무엇이었는지에 대하여 살펴보고자 한다. 둘째, 1990년대 일본정부의 입국관리법개정으로 일본으로 대거 귀환한 일계브라질인에 대한 이민정책과 귀환요인, 그리고 이들에 대한 지원정책에 대하여 상세히 살펴보고자 한다. 셋째, 한국사회의 저출산고령화에 따른 이민의 수용과 사회혁신을 도모하기 위한 시사점을 도출하고자 한다.

2. 일본인이민과 사회지원정책

본 논문에서는 먼저 포괄적인 의미에서 일본 내 이민정책에 대하여 논의하고 분석도구로서 남미이주 일계인과 일본 귀환일계인을 중심으로 이들에 대한 지원정책에 대하여 살펴보고자 한다.[3] 일본인의 해외이주에 관한 논의들은 그동안 다양한 주제로 발표해 왔기 때문에 자세한 내용은 발표논문(임영언 외: 2016a, 2016b, 2017)과 단행본(임영언 외: 2013, 2014, 2015, 2017)을 참고하기 바란다. 일반적으로 일본정부의 이민정책은 외국인수용정책으로 1990년대 일계인들이 대거 유입되기 전까지 구식민지출신으로 일본에 유일하게 잔류했던 재일한국조선인 정책에 가까웠다. 전술한 바와 같이 일본정부의 일본 내 마이너리티의 존재부정과 이민송출국으로서 일본이미지의 부정, 비이민국가라는 단일민족의 신화, 그리고 전후 평화와

3 일본에서 외국인정책이란 정책의 내용적인 측면에서는 매우 다양하게 나타나고 있다. 하지만 외국인정책을 크게 두 가지로 구분하면 외국인 출입국에 관한 정책과 입국한 외국인의 수용국으로의 정착에 관한 정책으로 구분할 수 있다. 본 논문에서는 이들 정책에 대한 내용분석보다는 일본 국내외 일계인 지원정책, 특히 일본 내 일계인 지원정책에 초점을 두고 있다.

국제협력이라는 일본적 '이주이데올로기' 등장으로 이민정책 자체는 크게 주목받지 못했다.[4]

그러나 1990년대 입국관리법이 개정된 이후 도입된 '정주자'의 체류자격으로 도일하는 남미일계인, 일본인 배우자 등으로 도일하는 데카세기 노동자, 또는 연수생과 기습실습생, 그리고 유학생이나 취학생 등으로 도일하는 외국인들이 급격히 증가하였다. 이러한 외국인의 증가는 일계인, 외국인연수생과 기능실습생들이 장기적으로 노동력이나 생활자로서 일본에 정주하는 현실이 진행되고 있는 가운데 저출산고령화시대 외국인수용정책이 일본의 미래를 좌우하는 중요한 요인이 되면서 이민정책의 중요성이 부상했기 때문이다. 그러나 현실적으로 이러한 일본정부의 외국인수용정책은 아직까지 외국인의 이주과정, 출입국에서 체류, 정주, 영주, 귀화에 이르기까지 일관된 정책을 제시하지 못하고 있다는 비판에 직면해 있다. 또한 외국인의 수용을 규제하는 출입국관리정책은 존재하지만 수용된 외국인을 일본 사회구성원으로 어떠한 사회를 구축해나가도록 제시할 것인지에 대한 충분한 정책적 제시가 부족함을 지적하고 있다.[5]

그러면 이러한 논쟁을 포함하여 일본 내 사회적 상황의 변화와 더불어 외국인수용정책과 이민정책을 둘러싼 논쟁들을 살펴보고자 한다. 먼저 고마이 히로시(駒井洋, 2006)는 이민에 대하여 '주로 생애 혹은 장기에 걸친 거주자나 3개월 이상 거주자로서 외국출신자, 거주국의 국적을 취득한 자와 원국적을 유지하고 있는 자 등 양자를 포함하는 개념'으로 정의하였다.[6] 따라서 그는 이민정책이란 특정 외국인이민을 일본사회의 일원으로

---

4 1945년 이후 일본정부가 전후 평화와 국제협력이라는 구호 아래 전개한 해외이민장려 정책을 필자가 '이주이데올로기'로 지칭하였다.

5 北脇保之(2008),「日本の外国人政策: 政策に関する概念の検討及び国・地方自治体政策の検証」,『多言語多文化: 実践と研究』1(3), pp. 5-6.

6 駒井洋(2006),『グローバル化時代の日本型多文化共生社会』, 明石書店, p. 14.

수용할 것인지 말 것인지, 만약 수용한다면 어떻게 수용할 것인지에 대한 의사결정을 의미한다고 주장하였다. 이와는 달리 요리미쓰(依光正哲, 2006)는 이민자를 '처음부터 이주국가의 국민이 될 것을 염두에 둔 외국인'으로 정의하고 상대적으로 외국인노동자에 대하여 나중에 모국에 돌아갈 것을 전제로 타국에서 일하는 자로 규정하였다.[7] 그러면서 일본정부가 이민자 수용을 허용하지는 않지만 외국인체류자의 장기화에 따라 사실상 이민을 수용하고 있는 상황에 놓여있다는 점을 직시해야 한다고 주장하였다. 이에 대해 미야지마(宮島喬, 2003)가 주장하는 이민국가의 정의는 좀 더 복잡한 양상을 띠고 있다. 그는 이민국가의 정의에 대하여 다음과 같은 요소, 즉 "정주이민을 상정한 체류자격 준비, 재량에 의하지 않는 국적취득절차(권리귀화) 규정의 존재, 국토 내에 출생한 사실에 의한 권리의 제도화, 이중국적 등 복수소속에 관용, 포괄적 통합정책 추진, 문화적 개념보다 소속의 지에 의해 정의되는 국민의 개념 존재" 등을 제시하여 일본정부의 이민정책의 애매함을 비판하였다.[8] 그리고 사례로 일본 내 연수생이나 유학생, 일본인 배우자 등과 정주자라는 체류자격으로 20만 명이 넘는 남미출신 데카세기 일계인노동자의 존재를 제시하였다.

특히 이민과 사회혁신과 관련하여 이 장의 목적은 이민의 수용이 경제활동 및 사회혁신에 미치는 영향에 대한 관점으로부터 저출산고령화시대 바람직한 한국의 이민정책을 제시하는 데 있다. 세계 역사는 오랜 이민역사의 연속선상에서 형성된 것이라 할 수 있으며 다문화와 다양한 정체성이 융합되는 곳에서 평생 부대끼며 자란 이민자들이 현재 자신의 능력과 한계를 초월하여 사회혁신을 일으킨 사례는 우리 주변에서 얼마든지

---

7 依光正哲編(2006), 『日本の移民政策を考える-人口減少社会の問題』, 明石書店, p. 4.

8 宮島喬(2003), 『共に生きられる日本へ-外国人施策とその問題』, 有斐閣, p. 254.

찾아볼 수 있다.[9] 가령, 세계의 3대 디아스포라집단으로 불리 우는 유대인 디아스포라, 코리안 디아스포라, 화교 디아스포라 등이 이러한 사례에 해당되며 그들이 나고 자란 현지사회에서 혁신을 통해 기업가로 성공한 사례들은 얼마든지 찾아볼 수 있다. 이 장은 일계인 디아스포라의 사례로 이민과 사회혁신에 대하여 검토하고자 한다.

이민과 사회혁신과의 관계성을 고려할 때 먼저 사회적 문제로서 이민의 발생요인을 생각해볼 필요가 있다. 이민을 수용국가에서 어떤 사회적 문제로서 이민을 수용하게 되었는지, 혹은 이민이 발생하게 되었는지 이에 대한 명확한 해답이 필요하다. 이에 대한 해답은 첫째, 저출산고령화시대의 도래로 인구감소와 생산연령인구의 감소로 경제사회를 선도하는 노동력 확보가 중요한 정책적 과제로 대두되었기 때문이다. 둘째, 경제의 글로벌화현상으로 각국이 사회혁신, 창업, 고용증가, 임금상승의 원천이 되는 고도인재의 획득경쟁을 전략적으로 전개하고 있기 때문이다. 이러한 이민의 수용과정에서 각국은 또 다시 이민자들의 수용제한에 대하여 고도인재인가 단순노동자인가의 문제로 고민하게 된다. 왜냐하면 이민의 수용은 그 사회의 임금상승률 저하 및 고용기회의 감소, 치안악화, 사회복지부담율 증가에 따른 재정악화 등 부정적인 상황을 초래하기 때문이다. 이와는 달리 이민자들의 이주결정요인은 소득수준이 높고 안정적인 사회, 즉 출신국으로부터 이주지의 거리가 짧고 이민네트워크가 구축되어 있는 국가, 모국보다 이주지의 소득수준이 높거나 GDP수준이 높은 곳을 중시한다는 점도 염두해 둘 필요가 있다.[10]

이민과 사회혁신의 관계성에 대하여 요리미츠(依光, 2005)의 연구에 의

---

9 카스트로와 쿠바 혁명 이끈 한인, 그의 부친은 독립운동가: https://news.joins.com/article/23660617(검색일: 2019. 12. 19.)

10 萩原理沙 · 中島隆信(2014), 『人口減少下における望ましい移民政策: 外国受け入れの経済分析をふまえての考察』, 独立行政法人経済産業研究所, pp. 5-6.

하면, 저출산고령화 사회에서 지속적인 발전을 추구하기 위해 수행되는 이민수용이 경제사회에 미치는 혁신적인 측면과 다양성이 그 사회에 침투함으로써 발생되는 사회혁신의 촉진에 대한 논의를 제기한 바 있다.[11] 이러한 점에서 본 논문은 사회적 변화에 따라 이민의 수용이 수용국의 사회와 기업에 혁신을 촉진시킬 가능성을 내포하고 있다는 점에 착안하고 있다.

이상과 같은 논의들을 종합해보면 결국 일본 내 이민의 정의는 국경을 넘는 사람들의 이동의 과정에 착목하여 이주자의 영주의사, 체류자격, 거주기간, 생활관계구축정도 등을 고려하고 외국인수용정책에 의해 입국시점부터 영주를 전제로 수용한 외국인 이민자의 존재를 인정한 새로운 이민에 대한 정의가 필요한 시점이라 할 수 있다. 결국 이러한 일본 내 이민에 대한 논의는 그동안 외국인정책으로 지속되어 온 일본정부의 이민정책의 한계를 한 단계 업그레이드시키는 계기가 될 것으로 생각된다.

일본 내 이민정책에 대한 논의가 지속되고 있는 가운데 현 단계에서 포괄적 외국인정책의 수립을 주장하는 연구자들도 있다. 카지타외(梶田他, 2005)는 국가와 시장에 의해 결정되는 외국인노동자의 이주국면과 포용국면을 포괄하는 개념으로 국가에 의한 출입국관리와 사회통합정책을 주장한 바 있다.[12] 이는 전술한 바와 같이 일본정부가 외국인관리정책을 철저히 하고 있지만 통합정책과는 상관없이 출입국관리정책이 실시되고 있다는 비판에 따른 것이다. 이들은 일본정부가 출입국관리정책에 더하여 사회적 비전에 기반한 다문화주의 사회통합정책으로부터 구성되는 포괄적 외국인정책의 수립을 주장하였다.

이 장에서 다루고 있는 일본 내 일계인의 급증요인과 관련하여 기본적으로 1990년대 입국관리법개정과 노동력의 수요에 기인하지만 일계인

---

11 依光正哲(2005),『日本の移民政策を考える-人口減少社会の課題』, 明石書店, p. 231.

12 梶田孝道 · 丹野清人 · 樋口直人(2005),『顔の見えない定住化-日系ブラジル人と国家 · 市場 · 移民ネットワーク』, 名古屋大学出版会, pp. 18-42.

의 급증과 일계인 관련 법 개정의 상관관계는 명확하지 않다. 다만 일반적으로 일본 내 외국인노동자에 대한 수요가 급증하여 일부분을 일계인에 기대한 해석이 존재하지만 공식적으로 법무성이나 노동성의 입국관리법 개정의 의도는 일계인의 친족방문을 위한 것이었다는 주장이 대세이다.[13] 하지만 전후 일본 내 존재했던 최대 마이너리티집단이었던 재일한국인 3세 문제가 1~3세를 포함하여 '특별영주자'라는 범주의 설정에 의해 해결되었다는 사실에 기반하여 일계인에게도 '특별영주자'와 비교하여 상대적으로 불리하지 않은 법적지위가 부여되어야 한다는 형평성에 맞추어 '정주자'의 체류자격을 부여하였다. 이에 대해 미야지마(宮島, 2003)는 "신규로 재입국허가상태에서 연간 10만 명이 합법적으로 수용되고 있는 일계인에 대하여 단순노동자 혹은 이민자가 아닌가?"라고 반문하고 있다.[14] 남미출신 일계인, 주로 브라질출신 일계인 대부분은 일본 내 자동차산업과 전자기기산업의 공장, 도시락공장이나 산업폐기물처리장 등에서 노동자로 일하고 있으며 단순노동자를 수용하지 않는다는 일본 출입국관리 기본계획이나 고용대책 기본계획에 반하고 있다. 이것은 또한 1990년 입국관리법 개정으로 시행된 '정주자'의 체류자격을 설정한 정책적 의도에도 반하고 있다. 처음부터 행정상 일계인들이 '정주'를 상정한 체류자격으로 수용되었다는 점, 체류의 장기화로 가족을 포함한 생활관계가 일본 내에 구축되었다는 점 등을 고려하면 외국인노동자보다는 '이민자'로 보는 경향이 매우 강하다.[15]

이상과 같이 일본정부의 일본 내 외국인수용정책은 국내에 체류하는 외국인을 관리대상으로 하는 출입국관리체제를 강하게 유지함으로서 국

13 위의 논문, 梶田孝道 · 丹野清人 · 樋口直人(2005), p. 111. 참조

14 宮島喬(2003),『共に生きられる日本へ-外国人施策とその問題』, 有斐閣, p. 264.

15 依光正哲編(2006),『日本の移民政策を考える-人口減少社会の問題』, 明石書店, p. 30.

적과 국민이라는 배타적 논리에 의해 관철되어 온 것으로 생각된다. 일본정부는 외부적으로 일본인 송출이민을 불가시화 한 후 일본인과 외국인을 각각의 출신국의 귀속에 의해 정의하였고 단일민족국가의 신화를 강조하였다. 결국 전후 일본정부의 이민정책은 상호 배타적인 국민을 구성단위로 하는 일본국민의 이민송출을 감추고 일본 내 마이너리티집단을 상호배제하여 불가시적 존재로 여기는 '1952년 체제'에 의해 구축되어 유지되고 있으며 이러한 연장선상에서 재외방인에 대한 지원정책이 시행되고 있는 것으로 생각된다.

3. 일본인의 해외이주와 시기별 이민정책

1) 1945년 이전 일본인의 해외이주정책

일본인의 해외이주 역사는 2019년 현재 150년을 경과하고 있다. 일본인들은 북미와 중남미를 중심으로 전 세계에 약 380만 명 정도가 분포되어 있는 것으로 추정된다. 이들은 현지에서 일본국적의 해외이주자나 현지 국적의 일계인으로 정주하고 있는 것으로 알려지고 있다. 일본인 해외이주자나 일계인들은 현지국의 정치, 경제, 교육, 문화를 포함한 각 분야에서 각국의 발전에 기여함과 동시에 일본과 각 거주국과의 가교역할을 담당하거나 각국과의 긴밀한 관계를 구축하기 위해 노력하고 있다. 일본외무성은 국제협력기구(JICA)와 함께 약 213만 명 정도의 일계인들이 거주하고 있는 것으로 추정되는 중남미국가에 대하여 이주자의 고령화에 대응하기 위한 복지지원, 일계인을 대상으로 한 일본 국내 연수원 수용, 현

지 일계인사회로의 봉사활동파견 등의 협력 업무를 수행하고 있다.[16]

특히 일계인들이 많이 거주하는 북미와 중남미에 대해서는 각국 지역의 다양한 분야에서 지도자적 입장에 있는 일계인들을 일본에 초청하는 프로그램을 실시하고 있다. 가령 일계인지도자와 재외공관장과의 양국 간 관계강화의 방법을 논의하는 회합을 개최한다거나 일본으로부터 요인방문기회에 일계인과의 접점을 적극적으로 모색하는 노력을 통해 일계인과의 관계강화를 도모하고 있다. 지난 2016년 10월 도쿄에서 개최된 제56회 해외일계인대회에서도 공익재단법인 해외일계인협회의 주최로 17개국 지역으로부터 180명의 해외이주자나 일계인 대표들이 참여하는 환영교류회가 열리기도 했다. 이 대회는 향후 계속해서 일본인 이주자나 일계인에 대한 지원을 강화하고 청년세대와의 협력을 추진하기 위해 연대를 강화해 나갈 것으로 기대되고 있다.

다음 〈표 3.1〉는 1945년 이전 일본정부의 이민정책과 일본인의 해외이주정책의 특징에 대하여 제시하고 있다. 일본정부의 전쟁 전 이민정책의 특징에 대한 자세한 내용은 조정남(2015)의 논문을 참조하고 여기에서는 아래 표를 중심으로 간략히 기술하고자 한다.[17]

일본인의 해외이주는 1868년 메이지원년부터 시작되어 세계각지를 연계하는 국제경제, 노동시장, 교통망의 발달로 근대화와 더불어 급속한 사회변화를 겪으면서 시작되었다. 특히 농업형태와 경제구조가 급변하는 가운데 농촌을 중심으로 잉여노동력이 발생하자 국내와 해외로 이동하는 데카세기노동자가 나타나기 시작했다.[18] 최초 일본인 이민은 1868년 요코하마 거주 미국상인이었던 유진 반리드가 약 150명의 일본인노동자를

---

16 日本外交青書(2016),『海外における日本人への支援』, 外務省, p. 236.

17 조정남(2015),「일본의 재외동포 정책」,『민족연구』61, pp. 30-34.

18 일본인의 해외이주약사, 1868년~1998년: http://www.janm.org/projects/inrp/japanese/overview_ja.htm(검색일: 2019.12.11.)

표 3.1 1945년 이전 일본인의 해외이주 정책[19]

연도	이주자수	주요 이주정책
1875	626명	메이지 원년 하와이 이민
1881	363명	일본 농촌 불황 시작
1885	2,390명	하와이이주 재개
1887	2,605명	무토산지(武藤山治) '미국이주론' 기타 인구문제를 중심으로 이주 필요성 대두
1889	5,107명	흉작
1890	5,429명	미국 공황, 국내 불황
1893	9,446명	호황, 에노모토 다케아끼(榎本武揚) '식민협회' 설립
1894	8,093명	청일전쟁(1894~1895년)
1896	19,353명	흉작, 이민보호법
1899	31,354명	미국, 하와이 합병
1900	16,758명	과잉생산 공황
1901	6,490명	오스트레일리아 이민제한법
1902	15,919명	불황 회복
1904	14,683명	러일전쟁(1904년~1905년)
1906	36,124명	샌프란시스코 일본인의 학생차별문제 발생
1907	25,060명	캐나다 행 이주제한 협정
1908	10,447명	전후 반동, 공황(~1913년까지), 미국행 이주제한에 관한 미일신사협약, 브라질이주 시작
1913	20,966명	농촌 중심 불황
1914	17,974명	제1차세계대전(~1918년)
1917	22,862명	이민회사를 통합하여 해외흥업(주)설립
1918	23,574명	쌀 소동
1919	18,244명	세계대전 경기 붐

19 전쟁 전 일본인 해외이주자: https://www.jica.go.jp/regions/america/ku57pq0000207h3n-att/transition.pdf(검색일: 2019.12.04.)

연도	이주자수	주요 이주정책
1920	13,541명	공황발생, 쌀 가격 폭락, 농촌 불황 가중
1921	12,943명	정부 해외흥업(주)에 보조금 교부, 이주 장려 착수
1923	8,825명	관동대지진에 의한 불황심각화, 브라질행 도항비 대부 개시
1924	13,958명	정부 이주 장려 본격화, 미국 배일이민법제정
1927	16,184명	해외이주조합법제도
1928	18,841명	고베 이민수용소설치, 남미척식(주)설립, 아마존흥업설립, 세계공황
1929	25,704명	척무성 설치
1931	10,384명	만주사변
1932	19,033명	농촌불황 심각
1933	27,317명	브라질이주 25주년 기념제
1934	28,087명	브라질국가 이민 입국제한(2분제한법)
1935	10,813명	이시카와 다쓰조(石川達三) '창민' 발표, 아마조니아 흥업설립
1936	11,040명	만주이주20개년 계획발표(100만호, 500만 명)
1937	10,744명	중일전쟁 개시
1940	3,673명	제2차세계대전(~1945년)

하와이 사탕수수농장으로 송출한 것으로부터 시작되었다. 당시 데카세기 일본인노동자는 일반적으로 '원년자'라고 불렀는데 정부의 허가나 여권 없이 출국하였다. 일본인 최초의 이민은 도항지에서 노예취급을 받아 메이지정부가 구출에 나서지 않으면 안 될 처지에 놓일 정도로 실패에 가까웠다. 때문에 메이지정부는 이후 20년간 일본인의 해외이주를 금지하고 대신에 홋카이도 개척을 추진하였다.

1885년 하와이 관약이민으로 일본인의 해외이주가 본격적으로 재개되었다. 관약이민제도는 일본과 하와이왕국 간 조약에 의하여 일본인노동자를 3년 계약으로 사탕수수농장에 송출하는 것이었다. 1894년까지 9년간 약 29,000명의 일본인노동자들 대부분이 하와이로 도항하였다. 이 시기 대부분의 일본인도항자는 해외영주를 위한 이민이 아니라 계약노동을 목적으로 한 데카세기노동자였다. 1893년 일본정부는 외무성관계자, 지식인, 저널리스트 등이 모여 '식민협회'를 설립하였다. 협회의 설립목적은 일본정부도 서양국가와 마찬가지로 해외시장을 개척하여 잉여인구를 해외로 이주시켜 발전시켜나가야 한다는 것이었다. 식민협회는 1897년 에노모토 다케아끼(榎本武揚) 회장을 중심으로 멕시코남부에 일본인농업정주지를 건설하는 사업에 착수하였으나 실패로 끝났다. 1899년에는 페루에 최초 계약노동자가 송출되어 이후 남미로의 일본인도항이 본격적으로 진행되었다.

20세기 초기에는 북미, 특히 샌프란시스코, 시애틀, 포틀랜드 등지로 일본인학생들이 몰려들어 일본인인구가 급격히 증가함에 따라 백인들이 인종적 공포심을 선동하여 이 지역에서 일본인 배척운동이 발생했다. 이후 배일운동은 정치운동으로 발전하여 1923년에는 캐나다, 1924년에는 미국이 일본인 이민자의 입국을 금지하였다.

이에 일본정부는 일본인이민노동자들의 이주지를 북미에서 브라질로 변경하였다. 1908년 일본정부가 미국과의 신사협정을 체결하여 일본이민자에 대한 미국행 여권발급을 제한하게 되자 브라질이나 페루로 이주지를 변경하였다. 1914년 제1차세계대전까지 일본은 미크로네시아를 포함한 주변지역을 식민지화하였다. 1894년 청일전쟁 후 1895년에는 대만이 공식적으로 일본영토로 편입되었고 1910년에는 한국을 강제 병합하여 식민통치하였다. 당시 식민지는 일본제국의 신발전지로서 수 만 명의 일본인 이식민자들이 유입되었다. 이들 일본인 이식민자들은 북미나 남미로 건너간 이민자들과 출신지역이나 출신계급 등에서 유사한 성격을 가지고 있었다. 하지만 일본인 이식민자들의 경우 일본의 군사력에 보호받는 식민지 지배계급의 일원이었지만 일본인 이민자들은 이주지에서 마이너리티로서 차별과 배척의 대상이 되었다.

1931년 만주국건설 후 만주 지역으로의 이주가 국가의 주요 정책 중의 하나였지만 통상 일본이민회사가 수수료를 받고 이민모집에서 도항까지 책임지는 형태였다. 1941년 태평양전쟁이 돌발하자 북미나 남미로의 일본인 도항이 전면 금지되었다. 제2차세계대전 후 수년간 구식민지나 교전지역으로부터 약 600만 명 이상의 군인이나 이식민자들이 일본으로 귀환하였다. 1945년 이후 일본정부는 다수의 귀환자를 포함한 국내인구를 지탱할만한 경제적 기반이 약하여 해외이민을 장려하였다. 1952년 미국과의 샌프란시스코강화조약이 체결되자 남미와의 조약체결로 일본인 정주농업이민을 송출하기 시작했다. 그리고 1952년 브라질 농업이민을 시작으로 파라과이, 아르헨티나, 도미니카공화국, 볼리비아 등지로 많은 일본인들이 이주하였다.

일본정부는 수차례의 전쟁을 겪으면서 일본인들을 해외로 대량 송출되기 시작했다. 일본인의 해외이주패턴을 자세히 살펴보면 첫째, 1894년 청일전쟁 이후 흉작과 이민보호법에 의해 하와이로의 해외이주자들이 급증하였다. 둘째, 일본인들은 1904년 러일전쟁 이후 하와이를 중심으로 샌프란시스코까지 진출하기 시작했다. 셋째, 1914년 발생된 제1차세계대전을 계기로 많은 일본인들이 북미로 이주하기 시작했지만, 1908년 당시 체결된 미일 '신사협약' 체결로 브라질로 이주를 선회하였다. 일본인의 브라질로의 본격적인 해외이주는 1924년 '배일이민법'이 제정된 이후부터이다. 넷째, 일본인의 해외이주는 농촌불황, 흉작, 전쟁귀환자 등의 이주요인도 작용했지만 무엇보다도 일본정부의 해외이주장려책과 이를 지원하는 식민협회, 해외흥업, 해외이주조합법제도, 아마존흥업 등과 같은 법적 제도적 뒷받침이 있었기 때문에 가능했다.

이상에서 살펴본 바와 같이 1945년 이전 일본에서의 해외이주는 일본제국의 영토확장과 중첩되어 한반도나 만주로의 이동의 경우 '일본제국'을 확장하는 국가적 사업으로 수행되어 이주자는 일본 공영권을 일상

생활에서 실현시키는 존재로 인식되었다. 또한 북미나 남미로의 일본인 이주와 정착도 일본민족과 재외방인의 해외발전이라는 사명감과 식민지주의적인 발상이 내재되어 있었다고 볼 수 있다.

4. 1945년 이후 일본인의 해외이주정책

제2차세계대전의 종결은 일본에서 새로운 사람들의 이동을 촉진시키는 계기가 되었다. 이전까지만 해도 한반도로부터 만주 지역 등 동아시아로 확대되었던 일본의 세력권은 패전에 의해 일본열도라는 작은 영역으로 축소되었다. 1945년 이전부터 전쟁 중에는 한반도나 만주 등 일본세력권으로 이주했던 300만 명이 넘는 일본인들이 '전쟁귀환자'로서 본토로 귀환하였다. 일본제국의 해체는 기존 '일본인'이라는 틀을 재편하는 계기가 되었다.

1945년 제2차세계대전 후 일본점령이 종결되고 일본이 주권국가로 전환되면서 출입국관리체제를 정비한 것은 1950년대이다. 일본은 1952년 4월 샌프란시스코강화조약에 의해 주권국가의 지위를 회복하였다. 일본의 주권국가의 회복은 일본을 기점으로 하는 이민자들의 이동을 재설정하여 새로운 출입국관리체제를 마련하는 계기가 되었다.[20]

1951년 10월에 제정된 출입국관리령, 1952년 4월 28일 강화조약발효로 시행된 외국인등록법, 그리고 재일조선인을 '외국인'으로 규정하는 잠정적인 체류자격을 부여한 법률 126호에 의해 성립된 '1952년 체제'는 재일조선인을 외국인으로서 통제의 대상으로 삼는 출입국관리체제의 일

---

20 南川文里(2017), 「戦後期における出入国管理体制の成立と「非移民国」, 日本」, 『立命館言語文化研究』 29(1), pp. 137-144.

환이었다.[21] 1952년 국제사회로 복귀한 일본정부는 구식민지 출신의 재일조선인 및 대만인의 일본국적에서 외국인화를 통해 아시아태평양 지역의 이주자를 관리하는 주권국가로서 재등장하였다.

일본정부는 먼저 제2차세계대전에 의해 단절되었던 일본과 브라질과의 국교를 회복시켜 1952년에 곧바로 일본인의 브라질이주를 재개하였다. 1945년 이후 남미이민은 일본정부의 과잉인구대책의 일환으로 외무성과 농림성이 각각 독자적인 이민장려사업을 개시하여 브라질, 아르헨티나, 볼리비아 등지로 일본인을 송출하였다. 다음 〈표 3.2〉에 제시한 바와 같이 당시 남미이민자는 1955년 1만 명을 초과하여 1956년 이후인 1950년대 후반에는 최전성기를 맞이하였다.

표 3.2 1945년 이후 일본인 해외이주 정책[22]

연도	이주자수	주요 이주정책
1952	6,161명	강화발효, 해외이주재개, 아마존행 출발
1953	6.275명	해외이주 간담회 설치
1954	9,177명	일본해외협회연합회 설치
1955	11,795명	외무성에 이주국설치, 해외이주심의회설치, 일본해외이주진흥주식회사설치, 호황(神武경기)
1956	15,274명	요코하마 이주알선소 설치, 도미니카공화국 이주
1957	16,620명	제1회해외일계인친목대회개최(제2회부터 해외일계인대회로 개칭)
1958	16,440명	불황, 브라질 이주50주년 축제
1959	14,914명	호황(~1961 '岩戸경기')
1961	12,472명	도미니카공화국으로부터 일부 이주자 595명 귀환, 남미이주 개시

21 大沼保昭(1993), 『新版 · 単一民族社会の神話を超えて-在日韓国 · 朝鮮人と出入国管理体制』, 東信堂, p. 92.

22 전후 일본인 해외이주연표: https://www.jica.go.jp/regions/america/ku57pq0000207h3n-att/pamphlet_201903.pdf(검색일: 2019.12.06.)

연도	이주자수	주요 이주정책
1962	8,372명	캐나다 이민수용 완화
1963	7,181명	해외이주사업단(JEMIS)설립
1965	4,867명	불황, 외무성에 중남미이주국발족(이주국폐지), 브라질 공업기술 이주 증가
1966	5,590명	호황(いざなぎ 경기)
1967	5,473명	미국이민국적법 개정 발행(국가별할당제도폐지), 국내노동력부족 심각화, 브라질 기적적 경제성장 시동
1968	4,397명	외무성영사 이주부 발족(중남미이주국 폐지)
1969	4,390명	각종 공해문제 심각화
1970	4,849명	국민총생산 세계2위 달성, 남북문제제기
1971	8,581명	과잉 쌀 대책, 벼농사경작면적 감소조정 실시
1972	7,326명	오키나와 현 본토 복귀
1973	6,406명	석유위기, 브레톤 우즈체제붕괴, 제4차 중동전쟁 개시
1974	5,531명	국제협력사업단(JICA)발족
1976	5,671명	석유위기
1978	3,648명	브라질이주 70주년 축제, 오스트레일리아 이주개시, 신국제통화제도 발족
1979	3,564명	페루이주 80주년 축제, 브라질 인플레격화, 베트남 대량난민 발생, 베트남 캄보디아 전쟁 개시
1980	3,653명	이란 이라크 전쟁개시, 브라질 신외국인법제정
1981	3,517명	JICA사업단 브라질 현지 두 법인 철수, 세계적 경기 불황
1982	2,822명	포클랜드 전쟁 개시, 국제적 금융 불안 발생, 캐나다이주자 수용 일시 정지(퀘벡 주 및 가족초청, 기업이주 제외)
1983	2,349명	오스트레일리아 이주자 수용 제한, 중미 니카라과 분쟁격화
1984	2,445명	해외이주사업평가조사
1985	2,523명	해외개발 청년제도개시
1987	2,953명	멕시코이주 90주년
1988	2,886명	브라질이주 80주년
1989	3,603명	페루이주90주년
1990		페루 최초 일계인 대통령 탄생
1993		일본정부 이민송출 종료

1952년 일본의 지위변화는 미국과의 사이에도 큰 변화를 초래했다. 미국에서 새로운 이민국적법(Immigration and Naturalization Act)이 성립되어 일본인의 신규이민을 금지하는 규정이 폐지되었다. 1924년 이민법으로 제정되었던 국가별 할당제도로 인해 일본인 이민자의 수가 연간 185명으로 제한되었지만 1952년 이후부터는 일본으로부터 이주자가 급증하여 영주자격으로 미국 출국자는 1957년 7,000명에 달했다. 이들 이민자의 대다수는 점령기나 이후 일본에 주둔했던 미국인남성과 결혼한 '전쟁신부'로 불리는 일본인여성들이었다.[23] 여기에는 1953년 난민구제법의 적용을 받아 도미한 일본인 '난민'이 포함되었지만 점령기 미군병사와 일본인 여성 사이에 태어난 '혼혈고아'의 양자이민과 서해안 농원에서 신규노동력으로 기대했던 '난민청년'들도 포함되었다. 또한 일본에 주재한 일계미국인병사의 이주, 전후 일본에 기회를 찾아 이주한 일계인 2세 기업가, 전쟁 전부터 전쟁 중 일본에 머물렀던 미국출신 일계인 2세의 '미국귀환' 등으로 재미일계인의 미국이주가 활성화되었다.

이상과 같이 일본정부의 1952년 출입국관리체제는 일본 내 외국인의 경계를 확정하고 이를 배제하는 가운데 북미나 남미로의 일본인의 새로운 이동을 촉진하는 결과를 초래하였다. 이들 가운데는 전쟁으로부터 귀환자, 재일조선인과 대만인의 귀국, 재일일계인 2세의 미국귀환, 전쟁신부나 혼혈고아의 이주 등 전쟁 전부터 점령기에 걸쳐 발생한 사람의 이동과 북미나 남미로의 신규농업이민과 점령기 조선인 '밀항' 등과 같이 전쟁 직후 혼란이나 박해를 피해 새로운 기회를 찾아 이주하는 등 양면성을 지니고 있었다.[24] 결국 일본의 '1952년 체제'는 전쟁 후 냉전시대 아시아태평양 지역에서 국가 간 관계를 재조정하는 광범위한 체제조정의 일환으로 작용

23 岩槻泰雄 · 鈴木譲二(1975),『海外移住政策史論』, 福村出版, p. 261.

24 文京洙(2013),「戦後在日朝鮮人の生活と日本社会」, 安田常雄編,『社会の境界を生きる人々-戦後日本の縁』, 岩波書店, pp. 72-100.

하였다. 이러한 새로운 이동의 체제가 확립되는 가운데 외국인으로서 일본에 잔류하게 된 재일조선인과 대만인, 한국이나 사할린, 그리고 중국잔류일본인과 같이 현지에 남게 된 일본인 등은 권리박탈, 감시, 통제의 대상으로서의 삶을 강요당하였다.[25]

'1952년 체제'를 계기로 전쟁 이전 일본에서의 해외이민은 일본제국의 영토확장과 중첩되어 한반도나 만주로의 이동은 '일본제국'을 확장하는 국가적 사업으로 수행되어 이주자는 일본 공영권을 일상생활에서 실현시키는 존재로 인식되었다. 또한 북미나 남미로의 일본인 이주와 정착도 일본민족과 재외방인의 해외발전이라는 식민지주의적인 발상이 포함되어 있었다. 그러나 패전 후 일본정부는 해외이민을 다른 측면에서 설명하기 시작했으며 1952년 이후 해외이민사업에서는 '평화적 이민, 기술이민'이라는 논리가 강조되었다. 특히 남미 이민사업에서는 영주농업이민에 의한 개척이나 기술이전을 중시하여 전쟁 전 국가주의사상의 반성에서 비롯된 수용국에 대한 공헌을 강조하는 수용국중심주의로 전환하여 일본인 이민자의 역할에 대해 신시대의 국제협력과 국제공헌을 강조하게 되었다.[26]

미국이민의 재개 역시 미일친선이 신규이민사업의 목적으로 1950년대 후반에 도입된 단기농업노무자 파견제도를 둘러싼 논쟁에서는 이 사업이 일본농촌에서의 대미감정의 개선과 미일협력관계를 촉진하기 위한 정책으로 인식되었다. 이상과 같이 '1952년 체제'에서 일본인의 출국을 관리하는 해외이주사업은 제국 일본의 식민지주의 확대뿐만 아니라 신생국가로서 일본에 의한 국제공헌과 국제협력의 일환으로 실시되고 있음을 인식시켰다.

---

25 外村大(2012),「ポスト植民地主義と在日朝鮮人-帝国崩壊後の民族関係の変遷に注目して」, 日本移民学会編,『移民研究と多文化共生』, お茶の水書房, pp. 186-206.

26 蘭信三(2013),「戦後日本をめぐる人の移動の特質-沖縄と本土の比較から」, 安田常男編,『社会の境界を生きる人びと-戦後日本の縁』, 岩波書店, pp. 42-70.

일본정부의 '1952년 체제'는 국적 상 경계지역에 있는 사람들의 이동과 비이동을 국민과 외국인의 틀로 재정의하여 통제하고 관리하는 시스템으로 작용하였다. 그리고 1952년 미국 이민국적법의 규정은 이중국적자에 대하여 일본국적으로부터 이탈을 요구하고 일본거주 이중국적자에 대해서는 엄격한 국적유지의 조건을 강화시켰다. 특히 '1952년 체제'에서 도입된 규정은 전쟁과 이주로 혼란스러웠던 국적과 귀속을 재확인하고 국적귀속의 조건에 따라 이동의 자유와 금지가 결정되었다.

미국의 1952년 이민국적법은 14세 이상의 외국인에 대하여 지문날인과 등록을 의무화하고 18세 이상에게는 등록증명서의 휴대를 요구했다. 당시 냉전 상황에서 성립된 이법은 외국인정보를 일원화하고 공산주의자로 의심되는 사람들에 대한 국외퇴거의 규제를 강화할 목적이 있었다. 이와 같은 당시 미국의 외국인관리기법은 일본출입국관리체제에서도 그대로 적용되었는데 지문날인제도가 그 전형이라 할 수 있다. 일본정부는 1955년 외국인등록법에 의해 14세 이상의 외국인을 대상으로 지문날인을 의무화하였다. 일본정부의 출입국관리체제는 지문에 의한 개인 식별기술의 확립과 관리 가능한 관료제를 정비함으로써 외국인을 생체정보로서 일원적으로 관리하는 제도가 1952년 이후에 강화되었다.

한편 일본정부는 일본국민들을 대상으로 해외이주를 미일친선이나 국제협력으로서 인식시키는 새로운 송출이민국의 지위를 부여하여 이주자를 전후 평화국가로서 재출발한 일본의 미래를 담당하는 자로 재정의하였다. 결국 이와 같은 일본인 이주자의 재정의는 이주사업을 정체시키는 요인으로 작용하였다. 왜냐하면 일본정부 주도로 이루어진 남미이민사업에서는 정부가 지시한 조건과 이주지의 실제 환경과의 격차가 너무 컸으며 이주지로부터 반발과 항의에 직면하였다. 일본 고도경제성장기를 맞이하여 국내노동력 수요가 급증하는 가운데 1960년대에는 남미이민의 규모가 서서히 축소되기 시작하여 1970년대 초에는 거의 종결되었다. 일본정부도 남미이주사업을 주관한 해외이주사업단을 국제협력단으로 재조직하여 친선과 협력을 위한 이주가 아니라 정부개발원조(ODA)나 기업진출을 목적으로 한 이주사업으로 재편하였다. 그리고 일본정부에 의한 이주사업이 정지된 1970년대는 남미로의 이주자나 일계인을 현지사회 구성원으로 생각하여 양국 간의 가교역할을 담당하도록 기대하였다.

일본정부의 이주사업은 전후 송출이민국으로서 평화와 친선이라는 일본이미지를 새롭게 정립시키면서 국내에 잔존한 외국인을 관리대상으로 하는 출입국관리체제를 유지함으로서 국민이라는 배타적 논리에 의해 관철되었다. 송출이민의 최전성기를 맞이한 1950년대 후반에는 고도성장의 국민적 주인공으로 전환되었지만 그 주인공이었던 해외일계인으로부터 일본적 희망을 거절당하는 사태가 발생했다. 당시 일본정부는 일본인 송출이민을 보이지 않게 불가시화 한 후 일본인과 외국인을 각각의 출신국의 귀속에 의해 정의하는 경향이 강했으며 이는 결국 단일민족국가의 신화를 강조하는 논리로 작용하였다. 이민송출국으로서 일본인이미지에 대하여 역사를 포함한 성공 스토리로 재현하는데 실패한 일본정부는 일본인 이민의 역사를 제대로 평가하지 못한 채 이민의 기억을 망각하였다. 또한 국내 구식민지출신자를 배제하고 경제성장의 신화를 달성한 전후 일본정부는 이민자를 포용함으로서 실현되는 풍요로움을 추구하는 이민국가로서의 본 모습을 드러내지는 못했다. 결국 전후 일본정부의 이민정책은 상호 배타적인 국민을 구성단위로서 일본국민의 이민송출을 숨기고 일본내 이민자들을 상호 배제하여 불가시화 하는 '1952년 체제'의 연장선상에서 구축되어 유지되었다고 볼 수 있다.

5. 해외이주사업 전개와 지원정책 과제

1) 해외이주사업에 대한 지식보급과 차세대 인재육성

일본정부의 해외이주사업은 1945년 이전에는 정부와 각 지방자치단체의 도도부현에 의해 실시되었다. 1945년 이후에는 1954년에 설립된 '재단법인 일본해외협회연합회(해협련)'과[27] 1955년에 설립된 '일본해외이주진흥주식회사(이주회사)'에[28] 의해 정부 정책의 일환으로 추진되었다. 일본정부는 1963년 해외이주사업을 효율적으로 추진하기 위하여 이들 두 기관을 통합하여 '해외이주사업단'을 설립하였으며 1964년에는 도도부현에 설치되었던 해외협회를 해외이주사업단의 각 현 사무소로 통합하였다. 이와 더불어 외무성관할의 요코하마 이주알선소를 해외이주사업단으로 이관하여 해외이주사업단이 일원적으로 해외이주사업을 관리하는 시스템을 구축하였다.

이후 1974년 해외이주사업단과 개발도상국에 대한 기술협력을 수행하는 해외기술협력사업단이 통합되어 '해외협력사업단'으로 발족되었고 2003년에는 '독립행정법인국제협력기구'로 변경되어 해외이주사업은 축소되었다. 현재 이 기구는 일계인사회지원을 위한 조성금사업과 일계인 연수원 수용사업, 이주관련 대부금의 회수와 해외이주자료관의 운영 등의

---

27 일본 도도부현 해외협회를 회원으로 국내에서는 계발선전, 이주자 모집선정, 훈련강습, 송출운송 등을 담당하고 북미 및 중남미 지역에 지부를 설치하여 일본으로부터 이주자의 수용과 영농지도 등을 수행하였다.

28 일본정부 및 민간이 출자하여 브라질에 현지법인을 두었음. 미국 은행으로부터 이주차관계약에 의해 차입하여 입식지의 구입, 이주자에 도항비 대부, 기업대부를 수행했음. 리우데자네이루에 본점, 상파우루, 베렌, 레시페, 폴트 아레구레, 파라과이 아순시온, 아르헨티나 부에노스아이레스에 지점, 도미니카공화국 산토도밍고, 볼리비아 산타크루즈에 주재원 사무소를 두었다.

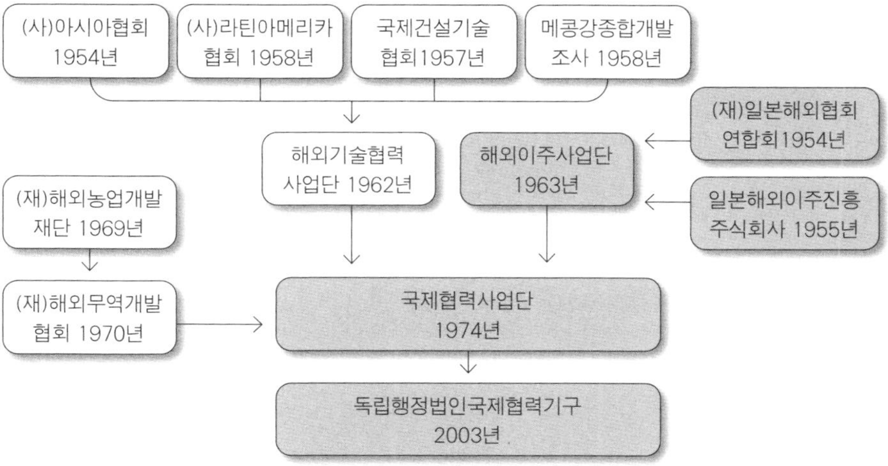

그림 3.1 일본 독립행정법인 국제협력기구의 설립 과정[29]

업무를 담당하고 있다.

일본 JICA는 전신인 1963년 설립된 해외이주사업단으로부터 계속해서 전후 일본정부의 이주정책에 의해 주로 중남미로 이동하는 이주자에 대하여 이주지에서의 정착과 생활안정을 도모하기 위한 지원활동을 수행해왔다. 현재 시대적 상황의 변화에 따라 일계인 사회의 성장과 세대교체가 진행되고 있는 가운데 다양한 사회적 문제에 대응하기 위해 일계인 고령자복지와 인재양성을 중심으로 한 이주자 및 일계인 지원사업에 주력하고 있다. 전 세계 일계인 380만(이들 중 중남미 213만 명) 명 중 일본 이주자 및 일계인은 다양한 분야에서 활약하여 이주지의 발전과 일본과의 가교역할 및 파트너로서 중요한 역할을 담당하고 있다. 이러한 일계인사회의 존재가 일본과의 강한 연대로 이어지도록 JICA는 일계인사회와의 연계 및 협력을 위한 노력을 강화하고 있다. 일계인 사회 지원사업에 대해 자세히 제시하면 〈표 3.3〉과 같다.

---

29 본문의 내용을 바탕으로 필자가 작성하였다.

표 3.3 일본정부의 일계인사회 지원사업[30]

<table>
<tr><th>해외일계인
사회 지원사업</th><th colspan="2">주요 지원사업 내용</th></tr>
<tr><td>해외이주 관련
지식보급 확대</td><td colspan="2">• 해외이주자료관 2002년 개관
• 일본인의 해외이주 역사 및 이자주와 그 자손인 일계인에게 대하여 일반인, 특히 차세대를 담당하는 청년세대에게 지식을 확대하고 이해를 심화시키기 위함.
• 연간 방문자수: 약 5만 명</td></tr>
<tr><td>해외이주
조성금 지원</td><td colspan="2">• 조성금 지원
• 이주자의 정착을 위해 필요한 복지시설의 정비, 기타 원조를 수행하기 위하여 이주자 단체에 대한 조성금교부, 고령자복지, 인재육성분야를 중심으로 교부</td></tr>
<tr><td>이주채권관련
대책</td><td colspan="2">• 이주채권회수 등의 지원</td></tr>
<tr><td rowspan="2">해외일계인
차세대 인재육성</td><td>일계인사회
차세대 인재육성</td><td>• 일계인자손에 대하여 일계인으로서의 정체성 향상의 기회를 부여하고 일계인사회의 차세대를 담당하는 인재육성
• 중학생프로그램
- 대상자: 중학생 해당 일계인자녀
- 대상자수: 52명(인솔자 2명 포함)
• 고등학생프로그램(2015년 신설)
- 고등학생 대상 일계인 자녀
- 대상자수: 32명(인솔자 1명)
• 대학생프로그램(2015년도 신설)
- 대학생 대상 일계인 자녀
- 대상자수: 20명</td></tr>
<tr><td>일계인사회
리더육성</td><td>• 장래 일계인사회를 담당하는 리더 혹은 거주국의 발전에 공헌하여 일본과 거주국의 가교를 담당하는 인재 육성
• 분야: 의학, 치학, 농학, 교육학, 경제학, 법학, 공학, 정보학 등
• 지원내용: 학비(대학원), 체류비, 왕복 도항비
• 지원자 수: 연간 약 20명</td></tr>
</table>

30 일계사회 관련 사업 개요: https://www.jica.go.jp/regions/america/ku57pq0000207h3n-att/nikkei_outline.pdf(검색일: 2019.12.04.)

<table>
<tr><th>해외일계인
사회 지원사업</th><th colspan="2">주요 지원사업 내용</th></tr>
<tr><td rowspan="2">해외일계인
차세대 인재육성</td><td>일계인 연수</td><td>• 중남미로부터 일계인 연수원의 수용을 통해 중남미 일계인사회발전에 협력하고 이들 사업에 대한 광범위한 시민참가를 촉진
• 연수자수: 연간 약130명</td></tr>
<tr><td>일계인사회
봉사활동</td><td>• 일본에서 봉사활동을 파견하여 일계인, 일계인사회의 사람들과 생활하면서 협력하여 중남미 지역발전에 공헌
• 파견자수: 연간 약 80명</td></tr>
<tr><td colspan="3">▶ 일본과의 관계강화나 이주지사회의 발전에 공헌할 수 있는 차세대 일계인사회를 담당하는 인재육성
- 일계인사회의 리더육성(일계인사회 리더상, 전문성 제고, 지역과 일계인 사회공헌)
- 일계인 정체성 강화(일계인사회와 역사이해, 일계인 정체성 이해, 일본이해 촉진)</td></tr>
<tr><td colspan="3">▶ 일계인사회와의 연계 협력
- 민간연계사업: 안건화조사, 보급 및 실증사업(중남미 일계인사회와의 연계하여 조사단을 통해 촉진)
- 풀뿌리 기술협력, 제3국 전문가 등</td></tr>
</table>

일계인 지원사업에 대해 상세히 살펴보면, 첫째, 해외이주에 관한 지식보급에 대해서는 일반인들에게 특히 미래를 담당하는 일본의 청년세대들에게 해외이주의 역사나 이주자 및 일계인에 대한 이해를 심화시킬 목적으로 2002년 요코하마에 해외이주자료관을 개관하였다. 해외이주의 역사나 일계인 사회에 관한 자료의 상설전시, 다양한 테마 기획전, 웹사이트에 의한 정보제공, 조사연구 등을 담당하고 있다.

둘째, 해외이주자 자녀의 인재육성사업에 대해서는 이주자의 자녀를 일본에 초청하여 학교 등에 체험입학이나 홈스테이 등을 통해 일본 문화나 일본사회에 대한 이해를 높이고 일계인으로서 정체성을 확립시켜 차세대 일계인사회를 담당하는 인재를 육성하는 초청프로그램을 시행하고 있다. 일계인사회 차세대육성연수(중학생 초청 프로그램)는 해외일계인단체가 운영하는 일본어학교에 재학하는 일본 중학생을 대상으로 성적이 우수하고 품행이 단정하여 장래 일계인사회의 발전에 공헌할 수 있는 충분한 소질이 있는 자들을 일본에 초청하여 수행하는 연수이며 1987년 '일본어학교 학생 연수'로서 시작하여 2012년부터 명칭을 '일계인사회 차세대 육성 연수'로 변경하여 실시하고 있다.

이 연수에서는 일본인의 해외이주의 역사에 관한 학습, 기타 각종 연수를 통한 자신들의 뿌리, 일본문화, 습관 등을 배우고 일본에 대한 이해를 높임으로서 스스로 일계인으로서의 정체성을 확립하는 것을 목적으로 하고 있다. 또한 이 연수는 현지 일계인사회에서의 계승어 교육의 진흥을 촉진시키고 일계인사회의 차세대를 담당하는 인재육성에 기여하는 것을 최고 목표로 삼고 있다. 2019년도 연수에는 10개국 49명이 참가했는데, 캐나다 4명, 멕시코 3명, 도미니카공화국 4명, 콜롬비아 1명, 베네수엘라 1명, 브라질 20명, 페루 4명, 볼리비아 3명, 파라과이 3명, 아르헨티나 6명 등이었다.

일계인사회 차세대육성 연수(고등학생 초청 프로그램)에서는 사업대상국에 생활기반을 두고 있는 일본 고등학생에 해당되는 자들로 일본에 대한 이해를 높이고자하는 강한 의욕이 있고 장래 일계인사회 발전을 위해 공헌할 수 있는 충분한 소질이 있는 자를 일본에 초청하여 수행하는 연수로서 2015년부터 실시되었다.

이 연수는 일본인의 해외이주 역사에 관한 학습, 기타 각종 연수를 통해 자신들의 뿌리역사, 일본문화, 습관 등을 배우고 일본에 대한 이해를 심화시킴으로서 스스로 일계인으로서의 정체성을 강화하고 또한 연수 중 자신들의 생각을 발신하는 기회를 가지고 일본에서 습득한 지식, 연수의 성과를 바탕으로 일계인사회를 리드하는 발신력 있는 인재를 육성하는 것을 목적으로 삼고 있다. 2019년 1월에는 1개월간 요코하마 JICA에서 9개국 31명을 초청하여 연수를 실시했다. 일계인 연수자들은 멕시코 2명, 도미니카공화국 1명, 콜롬비아 1명, 베네수엘라 1명, 브라질 14명, 페루 3명, 볼리비아 3명, 파라과이 3명, 아르헨티나 3명 등이 참가하였다. 연수의 주요 프로그램 및 내용은 〈표 3.4〉와 같다.

표 3.4 해외일계인 초청 연수프로그램 및 내용[31]

초청 프로그램	주요 프로그램 내용
일본인 해외이주 관련 학습	• 해외이주자료관 등 견학을 통한 지식 축적 • 이주에 관한 강의, 워크숍 진행 • 각 연수원의 출신국, 이주지의 일계인이민에 대한 역사와 문화보고
일본 고등학교 및 대학 현장체험	• 일본고등학교, 대학 수업, 동아리활동 체험 • 일본고등학생, 대학생과의 교류
일본문화체험 및 일본어 학습	일본문화, 체험일본어학습, 홈스테이
일본 연수여행	일계인 정체성 구축, 일본산업계와의 교류, 일본사회, 직업문화의 이해

일계인사회 차세대육성연수(대학생 초청 프로그램)에서는 사업 대상국에 생활기반이 있는 일본대학생에 해당되는 이들 중 일본에 대한 이해를 심화시키려는 의욕이 강하고 장래 일계인사회발전에 공헌할 수 있는 충분한 소질이 있는 자를 일본에 초청하여 수행하는 연수로 2015년도부터 실시되었다.

이 연수에서는 일본인의 해외이주의 역사에 관한 학습, 기타 각종 연수를 통한 자신들의 뿌리, 일본문화, 습관 등을 배우고, 일본에 대한 이해를 심화시킴으로서 일계인으로서 자신들의 정체성을 강화하고 또한 연수 중 스스로의 생각을 발신하는 기회를 가지고 일본에서 습득한 지식, 연수성과를 기반으로 현지 일계인사회를 리드하는 발신력 있는 인재를 육성하는 것을 목표로 삼고 있다.

---

31 일계인 초청연수프로그램: https://www.jica.go.jp/regions/america/college.html(검색일: 2019.12.04.)

이러한 목표를 달성하기 위해 각 목표에 대해 다음과 같은 프로그램을 실시하고 있다. 첫째, 일계인사회의 리더를 육성한다는 계획으로 일계인 리더상을 올바르게 이해하며, 각자의 전문성 제고를 통해 거주지역 및 일계인사회 공헌을 위한 프로그램을 실시하고 있다. 둘째, 일계인으로서의 정체성을 강화한다는 측면에서 일계인사회와 역사에 대해 이해를 심화하고 일계인의 정체성과 일본이해를 촉진시키는 프로그램을 운영하고 있다. 2019년도 프로그램은 6~7월에 약 1개월간 일본에서 9개국 20명의 대학생이 연수에 참여했다. 연수 참가국은 멕시코 1명, 도미니카공화국 1명, 콜롬비아 1명, 베네수엘라 1명, 브라질 9명, 페루 2명, 볼리비아 2명, 파라과이 2명, 아르헨티나 1명 등이었다.

2) 중남미 일계인과 귀환청년 지원정책

중남미에는 약 210만 명에 달하는 일계인들이 가장 많이 거주하고 있는 것으로 알려져 있으며 2~5세로의 세대교체가 진행되고 있다. 일본정부는 중남미 일계인뿐만 아니라 일본에 거주하는 약 20만 명에 달하는 일계인에 주목하여 일본과 일계인과의 연계를 중시하고 있다. 특히 일계인 청년을 대상으로 새로운 세대의 일본과 일계인네트워크에 대한 관심을 제고하기 위한 시책으로서 다음과 같은 정책을 제시하고 있다.

먼저 해외일계인 청년에 대해서는 유학과 연수를 통해 실제로 일본을 이해할 수 있도록 중남미 일계인 청년들의 네트워크를 구축하고 디지털 미디어나 홍보활동을 통해 정부레벨, 출신지역레벨과 연계하는 정책을 전개하고 있다. 가령 2017년 10월에는 '차세대일계인지도자회의'가 외무성에서 개최되었고 2018년 10월에는 '중남미넥스트리더스포럼'이 개최되었으며 이를 통해 일본인 청년과의 교류의 장을 마련하기도 했다. 이 회의와 포럼에 참여한 중남미 일계인청년들은 각 일계인사회의 청년 대표자들로서 장래 일계인사회를 책임지는 리더에 해당된다. 또한 중남미 일계인 사회와 연계를 위한 시책으로 중남미 각 분야의 일계인 고도인재나 오피니언리더, 지일파, 친일파를 전략적으로 발굴하여 육성하고 있다.[32]

또한 일본 국내에 있는 중남미 일계인 청년들이 일본과의 가교역할을 담당할 수 있는 가능성에 대해서는 일본에 거주하는 일계인 청년들은 현대 일본에 생활하고 있으며 정보를 아메리카대륙에 전달할 수 있다는 것이다. 따라서 일본거주 일계인 청년들을 고도인재육성의 대상으로 검토하고 특히 중남미로 귀국하는 일계인 청년들을 일본과 모국을 연결하는 인재로서 생각하고 고도인재로 육성될 수 있도록 고등교육에 대한 접근을 포함한 지원정책을 모색해야 한다.

표 3.5 중남미 일계인과 귀국일계인 지원정책[33]

중남미 일계인	일본에서 중남미 귀국 일계인
일본 유학기회, 연수초청사업 확충	재일일계인 자녀(초중고대학생)에 대한 교육지원, 장학금지급
중남미 일계인사회의 청년 세대 간 네트워크 확대	일본에서 귀국자녀 교육지원
일본 및 저팬하우스 사업과의 연계, 일본 출신지역과의 연계	일본기업에서 일계인에 대한 인턴십 등 촉진
SNS나 인터넷 등 디지털 미디어를 사용한 정보발신	글로컬 협력대제도(JICA 일계인사회 봉사활동에 의한 도항 전 귀국 후 재일일계인 사회지원활동) 활용
	중남미 귀국 일계인에 대한 진학, 기술지도, 기업지원
	고도의 전문성을 가진 일계인인재를 경제계나 JICA전문가로서 활용

32 浅香幸枝(2018), 「日系人の受け入れ支援: 中南米日系社会との連携の視点から」, 『留学交流』 12(93), pp. 21-22.

33 본문의 내용을 바탕으로 필자가 작성하였다.

그리고 일본거주 일계인 청소년들이 모국 귀국 시 계속해서 교육지원의 필요성이 제기되었다. 이들 가운데 일본어가 유창하고 일본사회를 잘 알고 있는 이들도 많기 때문에 일본과 중남미를 연결하는 역할을 담당할 수 있는 가능성이 매우 높기 때문이다.

또한 지방자치단체 차원에서 이민자를 해외에 많이 보낸 야마구치 현, 후쿠오카 현, 오키나와 현, 후쿠시마 현 등은 현비유학생의 형태로 일계인 청년의 수용을 자처하고 있다. 이들 현들은 일본인의 해외진출과 이민을 일체로 생각하기 때문에 현과 이주한 국가와의 복수교류를 유지하고 있는 경우도 있다. 가령 야마구치 현에서는 공익재단법인 야마구치 현 국제교류협회의 창구역할을 대응하고 있다. 야마구치 현은 1970년 재외야마구치 현 유학생제도, 1979년 해외기술연수원제도를 발족하고 2016년에는 페루로부터 유학생 29명, 연수원 76명을 수용하기도 했다. 또한 야마구치대학과 야마구치 현이 협력하여 페루 리마에 최신 방재협력을 실시하는 등 일계인을 통한 현과 이주국과의 상호 교류를 계속 추진하고 있다.[34]

3) 재외방인의 생활지원 및 활동지원

(1) 일본인 생활지원

일본외무성은 해외에서 생활하는 일본인들에게 큰 관심사항 중의 하나인 자녀교육에 대하여 의무교육에 해당하는 연령의 자녀가 일본과 동등한 정도의 교육을 받을 수 있도록 문부과학성과 연계하여 일본인학교에 지원(교사임차료, 현지채용교원 사례금, 안전대책비 등에 대한 일부지원)하고 있다. 또한 일본인학교가 존재하지 않는 지역에 설치되어 있는 보습수업교(국어 등 학

---

34 浅香幸枝(2018),「日系人の受け入れ支援: 中南米日系社会との連携の視点から」,『留学交流』12(93), pp. 24-25.

력유지를 위하여 설치되어 있는 교육시설)에 대해서도 지원(교사임대료, 현지채용강사사례금 등에 일부 지원)하고 있다. 최근에는 해외거주 일본인 자녀의 수가 증가할 것으로 예상하여 향후 지원을 확대해 나갈 방침이다.[35]

해외일본인 의료보험에 대해서는 의료사정이 좋지 않은 국가에 체류하고 있는 일본인에 대하여 건강 상담을 실시할 수 있도록 국내의료기관과 협력하여 순회의사단을 파견하고 있다. 2015년도에는 1개국 7개 도시에 순회의사단을 파견한 바 있다. 또한 감염증이나 대기오염이 심각한 현지에 전문의를 파견하여 일계인 건강안전강화를 실시하여 2015년도에는 11개국 18개 도시에 파견하였다. 그밖에 해외에 유행하고 있는 감염증 등의 정보를 수집하여 해외안전 홈페이지나 재외공관 홈페이지 등을 통해 재외일본인들에게 제공하고 있다.

기타 해외거주 일본인의 체류국가에서의 각종 행정절차(운전면허증 교체, 체류노동허가 등)의 번거로움을 해소하고 원활한 생활이 가능하도록 체류국가 당국에 대한 협조도 요청하고 있다. 또한 외국의 운전면허증을 일본운전면허증으로 교체 시 일본정부는 외국운전면허증을 가지고 있는 모든 사람들에 대하여 자동차 등의 운전에 지장이 없는 것을 확인하고 일본운전면허시험의 일부(학과 · 기능)를 면제하고 있다. 북미나 중남미 등에서는 일본 운전면허증을 교체할 경우 취득시험을 부과하고 있는 국가나 주도 있다. 이러한 국가나 주에 대해서는 운전면허증 교체 시 일본과 같이 절차를 간소화하도록 요청하고 있다. 또한 일본국외에 거주하고 있는 원폭피해자가 재외공관을 통하여 원폭증인정 및 건강진단수신자 등의 교부를 신청할 경우 절차를 지원하고 있다.

---

35 日本外交青書(2016), 『海外における日本人への支援』, 外務省, p. 235.

(2) 재외선거 참여지원

일본정부의 재외선거제도는 해외에 거주하는 재외일본인 유권자들이 국정선거에 투표하기 위한 제도이다. 2007년 6월 이후 선거부터 중의원과 참의원 각각의 비례선거, 중의원소선거구선거 및 참의원선거구선거(보궐선거 및 재선거 포함)에 참여할 수 있다. 2014년 12월부터는 제47회 중의원 의원 총선거가 실시되었고 2016년 여름에는 제24회 참의원 의원 통상선거가 실시되었다.[36] 또한 헌법 개정에 관한 국민투표에 대해서도 재외일본인 선거와 마찬가지로 투표에 참여할 수 있다.

재외선거 투표는 사전에 해당 시구정촌 선거관리위원회가 관리하는 재외선거인명부에 등록을 신청하여 재외선거인증을 입수해야 한다. 유효한 재외선거인증을 가지고 있으면 재외공관투표, 우편투표 혹은 일본 국내 투표 중 한곳을 선택하여 투표할 수가 있다. 재외공관투표는 재외선거인명부에 등록되어있는 유권자가 투표기재장소를 설치하고 있는 재외공관에서 재외선거인증과 여권 등을 제시하면 투표할 수 있다. 투표할 수 있는 기간이나 시간은 공관에 따라 다르다. 우편투표는 사전에 재외선거인증과 투표용지 등 청구서를 등록처의 시구정촌 선거관리위원회의 위원장에 송부하여 투표용지를 청구하고 일본 국내의 선거기일 투표종료 시각까지 투표소에 도착하도록 투표용지를 등록처의 시구정촌 선거관리위원회의 위원장에게 송부해야 한다. 투표는 공시일 혹은 고지일의 다음날 이후부터 실시할 수 있다. 재외선거인이 선거일에 일시 귀국하는 경우나 귀국 후 국내 선거인 명부에 등록되기까지의 기간은 국내 선거인과 같은 투표방법(기일 전 투표, 부재자투표, 선거기일투표)을 이용하여 투표할 수 있다. 재외공관에서는 관할지역에서의 재외선거제도의 홍보나 원격지에서의 영사출장서비스 등을 통해 재외선거제도의 보급과 등록자수의 확보에 노력하고 있다.

---

36 日本外交青書(2016),『海外における日本人への支援』, 外務省, pp. 234-235.

(3) 안전대책 지원

일본인들이 해외로 이동하는 경우가 많아지면서 일본의 재외공관 및 재단법인교류협회가 2014년 지원한 해외거주 일본인의 도움자수는 20,724명으로 도움자 건수는 18,123건에 달했다.[37] 때문에 외무성은 해외거주 일본인의 안전대책을 위한 정보를 제공하는 해외안전홈페이지 내용의 충실을 기하고 사용하기 쉬운 홈페이지를 제공하기 위해 기능면이나 디자인을 계속해서 개선해 오고 있다.

외무성의 영사서비스센터는 해외에서의 안전에 관한 상담에 대응하고 있다. 또한 해외에서의 일본인 활동을 적절하게 대응할 수 있도록 종합적인 안전대책을 정리한 팸플릿을 배포하고 있다. 팸플릿은 해외안전홈페이지로부터 다운 받을 수 있도록 되어 있다. 또한 지금까지 안전하다고 생각했던 관광지를 포함한 세계 여러 나라에서 테러위협이 증가하고 있는 가운데 일본 단기체류자들이 긴급사태에 휘말릴 가능성이 커지고 있다. 이에 외무성은 2014년 7월부터 운용을 개시한 외무성해외여행등록 '다비레지(여행등록)'의 인지도향상을 위해 다양한 대중매체를 통해 홍보하고 있으며 여행업자 등과의 연계를 통해 등록을 촉구하고 있다. 재외일본인들이 '다비레지(여행등록)'에 등록함으로써 긴급사태 발생 시 재외공관으로부터 개개인의 등록자에게 안전에 관한 정보를 일본어로 보내고 만일의 경우 안부확인도 활용 가능하다.

또한 외무성은 재외방인이 많이 체류하는 10개국 1지역(한국, 타이, 말레시아, 싱가포르, 베트남, 필리핀, 인도네시아, 오스트레일리아, 중국(홍콩), 대만, 미국)에 휴대전화의 SNS에 의한 재외방인 대상 긴급일시통보를 개시하고 있다. 외무성은 해외거주 일본인의 안전을 위해 관민 연계강화를 추진하고 있

---

37 해외거주 일본인 도움 통계는 일본의 재외공관 및 재단법인교류협회가 해외에서 사건, 사고, 범죄가해, 범죄피해, 재해 등 어떤 트러블을 만난 일본인에 대하여 수행한 도움건수 및 도움자를 매년 정리한 것으로 1986년부터 집계를 시작했다.

다. 일본 국내에서도 해외진출기업 등을 대상으로 안전대책, 위기관리에 관한 지식과 능력향상을 도모할 목적으로 '국내안전대책세미나'를 개최하고 있다. 그밖에 긴급사태 시 관민의 연계를 한층 강화할 목적으로 테러와 유괴 등 대응에 관한 실지훈련을 관민 협동으로 실시하고 있다. 해외에서 활약하는 민간기업과 단체, 그리고 외무성과의 정보 및 의견교환을 통해 공통관심 사항에 대하여 협의하고 검토를 위해 해외안전관민협력회의를 정기적으로 개최하고 있다.

해외에서는 재외공관이 현지 일본인 조직이나 민간대표자 등과의 '안전대책연락협의회'를 정기적으로 개최하여 안전대책에 관한 의견교환과 정보공유를 강화하고 있다. 또한 유럽, 중동, 아프리카, 아시아 지역에서도 해외에 체류하는 일본인을 대상으로 안전대책과 위기관리에 관한 지식이나 능력향상을 도모하기 위하여 '재외안전대책세미나'를 총 27개소에서 개최하는 등 해외일본인의 안전대책 강화에 노력하고 있다.

4) 일본 내 생활자로서 귀환일계인 지원정책

다음 〈표 3.6〉에 제시한 바와 같이 2019년 6월 기준 일본 내 거주하는 남미일계인 약 27만 명 중 브라질과 페루가 총 94.3%로 이들 중 일계브라질인들이 약 76.4%(약 20만 명)로 높은 비율을 차지하고 있는 것으로 나타났다. 가장 많은 체류자를 차지하고 있는 일계브라질인을 중심으로 체류자격별 내역을 살펴보면 영주권자가 112,934명, 일본인의 배우자가 1,944명, 일본인의 자녀가 16,122명, 영주자의 배우자가 3,990명, 정주자가 69,035명, 특별영주자가 30명으로 나타났다. 이러한 결과는 일본체류 일계브라질인 절반 이상이 영주권자임을 알 수 있다.

표 3.6 일본 내 국적별 남미일계인 체류자 수[38]

출신 국가별		일본 내 체류자 수(%)
남미	아르헨티나	2,975(1.1)
	볼리비아	5,991(2.2)
	브라질	206,886(76.4)
	칠레	902(0.3)
	콜롬비아	2,488(0.9)
	에콰도르	234(0.09)
	가이아나	15(0.005)
	파라과이	2,150(0.8)
	페루	48,517(17.9)
	수리남	6(0.002)
	우루과이	111(0.04)
	베네수엘라	505(0.2)
일계인 총수		270,780(100)

이러한 일계브라질인을 대상으로 다음 〈표 3.7〉은 일계인노동자의 교육, 사회보장, 외국인등록증 절차 등의 문제에 대한 지방자치단체와 일본정부의 대응방안에 대하여 제시하고 있다. 이를 바탕으로 현재 일본 내 생활하고 있는 귀환일계인에 대한 교육 분야의 문제점 및 개선사항을 살펴보면 다음과 같다. 먼저 일계인학생 지원을 위한 교원배치 등의 인원 및 예산의 부족, 필요한 인재육성과 공급구조 부재, 커리큘럼과 교재 등 전문지식 및 기술개발, 제공의 불충분, 한자와 일본역사 등 외국인자녀에 대한 교육목표 불명확, 다문화주의의 공적영역에서 적용범위 검토, 미취학에 대한 부모노동 환경개선 등 종합적 대책 부족, 그리고 자녀의 교육상황이

38 법무성 체류외국인통계(구 등록외국인통계)통계표: http://www.moj.go.jp/housei/toukei/toukei_ichiran_touroku.html(검색일: 2019.12.10.)

표 3.7 귀환일계인에 대한 일본 자치단체와 정부의 정책적 대응[39]

정책	지방자치단체 제언	일본정부 대응
교육 지원 정책	• 공립초 · 중학교에 일본어 등 지도체제 충실 • 취학지원 충실	• JSL 큘럼 개발 보급 • 일본어지도대응교원의 배치 • 취학지원 실천연구, 취학계발자료의 작성, 포럼개최 등 • 외국인학교에 대한 각종학교 인가 촉진
사회 보장 지원 정책	• 의료보험제도 개정, 건강보험 · 연금 세트가입 수정, 귀국 시 납부액 반환제도개선, 외국인대상 의료보험제도 창설 • 외국인노동환경정비, 사회보험가입촉진을 위해 사업자에 대한 감독관청의 벌칙을 포함 지도체제강화, 사업소가 외국인을 고용하는 청부업자 등과 계약 시 사회보험가입을 조건으로 하는 등 기업책임의 명확화, 청부업자 등 실태파악 · 허가제검토	• 사회보험가입 촉진 등 사회보험청에 의한 중점적사업소 지도, 공공직업안정의 구인수리나 도도부현노동국의 노동자 파견사업 · 청부사업에 대한 지도감독과 연동한 사회보험사무소에 의한 가입촉진, 보험료의 2중부담 등 해소를 위한 양국 간 보장협정의 적극적 체결, 시정촌에 의한 국민건강보험외국인상담창구의 설치에 대한 보조, 외국인에 대한 국민연금 가입촉진 • 취업적정화를 위한 사업주지도의 강화, 외국인고용상황신고제도(2007년 10월 1일 시행, 모든 사업주에 외국인노동자 고용 혹은 이직 시 이름, 체류자격 등을 확인하여 공공직업안정소신고 의무화, 30만 엔 이하의 벌금 있음), 사업주에 대한 지도 강화 • 고용안정, 직업강좌, 가이던스 등에 의 한 미취업 일계인 청년대책 강, 공공직업안정소 체제정비
출입국 관리 정책-외국인 등록증 절차	• 외국인등록제도의 개정, 외국인등록시스템 전산화 · 입국관리국과 자치단체 간의 네트워크화, 각종행정정보시스템과의 연계, 출입국 시나 전출 시 등 거주지변경절차의 주민기본대장과의 정합화, 복지 · 교육 · 세금 등 행정사무사업이나 지역공생사업에 대한 정보개시의 확대검토	• 체류관리제도의 개정, 외국인 거주지, 취업처 등의 정확한 정보파악 및 활용에 의해 행정서비스 제공, 취학촉진, 취업 적정화, 사회보험가입촉진 등 도모. 워킹팀에서 제도검토 • 체류기간변경 등에서 인센티브, 일본어 능력, 사회보험 등의 가입, 자녀 취학 등에 대하여 입국 시 체류기간의 갱신 · 체류자격의 갱신 시 확인 혹은 고려사항 검토

39 北脇保之(2008),「日本の外国人政策: 政策に関する概念の検討及び国 · 地方自治体政策の検証」,『多言語多文化-実践と研究』1(3), pp. 20-22.의 내용을 참고로 필자가 작성하였다.

체류자격심사의 고려사항으로 검토되고 있지만 교육기회제도의 충실 없이 체류요건을 엄격히 하는 것은 체류외국인들에게 부당한 측면이 존재하는 등 다양한 문제들이 산적해 있다.

사회보장분야에 대한 일본정부의 대응에서는 사회보험가입에 대하여 건강보험과 연금의 세트가입에 관한 제도적 검토가 없었기 때문에 사회보험청에 의한 지도강화에 기대하기 어려운 측면이 있다. 일계인의 고용상황신고제도의 시행은 진행되고 있지만 외국인노동자의 고용상황개선효과는 명확하지 않으며 고용정보의 관계기관에 의한 활용대책도 미정비상태이다. 고용안정에 대해서는 직업안정소의 체제정비 만으로는 변화를 기대하기 어려운 측면이 있다.

외국인등록절차에 대해서는 일본 내 외국인 거주지 등의 정확한 파악은 국가 및 지방자치단체에 필요한 것으로 인식되고 있지만 일본 법무성 및 총무성에서 진행 중인 외국인등록제도의 개선이 외국인 및 지방자치단체의 이익이 될 것인가 하는 문제는 제도설계의 충실에 달려있을 것으로 생각된다. 일본어능력 등은 체류기간 갱신 시 고려사항에 두는 것은 외국인생활환경 등의 정비가 전제되지 않으면 이미 생활관계 기반을 구축하고 있는 거주외국인에게 부당한 측면이 존재하고 있다.

6. 일본인 이주와 재외방인정책

이 장은 1868년 메이지원년 이후 해외로 이동하기 시작한 일본인의 해외이주요인과 재외방인정책, 그리고 1945년 전후 일본정부의 해외이주사업의 성격과 특징, 1990년대 이후 일본귀환 일계인의 지원정책을 살펴보았다. 연구방법은 역사적 관점에서 개괄하고 분석도구로서 일본정부에 의한 1945년 전후 북남미 송출이민정책과 외국인수용정책을 통한 귀환이민정책, 그리고 이들에 대한 지원정책을 도출하였다.

먼저 일본에서 '재외방인'의 정의는 해외거주 일본인을 대상으로 국적법에 의해 일본국민이 되는 요건을 갖춘 일본국적을 가진 자를 지칭하며 '재외일본인'이라고도 한다. 이들은 일본국외에 장기 거주하는 일본국적자로 일본인유학생, 국외출장자 등이 포함된다. 이와는 달리 일본이외의 국가에 이주하여 거주국가의 국적 혹은 영주권을 취득한 일본인 및 그 자손을 '일계인'으로 부르고 있다. 해외거주 재외방인 수는 2015년 기준 약 130만 명, 일계인은 2017년 기준 380만 명에 달하는 것으로 추정되고 있다. 해외일계인은 절반가량이 브라질과 페루를 중심으로 한 남미에 거주하고 있다. 일본의 재외방인 지원정책에 대한 연구결과는 다음과 같다.

첫째, 1945년 이전 일본에서의 해외이주는 일본제국의 영토확장과 중첩되어 한반도나 만주국으로의 이동의 경우 '일본제국'을 확장하는 국가적 사업으로 수행되어 이주자는 일본 공영권을 일상생활에서 실현시키는 존재로 인식되었다. 또한 북미나 남미로의 일본인 이주와 정착은 일본민족과 재외방인의 해외발전이라는 사명감과 식민지주의적인 발상이 내재되어 발생한 측면이 존재한다.

둘째, 1945년 패전에 따른 일본정부의 재외방인정책은 일본제국, 이민송출국의 부정, 비이민국가라는 단일민족의 신화, 그리고 전후 평화와 국제협력이라는 일본적 이주이데올로기에 의해 철저히 가려짐으로써 일본인 이주자들이 이민자로서의 자기부정을 강요한 이민정책으로 귀결된다. 이는 1952년 샌프란시스코강화조약에 의해 새롭게 설정된 국민과 비국민이라는 경계선의 재정의로 국민적 논리와 제도적 정비에 의해 전쟁으로부터 귀환자, 재일조선인과 대만인의 귀국, 재일일계인 2세의 미국귀환, 전쟁신부나 혼혈고아의 이주 등 전쟁 전부터 점령기에 걸쳐 이주한 사람의 이동, 그리고 북미나 남미로의 신규농업이민과 점령기 조선인 '밀항' 등과 같이 전쟁 직후 혼란이나 박해를 피해 이동하는 양면성을 지니고 있었다.

셋째, 1990년 출입국관리법 개정에 의한 일계인의 일본귀환은 일본의 기술습득보다는 3K산업의 단순노동분야에 흡수되어 실제로 일본노동력부족의 수급을 조정하는 역할을 담당하게 되었다. 일본정부가 브라질 거주 일계브라질인을 대상으로 일본노동력부족을 해소하기 위해 일계인3세와 배우자에게 '정주자'의 체류자격을 부여하는 출입국관리법개정을 통해 데카세기이주노동자로서 대거 귀환하게 되었다.

넷째, 일본정부의 외국인수용정책은 국내 외국인을 관리대상으로 하는 출입국관리체제를 강하게 유지함으로서 국적과 국민이라는 배타적 논리에 의해 강하게 관철되어 왔으며 이러한 연장선상에서 재외방인에 대한 지원정책이 시행된 것으로 생각된다. 이에 따라 일계인에 대한 '정주자'라는 체류자격이 정책의도와는 전혀 다른 취업목적의 외국인수용을 허용하고 있으며 단순노동자를 수용하지 않는다는 기본방침을 정하고도 일계인과 연수생 및 기능실습생이 현실적으로는 단순노동에 종사하고 있는 정책적 모순이 발생되고 있는 것으로 나타났다.

다섯째, 일본정부의 해외일계인지원사업은 시대적 상황의 변화에 따라 일계인 사회의 성장과 세대교체가 진행되고 있는 가운데 이러한 일계인 사회의 사회적 문제에 대응하기 위해 일계인 고령자복지와 인재양성을 중심으로 한 이주자 및 일계인 지원사업에 주력하고 있는 것으로 나타났다. 또한 재외일본인 이주자 및 일계인들이 이주사회의 다양한 분야에서 활동할 수 있도록 사회발전 및 일본과의 가교역할, 파트너로서 중요한 역할을 담당할 수 있도록 지원하고 있다. 특히 일계인인재육성사업은 재외일본인의 해외이주 역사에 관한 학습, 각종 연수를 통한 신들의 뿌리역사, 일본문화, 습관 등을 배우고 일본에 대한 이해를 심화시킴으로서 스스로 일계인으로서의 정체성을 강화하고 일본에서 습득한 지식, 연수의 성과를 바탕으로 일계인사회를 리드하는 발신력 있는 인재육성을 목표로 하고 있다.

여섯째, 재외일본인 지원정책으로는 외무성을 중심으로 한 일본인학교지원, 건강안전을 위한 순회의사단 파견, 거주국의 행정절차지원, 재외일본인 선거참여지원, 안전대책을 위한 등록 및 세미나개최, 안전대책연락협의회 결성 등을 지원하고 있다.

일곱째, 2019년 6월 기준 일본 거주 남미일계인은 약 27만 명으로 이들 중 일계브라질인들이 약 20만 명으로 절반이상이 일본 영주권자로 나타났다. 현재 이들에 대한 지원정책으로는 일계인노동자의 교육, 사회보장, 외국인등록증 절차 등에 대해 지방자치단체와 일본정부 차원의 대응방안이 제시되고 있다. 귀환일계인 대상 동등한 교육기회제공을 위한 제도적 정비, 건강보험과 연금의 검토, 일계인 고용상황신고제도와 고용안정, 외국인등록제도개선과 체류자격의 일본어 능력고려 등 다각적으로 검토되고 있다.

이상과 같이 일본정부의 외국인정책의 특징을 살펴보면 첫째, 글로벌화와 저출산고령화시대를 대비한 사회적 변화에 근거한 혁신적인 출입국관리정책을 제대로 제시하지 못하고 있다. 둘째, 일본정부의 출입국정책과 사회통합정책이 상호 연계되어 있지 않고 외국인을 위한 생활환경 정비정책은 존재하지만 사회통합정책은 여전히 부재한 상태이다. 일본정부는 1990년 입국관리법개정 당시 사회통합정책을 준비하여 외국인노동자들이 교육, 노동, 사회보장 등의 문제를 해결할 수 있도록 고려했어야 했는데 전혀 반영되지 못했다. 셋째, 일본정부는 외국노동자들의 사회통합정책보다는 출입국 및 체류관리정책에 역점을 두고 있으며 지방자치단체의 정책적 제안 중에서 외국인등록절차 개정이나 외국인고용상황신고제도 등은 현재 시행하고 있는 것으로 나타났다.

일본정부의 재외방인정책은 국민과 비국민이라는 경계선을 획정함으로써 해외거주 재외일본인과 재외방인, 그리고 일본 국내외 재외방인(일계인=현지국적자)에 초점을 두고 있다. 글로벌화와 더불어 일계인의 국내외 이동이 다양화되고 있는 가운데 국적에 따른 향후 출입국관리정책과 사회통합정책의 괴리를 극복할 수 있는 통합지원정책이 필요할 것으로 생각된다. 마지막으로 이 연구에서 일본 최대 마이너리티 이주민집단으로서 오키나와 이주민의 경험과 정책에 대해서는 향후 연구과제에서 다룰 필요가 있을 것이다. 전쟁 후 연합국의 지배하에 놓였던 오키나와는 1952년 샌프란시스코 강화조약 이후에도 미국통치 하에 설립된 류큐정부의 지배하에 놓여 있었다. 1945년 이전부터 해외이주가 유행했던 오키나와는 남양군도로부터 귀환자를 비롯한 인구증가와 기지건설, 농지접수에 따른 산업구조의 변화에 따라 해외이민을 장려하였다. 류큐정부는 독자적인 해외이민지원사업을 도입하여 남미나 북미로 이민을 송출하였다. 그러나 1952년 이후부터 1972년 오키나와가 일본본토로 반환될 때까지 일본정부는 류큐주민의 국적에 대하여 일본정부가 주권을 보유하고 있는 것으로 주장하여 해외거주 오키나와출신자에 대한 대응을 일본 재외공관에 담당시키고 이주민지원정책에 대해서도 본토와 일원화하였다. 하지만 오키나와 출신 이민자들 사이에서는 '우치난츄'라는 고유의 독자적인 연대에 의한 초국적 네트워크를 구축하였다. 이러한 오키나와인의 독자적인 정체성 형성과 연대 활동에 대해서는 향후 연구를 통해 상세히 규명할 필요가 있을 것이다. 이 연구의 결과는 일본과 유사한 귀환동포의 문제를 겪고 있는 한국이 당면하고 있는 740만 재외동포와 90만 귀환동포의 지원사업과 정책적 반영에도 시사 하는 바가 클 것으로 생각된다. 또한 일본과 같이 저출산고령화시대를 맞이하고 있는 한국사회에 이민자의 수용에 따른 사회혁신의 가능성을 시사하고 있다. 이 연구는 글로벌 일계인 디아스포라를 주제로 이민의 역사와 정책에 대하여 해방 전후, 그리고 이주와 이민이라는 네 가지 영역의 거대담론을 다루고 있다. 향후 각각의 주제에 대한 세밀한 연구가 필요할 것으로 생각된다.

IV

일본정부의 재외방인정책과 해외자녀교육 실태

1. 해외 거주 재외교육시설

일본인의 국제적인 활동이 활발해짐에 따라 해외로 진출하는 일계기업도 증가해왔으며 외무성의 해외체류방인 수의 조사통계에 의하면 2014년 시점에서 일본의 영토 외에 진출하고 있는 일계기업의 총수(거점수)는 아시아를 중심으로 68,573개로 과거 최대를 기록하였다. 이러한 가운데 세계 각지에 체류하는 일본인 수도 증가하여 해외에서 3개월 이상 체류하고 있는 일본국적을 가진 자(체류방인)로 영주자를 제외한 자의 숫자는 2005년 701,969명에서 2014년에 853,687명으로 약 1.2배 정도 증가하였다. 또한 많은 일본인들이 그들 자녀를 해외로 동반하고 있는 상황에서 영주자를 제외한 체류방인으로 의무교육단계의 자녀(해외자녀)의 수도 증가하고 있으며 2005년 55,566명에서 2014년 76,536명으로 약 1.4배 정도 증가하였다. 이들 중 지역별로는 아시아 지역이 32,236명으로 가장 많았고 다음으로 북미 지역이 24,126명, 유럽 지역이 14,234명 등으로 나타났다. 특히 아시아 지역에 대해서는 2005년 당시까지 해외자녀수가 가장 많았던 북미 지역을 제치고 이후에도 계속 증가하여 2005년 2,113명에서 2014년까지 약 10년간 12,123명이 증가하였다.

해외체류방인의 증가에 따라 해외에 거주하는 일본인 자녀들이 재학할 수 있는 학교형태를 살펴보면 다음 〈표 4.1〉과 같다. 이들 학교들은 일본인학교, 보습수업교, 사립재외교육시설 및 보습교실, 기타 '재외교육시설'로 불리고 있다. 일본외무성은 해외교육에 대한 기본적인 방침을 정하기에 앞서 일본인학교 및 보습수업교의 개요에 대하여 다음과 같이 설명하고 있다.

표 4.1 재외방인 교육시설의 종류[1]

학교형태	교육시설의 주요 특징
일본인학교	일본 국내 초 · 중학교 혹은 고등학교와 동등의 교육을 수행할 목적으로 설치되어 있는 전일제학교로 문부과학성이 인정한 학교
보습수업교	주로 현지학교 등에 통학하면서 토요일과 평일의 방과후를 이용하여 일본 국내의 학교에서 배우는 국어 등을 교육하기 위하여 문부과학성, 외무성으로부터 정부원조를 받고 있는 교육시설
사립재외교육시설	주로 일본 국내의 학교법인 등이 해외에 설치한 전일제 학교로 문부과학성이 인정한 학교
기타 보습교실	문부과학성, 외무성의 원조대상학교는 아니지만 일본인학교, 보습수업교와 동등하게 일본인의 자녀에 대하여 일본어에 의한 교육을 실시하고 있는 교육시설
현지학교	학교가 소재하고 있는 현지국가 정부 등이 인정한 현지교육시설. 교수언어는 그 나라의 언어.
국제학교	현지 소재국가에 설치되어 있는 외국인학교. 주로 인터내셔널스쿨, 아메리칸 스쿨 등

위의 〈표 4.1〉을 참고하여, 각 학교의 특징에 대하여 살펴보면 다음과 같다. 먼저 일본인학교는 각 학교 설립지의 대표자 등에 의해 구성되는 학교운영위원회를 모체로 하여 일본의 학교관계법령에 준거하여 초등학교 혹은 중학교에 상당하는 교육을 수행하는 것을 목적으로 하는 전일제 교육시설을 말한다. 일반적으로 현지의 일본인회 등이 주체가 되어 설립되고 운영은 일본인회 등이나 진출기업의 대표자, 보호자의 대표 등으로 구성되는 학교운영위원회가 담당하고 있다. 1956년 타이 방콕에 설립된 이후 2014년 3월 현재 세계 50개국 지역에 88개교 93개 시설이 설립되어 있다.

---

1 北脇保之(2008),「日本の外国人政策: 政策に関する概念の検討及び国 · 地方自治体政策の検証」,『多言語多文化-実践と研究』1(3), pp. 20-22.의 내용을 참고로 필자가 작성하였다.

다음으로 보습수업교는 체류국의 교육제도에 의해 일본국의 자녀들을 위한 교육을 목적으로 한 학교이다. 체류국가에서 자녀의 국적에 상관없이 입학시켜 교육하는 것을 목적으로 국제학교(인터내셔널스쿨 등)에 통학하고 있는 해외자녀에 대하여 토요일이나 방과 후 등을 이용하여 일본 국내의 초등학교 혹은 중학교의 일부 교과에 대하여 일본어로 수업을 수행하는 것을 목적으로 하는 교육시설로 일본인학교와 동등하게 현지의 일본인회 등이 설립하여 운영주체가 되고 있다. 1958년 미국 워싱턴에 설립된 이후 2014년 3월 현재 세계 54개국 지역에 203개교가 설립되어 있다. 이들 중 일부는 수업시수나 수업과목이 일본인학교에 준하는 경우가 많다. 일반적으로 각 학교 설립지의 체류방인의 대표자 등에 의해 구성되는 학교운영위원회를 운영모체로 하여 체류방인이 그들 자녀의 일본어 등의 학력유지를 위하여 설립하여 운영하고 있는 시설이다. 이들 가운데는 체류방인이 그들 자녀에 대하여 국어, 산수(수학), 이과 및 사회 등의 해당교과에 교육수준을 유지하기 위하여 일본 국내에서 사용되고 있는 교과서를 활용하여 보완적 교육시설로 운영되고 있는 경우도 있다.

마지막으로 사립학교 교육시설은 일본인학교와 동등하게 국내 학교교육과 동등의 교육을 수행할 목적으로 하는 전일제교육시설이며 국내의 학교법인 등이 모체가 되어 해외에 설립되어 2014년 4월 기준으로 북미, 유럽 및 아시아에 8개교가 설립되어 있다.

다음 〈표 4.2〉는 재외교육시설의 개요에 대하여 시설 수, 설립 및 운영, 수업내용, 정부지원을 요청하기 위한 요건 등을 표로 정리한 것이다.

표 4.2 재외교육시설의 개요[2]

개요	일본인학교	보습수업교
시설 수	88	203
설립/운영	일본 내 학교교육과 동등한 교육을 수행할 것을 목적으로 하는 전일제 교육시설. 일반적으로 현지 일본인회 등이 주체가 되어 설립되고 일본인회 등이나 진출기업의 대표자, 보호자의 대표 등으로 구성되는 학교운영위원회가 운영. 문부과학성장관으로부터 일본 내 초중고 학교와 동등의 교육과정을 가지고 있다는 취지의 인정을 받고 중등부수료자는 일본 내 고등학교, 고등부수료자는 일본 내 대학 입학자격을 부여함.	현지학교 등에 통학하고 있는 해외자녀에 대하여 토요일이나 방과 후 등을 이용하여 일본 내 초등학교 혹은 중학교의 일부 교과에 대하여 일본어로 수업을 수행하는 것을 목적으로 하는 교육시설로 현지 일본인회 등이 설립 운영
수업내용	원칙적으로 일본 내 학습지도요령에 의해 수업내용, 수업시수에서 일본에서 사용되고 있는 교과서에 의해 수업 실시. 한편 현지 언어나 역사, 지리 등 현지사정에 관한 지도를 실시하고 현지학교와의 교류활동을 교육과정에 포함시키는 등의 노력 실시.	국어를 중심으로 시설에 의해 산수(수학), 이과, 사회 등을 추가하여 일본 내에서 사용되고 있는 교과서에 의해 수업을 실시. 주 1일, 연간 35~40일 정도의 수업 실시
설립, 정부 지원을 요청하기 위한 주요조건	〈설립/일본 정부지원 요건〉 첫째, 설립에 대하여 체류방인사회의 총의가 모아져 있을 것. 둘째, 재적학생 수(영주자, 외국적자 제외)가 대략 30인 이상으로 향후 증가가 예상되는 경우 셋째, 운영주체나 학생이 일 기업만의 구성이 아니라 공공성이 확보된 것. 넷째, 학교의 안정적 운영 및 재무 면에서 건전성의 확립이 예상되는 것.	〈정부지원 요건〉 첫째, 재외방인사회의 총의에 의해 이미 설립되어 있을 것. 둘째, 재적학생(영주자, 외국적자 제외)이 5인 이상으로 향후 증가가 예상될 것. 셋째, 운영주체나 재학생이 일 기업만의 구성이 아니라 공공성이 보장된 것 넷째, 일본어를 중심으로 한 연간수업일수가 대략 35일 이상으로 수업실시에 필요한 강사가 확보되어 있을 것. 다섯째, 운영규칙, 학칙 등의 규칙이 정비되어 있을 것. 여섯째, 정부지원을 요청하는 연도의 4월 15일 시점에서 수업을 수행하고 있을 것.

2　2014년 4월 15일 기준 시설 수.

개요	준 전일제 보습수업교	사립재외교육시설
시설 수	4	8
설립/운영	보습수업교 중 수업시수나 수업과목이 일본인학교에 준하여 실시	일본 내 학교교육과 동등한 교육을 수행할 것을 목적으로 하는 전일제 교육시설, 일본 내 현지법인 등이 모체가 되어 해외에 설립 운영. 문부과학성 장관이 일본 내 초중고등학교와 동등 혹은 상당의 교육과정을 가지고 있다는 취지의 인정 혹은 지정을 받고 중등부졸업자는 일본의 고등학교, 고등부수료자는 일본의 대학에 입학자격부여
수업내용	국어, 산수(수학), 이과 및 사회를 포함하여 4과목 이상의 수업을 수행하고 주 5일, 연간 175일 이상의 수업을 실시	기본적으로 일본인학교와 같음.
설립,정부 지원을 요청하기 위한 주요조건	〈설립요건〉 첫째, 운영주체나 재학생이 일 기업만의 구성이 아니라 공공성이 보장되어 있을 것. 둘째, 현지에 통학하는 적당한 교육시설이 아니라 재적학생 수(영주자, 외국적자 제외)가 10인 이상일 것 등.	〈정부지원 요건〉 외무성의 지원 대상 제외. 문부과학성에서는 하기의 요건을 충족한 경우 교원파견의 지원 대상. 또한 의무교육무상의 정신에 의해 시설 측으로부터 신청이 있으면 교재정비사업에 의한 지원 실시 첫째, 모체가 되는 일본 내 사립학교법인으로부터 교원 파견 둘째, 재학생 수가 50인 이상 셋째, 학생의 절반 이상이 귀국을 전제로 하는 장기체류자

해외교육은 대부분 체류방인들의 자조노력에 의해 운영되고 있는 것들이 많다. 해외교육을 실시하기 위하여 일본인학교나 보습수업교가 만들어져 있지만 이들 재외교육시설도 체류방인들이 동반하는 자녀교육을 위하여 공동으로 운영 혹은 관리하고 있는 시설이다.

또한 재외교육은 각국의 주권에 속하는 것으로 이해되고 있어 해외교육에서 일본의 주권이 미치지 않는 외국에서 수행되고 있는 경우가 많기 때문에 일본정부가 직접적으로 수행할 수 없고 당연히 일본 국내와 동등한 의무교육을 수행하기에는 곤란한 경우가 많다. 그러나 일본정부로서는 적어도 의무교육에 대해서는 일본 내 의무교육에 가까운 교육을 받을 수 있도록 최대한의 지원을 아끼지 않아야 한다는 방침에 따라 외무성과 문부과학성 등 양측에서 모든 방책을 강구하고 있다. 외무성은 특히 해외교육에 대하여 체류방인의 최대의 관심사의 하나로 교육의 충실을 강화하는 것은 일본국민의 해외발전을 위한 환경정비의 일환으로서 불가결하다는 입장에 따라 예산조치를 강구하고 있으며 다음과 같은 지원을 수행하고 있다. "일본인 학교나 보습수업교 등의 교사임대료의 일부를 지원하고 있다. 요청이 있었던 치안상황이 좋지 않은 지역(국가)에 소재하는 일본인학교 등의 안전대책비의 일부를 지원하고 있다. 일본인학교 및 보습수업교 등에 근무하는 현지채용교원(강사)의 급료 일부를 지원하고 있다. 일부 지역의 보습수업교에 근무하는 현지채용강사의 지도력의 강화 등을 목적으로 한 현지채용강사연수회개최경비의 일부를 지원하고 있다." 이러한 해외교육에 관한 일본정부의 행정은 외무성 및 문부과학성의 긴밀한 협조로 이루어지고 있다. 또한 민간 측에서는 공익재단법인 해외자녀교육진흥재단이 정부의 손이 미치지 않는 분야에서 각종 사업을 수행하고 있다.

2. 해외자녀의 교육실태

재외방인의 통계에 의하면 1994년부터 2014년까지 해외자녀의 총수는 49,397명으로부터 76,536명으로 27,139명이 증가한 것으로 나타났다. 교육실태 별로는 일본인학교 재학생 수가 17,953명으로부터 21,027명으로 3,074명이 증가한 것으로 나타났다. 보습수업교의 재학생 수는 19,290명으로부터 18,983명으로 307명이 감소한 것으로 나타났다. 현지학교 등 재학생 수는 12,154명으로부터 36,526명으로 24,372명이 증가한 것으로 나타났다. 일본인학교 혹은 보습수업교에 재학하지 않고 현지학교 등에 재학한 자녀 수가 현저히 증가한 것으로 나타났다. 또한 2014년도 해외자녀 수를 지역별로 살펴보면, 해외자녀 수가 가장 많은 지역은 아시아로 역내의 해외자녀 수가 32,236명 중 일본인학교 재학생 수가 16,733명, 보습학교 재학생 수는 1,487명, 현지학교 등 재학생 수는 14,016명으로 나타났다. 아시아 지역에서의 일본인 재학생 수는 전 세계 일본인학교 재학생의 79.6%를 차지하고 있으며 재외방인 통계에서 구분되고 있는 7개 지역에서 일본인학교 재학생 수가 지역의 해외자녀 수의 50%를 초과하는 것은 아시아 지역이 유일했다.

한편 아시아 지역 다음으로 해외자녀 수가 많은 북미 지역은 역내의 해외자녀 24,126명 중 일본인학교 재학생 수가 435명에 불과하고 보습수업교 재학생 수가 12,890명, 현지학교 등 재학생 수가 10,801명으로 현지학교 등 재학생의 비율이 매년 증가한 것으로 나타났다. 그밖에 북미 지역과 동등하게 영어권인 대양주 지역에서는 일본인학교 재학생의 비율이 낮고 역내의 해외자녀 2,567명 중 일본인학교 재학생은 157명으로 보습수업교 재학생이 433명, 현지학교 등 재학생이 1,977명으로 나타났다.

3. 재외교육시설에 대한 일본정부 지원

해외자녀교육은 일본의 주권이 미치지 않는 외국에서 수행되고 있지만 문부과학성 및 외무성은 일본헌법이 정하는 교육의 기회균등 및 의무교육무상의 정신에 입각하여 재외교육시설 등에 대한 지원으로서 첫째, 교원의 파견, 둘째, 현지채용 교원, 강사 사례금의 지원, 셋째, 교실임대의 지원, 넷째, 의무교육교과서의 무상급여, 다섯째, 일본학교 안전대책 경비의 지원, 여섯째, 보습수업교를 위한 지도 자료의 작성 배포, 일곱째, 일본인학교교사특별수선비의 지원, 여덟째, 현지채용강사연수회의 개최, 아홉째, 일본인학교교장연구협의회 등의 개최, 열 번째, 파견교원에 의한 순회지도, 열한 번째, 교재정비 등을 수행하고 있다. 또한 일본 정부지원의 대상은 의무교육단계의 학생들에 관련된 것들이 대부분이었다.

표 4.3 해외진출 일계기업(거점) 수의 추이(2005년~2014년)[3]

연도	해외진출 기업 수
2005	35,134
2006	32,495
2007	48,831
2008	54,168
2009	56,430
2010	57,332
2011	62,295
2012	60,788
2013	63,777
2014	68,573

3　海外子女に対する教育の推進: https://www.soumu.go.jp/main_content/000373446.

앞의 〈표 4.3〉은 해외진출 일계인 기업수의 추이를 표로 나타낸 것이다. 2005년부터 2014년까지 해외진출 일계인 기업수의 추이를 살펴보면 해마다 조금씩 증가하기 시작하여 2005년도에 35,134건에서 2014년에는 68,573건으로 두 배 이상 증가하였다. 특이 사항은 2005년 35,134건이었던 것이 2006년에는 32,495건으로 2,639건 정도 감소하였다.

다음 〈표 4.4〉는 2014년 해외진출 일계기업 수를 지역별로 나타낸 것이다. 해외일계인 기업의 존재는 재외교육시설의 설립이나 운영에 매우

표 4.4 2014년 해외진출 일계기업(거점) 수의 지역별 내역[4]

지역	재외방인기업		현지법인기업				구분미상	일계기업 거점 수	비율
	지점	주재 출장소	본점	지점 등	합변 기업	일본인해외 창업기업			
아시아	705	1,337	4,180	2,728	5,689	872	32,009	48,203	70.3
대양주	58	33	402	196	103	499	10	1,301	1.9
북미	299	152	2,474	3,576	517	1,036	530	8,584	12.5
중미	26	55	589	156	39	116	4	985	1.4
남미	32	63	424	164	149	269	1	1,102	1.6
유럽	323	343	2,192	1,213	408	887	211	5,577	8.1
동유럽/구소련	66	283	525	298	214	47	18	1,451	2.1
중동	108	246	110	75	134	26	14	713	1.0
아프리카	31	162	111	116	148	74	15	657	1.0
총수	1,648	2,674	11,007	8,522	7,401	3,826	32,812	68,573	100

pdf#search(검색일: 2020.02.24.). 일계기업은 재외방인기업 혹은 일본인이 출자하고 있는 해외기업을 지칭함.

4 海外子女に対する教育の推進: https://www.soumu.go.jp/main_content/000373446.pdf#search(검색일: 2020.02.24.). p. 5. 외무성 '재외방인 수 조사통계'에 의함. 현지법인기

중요한 자원이 되고 있다. 해외진출 일계기업을 재외방인기업과 현지법인기업으로 구분하여 각 지역별로 살펴본 결과는 다음과 같다. 먼저 지역별 재외방인기업 수는 총 1,648개 지점으로 그 중 아시아가 705개로 가장 많았고 유럽이 323개, 북미가 299개, 중동이 108개 순이었다. 주재출장소로는 아시아가 1,337개로 압도적으로 많았고 유럽이 343개, 동유럽/구소련이 283개, 중동이 246개, 아프리카 162개, 북미가 152개 순이었다.

해외진출기업 중 현지법인기업으로는 본점, 지점, 합변기업, 일본인 해외창업 기업으로 구분할 수 있다. 먼저 본점을 살펴보면 아시아가 4,180개, 북미가 2,474개, 유럽이 2,192개로 압도적으로 많은 수를 차지하였다. 지점별로는 북미가 3,576개로 압도적으로 많았고 다음으로 아시아가 2,728개, 유럽이 1,213개였다. 합변기업으로 아시아가 5,689개, 북미가 517개, 유럽이 408개 등으로 아시아 지역에 집중되어 있고 지역 간의 격차가 많은 것으로 나타났다.

해외진출 일계기업의 특이한 사항은 일본인들이 해외로 진출하여 창업한 기업수를 포함하고 있다는 점이다. 이를 상세히 살펴보면 일본인 해외 창업 기업이 총 3,826개로 나타났는데 북미가 1,036개로 가장 많았고 유럽이 887개, 아시아가 872개, 대양주가 499개로 등으로 나타났다. 이러한 수치는 일본인들의 해외창업이 주로 북미, 유럽, 아시아에 집중되고 있음을 추정할 수 있다.

다음 〈표 4.5〉는 1994년부터 2014년까지 재외방인의 변화추이를 나타내고 있다. 재외방인의 변화추이를 장기체류자, 영주자별로 구분하여 살펴본 결과는 다음과 같다. 장기체류자나 영주자는 일본국적을 가진 재외방인의 중요한 구성요소가 되고 있다. 먼저 해외일본인의 장기체류자는 1994년 이후 꾸준히 증가하여 2014년에는 거의 두 배 이상의 증가세

업은 재외방인기업 혹은 일본인이 해외에 설립한 협지법인을 말함.

표 4.5 재외방인의 추이(1994년~2014년)[5]

연도	장기체류자	영주자	합계
1994	428,342	261,553	689,895
1995	460,522	267,746	728,268
1996	492,942	271,035	763,977
1997	507,749	274,819	782,568
1998	510,915	278,619	789,534
1999	515,295	280,557	795,852
2000	526,685	285,027	811,712
2001	544,434	293,310	837,744
2002	587,936	285,705	873,744
2003	619,269	291,793	911,062
2004	659,003	302,304	961,307
2005	701,969	310,578	1,012,547
2006	735,378	328,317	1,063,695
2007	745,897	339,774	1,085,671
2008	755,724	361,269	1,116,993
2009	758,248	373,559	1,131,807
2010	758,788	384,569	1,143,357
2011	782,650	399,907	1,182,557
2012	837,718	411,859	1,249,577
2013	839,516	418,747	1,258,263
2014	853,687	436,488	1,290,175

를 보이고 있다. 그러나 영주자는 대조적으로 1994년에 26만 명 정도에

5 海外子女に対する教育の推進: https://www.soumu.go.jp/main_content/000373446.pdf#search(검색일: 2020.02.24.). p. 6. 장기체류자는 해외에 3개월 이상 체류하고 있는 일본 국적을 가지고 자들 중 해외생활이 일시적이고 일본에 귀국할 예정인 일본인을 말함. 영

서 43만 명으로 두 배 가까이 증가하였지만 장기 체류자에 비해 증가추세가 절반정도에 그치고 있다. 이러한 결과는 해외 거주 일본인들이 장기체류자는 증가하고 있지만 현지출생의 일계인 2~3세들이 많고 현지 영주자의 증가추세는 소폭에 그치고 있다는 것을 반증하고 있다. 이는 그만큼 최근 글로벌시대의 추세에 비례하여 일본인들의 해외진출이 많지 않다는 것을 보여주고 있다.

해외일본인들의 장기체류자가 증가함에 따라 해외자녀의 수도 증가해 왔는데 다음 〈표 4.6〉은 해외일본인 자녀수의 추이를 나타내고 있다.

표 4.6 해외자녀 수의 추이(1994년~2014년)[6]

연도	해외자녀 수	연도	해외자녀 수
1994	49,397	2005	55,566
1995	49,698	2006	58,304
1996	49,740	2007	59,109
1997	50,080	2008	61,252
1998	49,670	2009	61,488
1999	48,951	2010	67,322
2000	49,463	2011	64,950
2001	50,792	2012	66,960
2002	52,046	2013	71,628
2003	52,462	2014	76,536
2004	54,148		

주자는 원칙적으로 해당 체류국가로부터 영주권을 받고 생활의 거처를 일본으로부터 해외로 옮긴 일본인을 말함.

6 海外子女に対する教育の推進: https://www.soumu.go.jp/main_content/000373446.pdf#search(검색일: 2020.02.24.). p. 7. 외무성의 해외체류재외방인 수 조사통계에 의해 작성되었음.

해외자녀 수의 변화의 추이를 살펴보면, 1994년도에 49,397명에서 2014년도에는 76,536명으로 거의 두 배 가까이 증가해왔다. 특이한 것은 일본인 해외자녀의 수가 1998년부터 2000년까지 감소하다가 2001년 이후 증가하기 시작했다. 그리고 2008년 리먼쇼크이후 거의 변함이 없다가 2010년 이후 소폭 상승세를 보이고 있다.

이상과 같이 해외일계기업의 증가와 더불어 장기체류자의 증가, 그리고 해외자녀 수의 증가에 따라 이들의 교육지원을 위해 해외에 일본인 학교가 설립되기 시작하였다. 다음 〈표 4.7〉은 해외거주 일계기업들이 설립한 일본인학교의 연표를 나타낸 것이다. 1956년 일본인학교가 아시아방콕에 설립된 이후 아시아 지역에 총 38개의 일본인학교가 일본인 기업이나 일본인회에 의해 설립되었다. 다음은 북미 지역에 총 4개의 일본인학교가 설립되었는데 1976년 뉴욕, 1979년 시카고, 1990년 괌, 2005년 뉴저지 등이다. 일본인들이 전쟁전후 가장 많이 도항한 중남미 지역은 1967년 상파울루에 처음 일본인학교가 설립된 이후 총 19개의 일본인학교가 설립되었다. 유럽 지역은 1967년 모스크바에 일본인학교가 설립된 이후 총 23개의 일본인학교가 설립되었다. 대양주에는 1969년 시드니, 1979년 퍼스, 1987년 멜번 등 총 3개 지역에 일본인학교가 설립되었다. 중동 지역은 1968년 테헤란에 일본인학교가 설립된 이후 12개 일본인학교가 설립되었다. 마지막으로 아프리카 지역은 1966년 요하네스버그에 일본인학교가 설립된 이후 1970년 나이로비, 1973년 카이로, 1974년 라고스, 1978년 아제르바이잔 등에 총 4개의 일본인학교가 설립되었다.

이상에서 살펴본 바와 같이 해외 일본인학교의 설립은 아시아 지역 38개교를 중심으로 유럽 23개교, 중남미 19개교, 중동 지역 12개교, 북미와 아프리카가 4개교, 대양주가 3개교 등 주로 아시아 지역에 집중되어 있음을 알 수 있다.

표 4.7 일본인학교 설립연표(2014년 3월 기준)[7]

연도	아시아	북미	중남미	유럽	대양주	중동	아프리카
1956	방콕						
1964	양곤 뉴델리						
1965	가라치						
1966	홍콩 쿠알라룸푸르 싱가포르 캘커타 봄베이 콜롬보						요하네스버그
1967			상파울루	모스크바			
1968	마닐라		멕시코 부에노스아이레스			테헤란	
1969			리마		시드니		
1970	자카르타					베이루트	나이로비
1971			리우데자네이루	뒤셀도르프		쿠웨이트	
1972	다카오						
1973	대만 서울			파리 라스팔마스			카이로
1974							라고스
1975	페낭		파나마 산호세				
1976	부산 다카	뉴욕	카라카스			제다	
1977	북경		베렌	밀라노 런던			
1978			과테말라 보고타	부카리스트		바그다드	아제르바이잔
1979		시카고		빈 바르샤바	퍼스	아부다비	

7 2014년 외무성 자료에 의거 작성.

연도	아시아	북미	중남미	유럽	대양주	중동	아프리카
1980	슬라바야		키토	브뤼셀 암스테르담 베오그라드		앙카라 도하	
1981	메당 대중		빅토리아	프라하		두바이	
1982			베로오리 종태	함부르크 마드리드			
1983			산티아고 아슨시온				
1984	코타키나 발루		마나우스				
1985	반동					바하렌 리야드	
1986				프랑크 푸르트			
1987				바르셀로나	멜본		
1988	상해 이슬라 마바드						
1989				취리히			
1990		괌					
1991				로마			
1992						이스탄불	
1993				로테르담			
1994				베를린			
1995	대련			뮌헨			
1996	중국광주						
1997	하노이						
1998	호치민 조호르		아구아스 카리엔테스				
1999	천진						
2004	청도						
2005	소주	뉴저지		부다페스트			
2008	심천, 항주						
2009	시라차						

그러면 실질적으로 해외일본인학교에 재학 중인 해외자녀의 수는 어떤 변화를 겪어왔는가? 다음 〈표 4.8〉는 해외일본인 자녀의 재학학교별 증감비율을 나타낸 것이다. 학교형태별로 일본인학교, 보습수업교, 현지학교 등으로 구분하여 살펴본 결과를 보면 다음과 같다. 먼저 일본인학교는 1994년 이후 2014년까지의 변화추이를 살펴보면 1994년 이후 서서히 증가세를 보이다 1998년부터 2005년까지 감소세에서 이후 서서히 증가하였다. 보습수업교의 경우는 1994년 이후 2014년까지 거의 해외자녀수의 변화를 보이지 않고 있다. 그러나 현지학교의 해외자녀 수는 1994년에 비해 2014년에는 거의 3배에 가까운 증감율을 보였다.

결과적으로 학교형태별 해외 일본인학교의 해외자녀 수는 일본인학교와 보습수업교의 경우 거의 변화를 보이지 않고 있지만 현지학교는 양적으로 많은 증가세를 보여주고 있다. 이는 해외거주 일본인들이 일본인학교나 보습수업교에 그들의 자녀를 맡기는 것보다는 현지학교에 통학시키는 경우가 많아지고 있음을 시사하고 있다. 해외일본인의 장기체류자와 영주자의 증가로 자연적인 현상이기는 하지만 이는 해외일본인들의 현지화가 가속화되고 있음을 단적으로 보여주는 결과라고 할 수 있을 것이다.

문부과학성은 및 외무성에 의한 재외교육시설 등에 대한 주요 지원내용을 살펴보면 다음과 같다. 먼저 교원파견의 경우 문부과학성은 의무교육학교의 교원들 중 국가에서 선고한 자를 문부과학성장관이 위촉하여 원칙적으로 2년간(최장 4년간) 파견할 수 있다. 일본인학교는 일본 내 공립학교의 교원정수 기준에 준하여 산출한 정원의 약 80%를 예산 범위 내에서 파견할 수 있다. 보습수업교의 경우 학교규모에 따라 예산 범위 내에서 학생이 100명 이상의 경우 교원 1명, 학생이 400명 이상의 경우 교원 2명(이후 학생 400명마다 1명)을 파견할 수 있다. 준 전일제보습수업교의 경우 예산 범위 내에서 교원 1명을 파견할 수 있다.

표 4.8 재학학교별 해외자녀 수의 증감비율(1994년~2014년)[8]

연도	일본인학교		보습수업교		현지학교 등		합계	
	인수	지수	인수	지수	인수	지수	인수	지수
1994	17,953	100	19,290	100	12,154	100	49,397	100
1995	18,552	103.3	18,544	96.1	12,602	103.7	49,698	100.6
1996	18,839	104.9	17,609	91.3	13,292	109.4	49,740	100.7
1997	19,206	107.0	16,765	86.9	14,109	116.1	50,080	101.4
1998	18,555	103.4	16,939	87.8	14,176	116.6	49,670	100.6
1999	17,229	96.0	17,262	89.5	14,460	119.0	48,951	99.1
2000	16,699	93.0	17,292	89.6	15,472	127.3	49,463	100.1
2001	16,843	93.8	17,996	93.3	15,953	131.3	50,792	102.8
2002	16,516	92.0	17,296	89.7	18,234	150.0	52,046	105.4
2003	16,380	91.2	16,238	84.2	19,844	163.3	52,462	106.2
2004	16,840	93.8	16,501	85.5	20,807	171.2	54,148	109.6
2005	17,658	98.4	15,683	81.3	22,225	182.9	55,566	112.5
2006	18,526	103.2	16,058	83.2	23,720	195.2	58,304	118.0
2007	18,920	105.4	16,569	85.9	23,620	194.3	59,109	119.7
2008	19,340	107.7	16,754	86.9	25,158	207.0	61,252	124.0
2009	18,692	104.1	16,682	86.5	26,114	214.9	61,488	124.5
2010	18,135	101.0	16,475	85.4	32,712	269.1	67,322	136.3
2011	18,916	105.4	16,577	85.9	29,457	242.4	64,950	131.5
2012	20,230	112.7	17,261	89.5	29,469	242.5	66,960	135.6
2013	20,878	116.3	17,999	93.3	32,751	269.5	71,628	145.0
2014	21,027	117.1	18,983	98.4	36,526	300.5	76,536	154.9

8 海外子女に対する教育の推進: https://www.soumu.go.jp/main_content/000373446.pdf#search(검색일: 2020.02.24.), p. 15. 외무성 해외체류방인 수 조사통계에 의함. 1994년부터 1999년까지는 매년 5월1일 기준, 2000년 이후는 매년 4월 15일 기준에 의함.

현지채용교원 및 강사사례금은 외무성의 예산 범위 내에서 현지채용교원이나 강사급여의 일부에 대하여 일정비율의 지원율에 준하여 지원하고 있다. 일본인학교의 교원의 경우 문부과학성이 산출한 교원정수의 10%를 지원 대상 정수로서 해당교원의 기본급여월액에 기본지원율(45%)을 더하여 산출한 금액을 지원(교원 1인당 학생 수가 적은 학교에 대하여 0-15%까지의 가산율 설정)하고 있다. 보습수업교나 준 전일제보습수업교의 교원의 경우 문부과학성이 학생 수에 따라 산출한 필요학급 수와 동수를 지원 대상 강사 수로 하여 해당강사의 기본급여 월 금액에 기본지원율(45%)을 더하여 산출한 금액을 지원(교원 1인당 학생 수가 적은 학교에 대하여 0~45%까지의 가산율 설정)하고 있다.

재외교육시설의 임대료는 외무성이 일본인학교와 보습수업교의 교사 임대료 등을 지원하고 있다. 일본인학교의 경우 학교를 건설하거나 구입하는 경우 교사 건설 등 경비의 약 2분의 1(최대 3분의1) 이내에서 5~25년의 분할지급으로 지원하고 있다. 임대의 경우 예산 범위 내에서 교사임대료의 55%의 한도 내에서 지원하고 있다. 보습수업교나 준 전일제보습수업교의 경우 예산 범위 내에서 임대료의 50%의 한도 내에서 지원하고 있다.

의무교육교과서의 무상급여에 대해서는 문부과학성이 해외자녀에 대하여 재외공관을 통해 일본 내에서 채택되고 있는 의무교육교과서를 배포하고 있다. 안전대책비에 대해서는 외무성이 경비사례금, 경보기기 등 유지관리비의 일부를 지원하고 있다. 보습수업교를 위한 지도 자료의 작성 및 배포에 대해서는 보습수업교의 교육 형태나 실적에 따른 지도계획이나 지도안 등을 정리한 자료를 작성하여 배포하고 있다. 교사특별수선비에 대해서는 외무성이 교사임대료를 지원받지 않고 있는 일본인학교에 대하여 1,000만 엔을 상한으로 학교의 존속, 학생의 건강과 안전에 영향을 미치는 교사건물 등의 고장을 수선할 수 있도록 지원하고 있다. 현지채용강사연수회의 개최는 문부과학성과 외무성이 파견교원이 없는 보습수업교에 소속된 현지채용강사를 대상으로 연수회를 실시하고 있다. 일본인학교 교장연구협의회 등의 개최에 대해서는 문부과학성과 외무성이 일본학교의 원활한 학교운영 등을 추진하기 위하여 동아시아 및 대양주 지역 등 총 4개 지역을 중심으로 제반문제를 검토하는 장(이들 중 1지역은 문부과학성과 외무성 공동 개최, 기타 자유개최)을 설정하여 지원하고 있다. 파견교원에 대한 순회지도는 문부과학성이 파견교원이 없는 보습수업교 등에 소속된 현지채용강사를 대상으로 연수 등을 실시하고 있다. 재외교육시설의 교재정비에 대해서는 문부과학성이 일본인학교 등의 교육지도의 충실을 도모하기 위해 공익재단법인 해외자녀교육진흥재단에 의해 일본 내 초중학교에 준하는 일반 교재 등의 정비에 대하여 보조하고 있다.[9]

4. 일본인학교 인정 법령 및 설립운영 성과

1) 일본인학교 인정에 관한 법령

'재외교육시설의 인정 등에 관한 규정'은 1991년 11월 14일 문부성 고시 "제114호 제1조"에 문부과학성장관은 재외교육시설의 설치자(재외교육시설을 설치하려는 자를 포함. 이하 동등.)의 신청에 의거하여 해당재외교육시설이 초등학교, 중학교, 고등학교(이하 '초등학교 등')의 과정과 동등의 과정을 가진다는 취지를 인정하고 있다.

재외교육시설의 인정기준, 운영기준 및 인정의 절차 등에 대해서는 (1991년 11월 14일 교육조성국장재정) 인정 기준 제1 목적에 "1991년 11월 14일 문부과학성 고시 제114호 '재외교육시설의 인정 등에 관한 규정(이하 인

9 海外子女に対する教育の推進, p. 19. 참조

정규정)' 제1조의 인정을 받으려는 재외교육시설(이하 신청시설)은 해외에 체류하는 재외방인의 자녀를 위하여 초등학교, 중학교 혹은 고등학교와 동등한 내용의 교육을 수행하는 것을 주요 목적으로 하는 취지를 학교에 명기하지 않으면 안 된다."(제2조와 제7조 참고)

일본학교교육법(1947년 법률 제26호) 제57조에는 "고등학교에 입학할 수 있는 자는 중학교 혹은 이에 준하는 학교를 졸업한 자 혹은 중등교육학교의 전기 과정을 수료한 자 혹은 문부과학성장관이 정하는 것에 의해 이와 동등 이상의 학력이 있다고 인정되는 자로 한다." 제90조에는 "대학에 입학할 수 있는 자는 고등학교 혹은 중등교육학교를 졸업한 자 혹은 통상의 과정에 의한 12년의 학교교육을 수료한 자(통상의 과정이외의 과정에 의해 이에 상당하는 학교교육을 수료한 자를 포함) 또는 문부과학성장관이 정하는 바에 따른 이와 동등 이상의 학력이 있다고 정한 자로 한다."

학교교육법시행규칙(1947년 문부성 법령 제11호)에 대해서는 "제59조에 학교교육법 제57조의 규정에 의해 고등학교입학에 관해 중학교를 졸업한 자와 동등 이상의 학력이 있다고 인정되는 자는 다음 각 호의 어딘가에 해당되는 자로 한다. 첫째, 외국 학교교육에서 9년 과정을 수료한 자. 둘째, 문부과학성장관이 중학교의 과정과 동등한 과정을 가지고 있는 것으로 인정한 재외교육시설의 해당과정을 수료한 자" 등이다. "제15조에는 학교교육법 제90조 제1항의 규정에 의해 대학입학에 대하여 고등학교를 졸업한 자와 동등이상의 학력이 있다고 인정되는 자는 다음 각 호의 어딘가에 해당하는 자로 한다. 첫째, 외국의 학교교육에서 12년의 과정을 수료한 자 혹은 이에 준하는 자로 문부과학성장관이 지정한 자. 둘째, 문부과학성장관이 고등학교의 과정과 동등 과정을 가지고 있는 자로서 인정한 재외교육시설의 해당과정을 수료한 자" 등이다.

2) 재외교육시설의 설립운영과 추진성과

일계기업들이 아시아 등으로 급속한 해외진출을 배경으로 재외방인의 수도 증가하여 이와 더불어 해외자녀들도 2005년 55,566명에서 2014년 76,536명으로 약 1.4배 정도 증가하였다. 이러한 가운데 일반사단법인 일본재외기업협회가 2013년 7월 동 협회의 회원기업에 대하여 실시한 '해외 귀국자녀교육에 관한 설문조사' 결과에 의하면 일본인학교에 관한 문제점으로서 '부임지에 학교가 없다'는 응답이 65%로 가장 높았고 보습수업교에 관한 문제점으로서 '학교 수가 적다'는 응답이 30%로 두 번째로 많았으며 재외교육시설의 수요가 높은 상황이었다.

일본인학교 및 보습수업교의 설립운영에 관해서는 일본정부가 먼저 정비방침이나 예산방침 등을 정하여 추진하는 것이 아니라 소재지에서 일본인회 등 재외방인사회로부터의 자발적인 요청에 의해 문부과학성이 일본인학교로서의 인정을 수행함과 동시에 문부과학성 및 외무성이 일본인학교 및 보습수업교에 대해서도 각종 정부지원을 시행하고 있다. 일본인학교로서의 인정에 대해서는 문부과학성이 '재외교육시설의 인정 등에 관한 규정' 및 '재외교육시설의 인정기준, 운영기준 및 인정의 절차 등에 대하여'에 의거하여 일본 내의 소중고등학교의 교육과정과 동등의 과정을 가진다는 취지를 인정하고 있으며 일본인학교의 수료자에게는 학교교육법 및 학교교육법시행규칙에 의해 일본 내의 고등학교 및 대학의 입학자격을 인정하고 있다. 또한 일본인학교 및 보습수업교에 대한 정부원조에 대해서는 의무교육에 대한 지원으로서 예산 범위 내에 실시하고 있다.

2005년부터 2014년까지 10년간 신설된 6개의 일본인학교 중 5개 시설이 보습수업교로부터 격상 혹은 분교화 되었다. 먼저 보습수업교로서 정부보조의 승인을 받은 후 일본인학교로서 인정을 받은 것이 대부분이다.

일본인학교의 설립운영에 대하여 보습수업교에 대한 정부보조의 실시상황을 조사한 결과 신규 지원요청이 증가하고 있는 반면 신규승인은 감소하고 있는 것으로 나타났다. 보습수업교에 대한 주요 정부지원은 외무성이 제한된 예산의 범위 내에서 외화대체에 의해 수행하고 있는 것으로부터 엔화약세로 지원수준을 유지하기 곤란한 상황이 연출되고 있다. 보습수업교에 대한 정부지원의 계약은 1년간으로 자동적으로 갱신되는 것은 아니지만 외무성에 따르면 지원개시 후 지원요건을 충족하지 못하더라도 지원중단에 관한 규정이 없는 가운데 기존 보습수업교에의 계속적인 지원을 우선하고 있으며 신규 지원요청이 있었던 보습수업교에 대해서는 지원개시를 연기해야 할 상황에 직면해 있다. 외무성이 2005년부터 2014년까지 10년간의 상황을 조사한 결과, 해당 10년간 29개 시설에서 새로운 정부지원이 승인되었지만 2010년, 2012년, 2014년도에 새롭게 승인된 것은 없었다. 또한 일본정부 승인율은 2007년부터 2010년까지 4년간 43개 시설 중 6개 시설에 그치고 있다. 해외자녀 수의 증가를 배경으로 신규지원의 요청 수도 증가하였지만 전술한 바와 같이 보습수업교의 준비방침이나 예산방침 등이 없는 가운데 예산의 제약으로부터 승인 수는 감소하고 있는 상황이다.

한편 2014년 보습수업교로서의 정부지원을 신규로 요청한 15개 시설에 대해서는 모두 승인되지 않았지만 해당 15개 시설 중 외무성의 조사에 대하여 응답이 있었던 14개 시설 가운데 6개 시설은 보습수업교 대상의 연수 참가나 정부 홈페이지에 시설의 소개 등, 예산을 동반하지 않은 정부로부터의 지원을 요청했다. 해외자녀교육에 대한 예산을 동반하지 않은 정부로부터의 지원과 관련하여 외국정부의 상황을 보면, 독일에서는 일정기준을 충족하지 못한 재외독일인학교에 대해서도 우량재외독일인학교로서의 품질증명 마크를 부여하여 입학자 증가와 연결되는 간접적인 지원을 하고 있는 사례도 있다.

이러한 상황에서 외무성과 문부과학성은 일계기업의 해외진출을 배경으로 재외교육시설의 수요가 많은 것을 감안하여 가능한 많은 해외자녀들이 재외교육시설에서 배울 기회를 부여할 수 있도록 조치를 강구하고 있다. 정부지원요건을 충족하고 있음에도 불구하고 승인되지 않고 있는 시설 등에의 예산을 동반하지 않은 지원에 관한 의견 및 요망을 파악한 후 필요한 지원을 실시해야 한다.

일본정부의 일본인학교 및 보습수업교에 대한 정부지원의 주요 요건을 살펴보면 다음과 같다. 먼저 일본인학교의 경우 설립 및 정부지원을 요청하기 위한 주요 요건은 4가지이다.

첫째, 설립에 대하여 재외방인사회의 총의를 반영하고 있을 것

둘째, 재학생(영주자, 외국적소지자 제외)이 5인 이상으로 향후 증가가 예상될 것

셋째, 운영주체나 재학생이 일 기업만의 구성이 아니라 공공성이 유지될 것

넷째, 학교의 안정적 운영 및 재무 면에서의 건전성 확립이 예상될 것

일본정부의 보습수업교에 대한 정부지원 요청을 위한 주요 요건은 다음과 같다.

첫째, 재외방인사회의 총의에 의해 이미 설립되어 있을 것

둘째, 재학생(영주자, 외국적자 제외)이 5인 이상으로 향후 증가가 예상될것

셋째, 운영주체나 재학생이 일 기업만의 구성이 아니라 공공성이 유지될 것

넷째, 국어를 중심으로 한 연간수업일수가 대략 35일 이상으로 수업실시에 필요한 강사가 확보되어 있을 것

다섯째, 운영규칙, 학칙 등의 규칙이 정비되어 있을 것

여섯째, 정부지원을 요청하는 연도의 4월 15일 시점에서 수업을 수행하고 있을 것

표 4.9 일본정부가 비승인한 시설에서 예산을 동반하지 않은 지원에 관한 의견

지역	예산을 동반하지 않은 지원에 관한 요망
아시아	정부 홈피에 시설소개, 문부과학성이 작성한 보습수업교용 지도 자료의 문부과학성홈피에 게재, 현지채용강사연수회의 참가 승인, 근린 재외교육시설로부터 지도와 조언을 받을 수 있는 시설로서의 승인 요망.
북미	교수연수 등 비용은 본교에서 부담한다는 조건으로 참가하고 있지만 개최학교와 직접 교섭하고 있는 상황임. 예산을 책정하지 않았더라도 신청기준을 충족하고 있으면 연수 등의 지원 요망.
중남미	• 정부지원이 인정되면 문부과학성의 홈피에 보습수업교로서의 교명이 게재되지만 본교는 인정되지 않았기 때문에 공식적인 장에 교명이 나오는 것이 없기 때문에 주재원에 대하여 정보제공부족의 우려가 있음. • 본교의 운영위원회 구성원이 근무하고 있는 기업은 공익재단법인 해외자녀교육진흥재단의 회원기업이지만 정부지원이 인정되지 않으면 해당재단이 실시하고 있는 전임강사의 모집이나 교재보조 등의 지원을 받을 수 없음. • 정부지원이 인정되지 않더라도 정부지원요청의 요건을 충족하면 보습수업교로서 인정받는 등 정부지원이 인정될 때까지 몇 단계의 스텝이 있어도 무방함.
유럽	• 정부홈피에서 시설소개, 문부과학성이 작성하는 보습수업교용 지도 자료의 문부과학성 홈피에 게재승인 요망. - 신규입학문의는 주로 연고에 의해 본교를 알게 된 사람들이며 정부 홈피에 소개할 필요가 있음. - 수업내용을 충실히 하기 위해서는 지도 자료가 있으면 문부과학성 홈피에 게재나 메일에 의한 링크 통지 등 간단히 접할 수 있도록 할 필요가 있음. - 현지채용강사연수회 참가를 반드시 승인할 필요가 있음. 강사는 반드시 교원경험자를 채용하는 것이 아니라 경험자의 강사가 그만두는 경우 등 양질의 수업을 계속하기 위해 불안을 안고 있음. 적어도 연수회에 참가할 수 있으면 경험이 적은 자가 강사가 되었을 경우 수업의 질을 향상시킬 수 있을 것임. - 근린 재외교육시설로부터 지도와 조언을 받을 수 있는 시설로서 승인을 받는 것이 좋음. 수업의 시간표나 구성, 한자의 학습방법 등을 모색하고 파견교원으로부터의 지도나 조언을 받을 수 있는 환경이면 어린이들에게 보다 효과적인 방법으로 지도할 수 있을 것으로 기대됨. - 예산조치를 동반하지 않은 지원에 대해서도 배제되는 상황은 다른 정부지원인정학교와 같이 일본어의 습득에 열심인 어린이들에게 매우 유감임. 해외자녀교육의 충실측면에서 정부지원 인정학교임에도 불구하고 가능한 지원을 해주고 특히 예비조치를 동반하지 않은 것에 대해서는 실현이 용이할 것으로 추정되기 때문에 조기실현 요망.
아프리카	• 현지 부임 예정인 학부형에게 본교의 시설소개나 입학 및 편입학 시 필요한 물품의 알림 등을 정부홈피에 게재하여 착임 시의 수용에 대한 부담경감을 가능하게 함. • 학부형의 봉사활동가들이 보습수업교학생들의 수업을 시행하고 있음. 강사로서의 지도자 경험이 없는 자가 대부분으로 수업의 진보, 지도레벨의 균일화를 도모할 필요가 있음. 지도 자료를 제공하여 지도방법의 레벨감각을 일정하게 유지 가능하도록 할 필요가 있음.

5. 해외자녀 및 귀국자녀에 대한 해외교육사례

1) 독일 사례

먼저 독일의 재외교육시설의 개요를 살펴보면 독일은 대외문화보급과 교육정책 등의 일환으로서 재외독일학교진흥법(Gesetz Uber die Forderung deutscher Auslandsschulen)에 의거하여 각 주의 교육장이 모이는 상설회의(KMK)가 인정한 71개국 지역의 140개 재외독일인학교에 대하여 연방행정청의 하부조직인 재외학교센터가 외무성의 위탁을 받아 각종 지원을 실시하고 있다. 재외독일인학교는 민간단체가 운영하는 사립학교의 형태를 띠고 있으며 독일정부로서도 설립촉진의 방침이나 계획이 있는 것은 아니다. 재외독일인학교에는 고등학교에 상당하는 중등교육도 병설되어 있으며 재학생 수는 77,387명(독일인 30%, 외국인 70%)정도이다. 재학생 수의 48% 정도가 중남미 지역, 약 23%가 유럽 지역에 있는 학교에 재적하고 있다.

재외교육시설에 대한 지원 상황을 살펴보면 재외독일인학교진흥법에 따라 독일의 중등학교자격 등을 연평균 12년 이상 제공하고 독일의 가치관을 가질 것, 비영리운영일 것 등으로 졸업자격 수, 학급 수 및 수업시간으로부터 재정지원의 액수를 결정하고 조성기간은 최대 36개월로 갱신도 가능하다. 지원내용을 살펴보면 2014년 재외독일인학교 등에 재정지원은 약 2억 2,500만 유로로 그 가운데 교원부담경비는 약 1억 2,800만 유로이다. 필요한 교원 수는 재외학교센터가 알선하여 재외독일인학교는 인건비를 부담하지 않는다.

2011년부터 재외독일인학교의 품질개선, 품질보증을 수행하는 연방과 주의 공동시찰에서 높은 평가를 받은 시설에 대하여 독일 대통령이 서명한 품질증명 마크인 '우량재외독일인학교'를 부여하여 외무성 홈피에 공개하고 있다. 기타 학교운영비보조, 신축 및 증개축보조, 통신교육, 교재개발 등을 지원하고 있다.

재외교육시설의 교원의 상황을 살펴보면 재외교육시설 파견교원은 7,891명으로 해외근무교원이 1,142명, 연방프로그램 교원이 34명, 현지채용교원이 6,557명으로 나타났다. 재외독일인학교의 교원에 대한 급여는 연방정부나 각 주에서 부담하기 때문에 학생들은 부담하지 않아도 된다. 졸업자격의 인정을 위해서는 일정의 해외근무교원이 필요하다.

해외근무교원과 주프로그램교원은 국내 상근교원의 자격이 필요하지만 연방프로그램교원 자격을 취득하고 있으면 교원 미경험자라도 가능하다. 해외근무교원은 2년간 독일 국내에서 교원경험이 있는 61세 미만의 자가 대상이다. 기간은 3년간으로 최대 6년간까지 가능하다.

재외교육시설의 교육과정상황은 재외독일인학교에서는 독일국내의 교육과정을 기본으로 소재국의 교육과정, 국제바칼로레아 등 기타 교육과정에 의해 커리큘럼을 편성하고 있다. 140개 교 중 27개교가 국제 바칼로레아를 적용하고 있으며 다만 재외독일인학교진흥법의 조성대상은 독일국내의 교육과정에 관련된 부분만 포함된다. 독일국내의 교육과정은 각 주마다 다르기 때문에 각 주지사간 협정을 체결하여 통일화를 도모하고 있다. 재외독일인학교에서는 의무교육에 상당하는 중등교육의 졸업자격을 취득할 수 있다.

그밖에도 재외학교센터가 중심이 되어 2010년 싱가포르와 타이의 재외독일인학교 등 양 학교 간에 ICT를 활용한 원격수업의 실증실험을 실시하였다. 전체적으로 긍정적인 평가였지만 아직 본격적으로 도입되지 못하고 있다. 재외독일인학교나 인터내셔널스쿨이 없는 지역에 거주하고 있는 독일인자녀들을 위해서 공익법인 등이 통신교육을 실시하고 있다. 재외교육시설의 졸업자격이 있다면 국내 학교에 편입이나 입학이 가능하고 재외학교센터가 재외교육시설의 졸업자격에 관한 정보를 제공하고 있다.

2) 프랑스 사례

프랑스는 대외문화보급, 교육정책의 일환으로 해외 프랑스교육시설의 창설에 관한 법에 의거하여 국민교육, 고등교육, 연구성이 인정한 135개국 지역의 494개 재외프랑스교육시설에 대하여 외무 국제개발성의 감독 하에 있는 프랑스 해외교육기구가 각종 지원을 실시하고 있다. 494개교 가운데 해외교육기구의 직영교가 74개교, 민간단체가 운영하고 정부로부터 보조금을 받고 있는 협정교가 156개교, 민간단체가 운영하고 정부로부터 보조금 이외의 지원을 받고 있는 파트너학교가 26개교이다.

재외프랑스교육시설에는 고등학교에 해당되는 고등교육도 병설되어 있고 학생 수는 33만 명(프랑스 약 40%, 외국인 약 60%) 정도이다. 학생 수의 33.6%가 아프리카, 28.6%가 아시아, 21.2%가 유럽, 16.6%가 아메리카에 있는 학교에 재적하고 있다.

재외교육시설에 대한 지원상황은 해외프랑스의 교육시설의 창설에 관한 법으로 최저 1년의 생활경력이 있을 것, 국민교육과 고등교육, 연구성이 정한 교육 프로그램과 교육내용이 일치할 것, 프랑스인학생이 재적할 것, 국민교육 및 고등교육, 연구성의 자격을 가진 교원이 재적하고 있을 것 등이다.

지원내용은 2014년 학교 내의 활동으로서 4억 950만 유로, 급여형의 학비지원으로서 1억 650만 유로를 보조했다. 기타 현지교육시설에의 상담과 어드바이스, 연수 및 세미나 등을 개최하고 있다. 재외교육시설의 교원은 프랑스 해외교육기구로부터 교원 5,172명과 행정직원 1,132명을 파견하고 있다.

재외교육시설의 교육과정은 원칙적으로 모국과 같은 커리큘럼으로 구성되어 있다. 초등교육은 2008년 6월 11일 조례가 커리큘럼을 규정하고 있다. 중등교육 이상은 교과마다 조례에 의해 커리큘럼의 편성이 규정되어 있다.

기타 교육특전에 의거하여 프랑스 해외교육기구가 설정한 재외프랑스학교에 통학하는 프랑스인 자녀용 급여형의 학비를 지원하고 있다. 매년 1억 유로의 예산이 편성되어 재외프랑스인자녀의 약 20%가 혜택을 받고 있다. 재외학교로부터 편입은 국내의 편입절차와 동등하며 국제바칼로레아 자격을 취득하면 국내 학교의 입학이 가능하다. 귀국자녀에 한정된 프랑스어지원은 실시하지 않고 있다.

3) 미국 사례

재외교육시설은 교육과 문화교류에 의한 타 국민과의 상호이해 등의 일환으로 상호교육 및 문화교류법에 의거하여 국무성이 인정한 136개국 지역의 195개 재외미국인학교 등에 대하여 국무성의 해외학교부 및 해외학교자문위원회가 각종 지원을 실시하고 있다. 재외미국인학교는 민간단체가 운영하고 있는 사립학교의 형태를 띠고 있으며 미국정부로서도 설립촉진의 방침이나 계획은 없다. 195개 재외미국인학교의 학생 수는 134,867명(미국인 약 30%, 외국인 약 70%)으로 학생 수의 27.6%가 유럽, 22.1%가 동아시아에 있는 학교에 재적하고 있다. 재외교육시설에 대한 지원근거는 The Foreign Service Act of 1980, The Foreign Assistance Act of 1961, 상호교육 및 문화교류법, 외무 매뉴얼 2FAM600 Overseas Schools Program 등이 있다.

지원조건으로는 원칙적으로 한 개의 지역 내에 미국연방정부가 지원하는 학교는 한 개로 결정되어 있다. 다만 예외로서 다음과 같은 사례는 복수의 학교를 지원할 수 있다. 첫째, 연방정부의 업무에 종사하고 있는 직원 자녀의 대다수가 연방정부의 지원을 받지 않은 학교에 통학하는 것이 분명한 경우, 둘째, 지원학교가 있지만 그 학교에 대사의 권한 하에 있어서 연방정부의 업무에 종사하고 있는 직원, 자녀를 수용할 여유가 없는 경우, 셋째, 그 구역에서 미국정부의 최선의 이익을 위하여 지원이 필요한 경우 등이다.

지원내용은 비영리단체를 통한 보조와 연방정부의 각종 프로젝트 베이스의 시설에 대한 개별보조가 있다. 국무성의 해외학교부의 연간예산은 약 600만 달러이다. 비영리단체를 통한 보조의 여부는 해당단체에 맡기고 있으며 교재나 비품구입, 교원연수 등에 사용되고 있다. 연방정부의 프로젝트 베이스에 의한 개별보조의 주요 사용처는 시설정비이다.

교원상황은 정부로서 미국의 교원을 파견하는 제도는 없지만 국무성의 홈피 상에 민간교원 알선업자를 소개하고 있다. 교사로서 알선되기 위해서는 대부분의 경우 영어권 국가의 교원면허가 필요하다. 195개국 재외미국인학교의 교원 수는 17,645명으로 이들 중 미국적보유자는 42.5%에 달한다.

교육과정 커리큘럼은 미국에 준하는 것으로 학교시설이 대부분을 차지하고 있다. 또한 국제바칼로레아 인정 등을 받고 있는 시설도 많다. 다만 미국 내에서 미국헌법수정 10조에 의해 연방정부가 학교제도에 관한 방침 등에 대하여 지도나 감독하는 것이 금지되어 있고 교육정책은 주 정부가 독자적으로 실시하고 있다. 때문에 재외미국인학교에서 통일적인 교육과정은 없다.

6. 일본인학교 교육수준과 해외환경 활용 교육실태

1) 교육방침

문부과학성은 일본의 주권이 미치지 않는 해외에서 일본인 자녀들이 일본국민에 적합한 교육을 제공하기 위하여 일본헌법 제26조에 규정하는 교육의 기회균등 및 의무교육무상의 정신에 따라 의무교육단계에 있는 해외자녀에 대하여 각종 지원을 실시하고 있으며 그 일환으로서 인정규정 및 절차규정에 따라 일본인학교로서 일본 국내의 초 · 중학교의 교육과정과 동등의 과정을 가진다는 취지의 인정을 시행하고 있다. 또한 인정규정 및 절차규정에서는 일본인학교의 교육과정이 학교교육법 및 학교교육법시행규칙 혹은 학습지도요령이 정하는 바에 따라 결정되는 것으로 보고 학교교육법 시행규칙에서는 표준수업시수, 학습지도요령에서는 각 교과서의 목표 및 내용 등이 각각 정해져 있다.

인정규정 및 절차규정에서는 지역사회나 학생의 실태 등에 의해 특히 필요하다고 인정되는 경우 그 일부에 대해서는 특별 교육과정에 의해 가능하다고 보고 각 교과 등의 수업시수나 내용의 탄력적 적용이 인정이 되고 있다. 또한 일본 국내에서는 교육직원면허법(1949년 법률 제147호) 부칙 제2항에 의해 면허외 교과담임의 실시가 제한되고 있지만 일본인학교에서는 탄력적 운용이 적용되고 있다.

한편 일본재흥전략((개정 2015년)-미래에의 투자 및 생산성혁명-(2015년 6월 30일 각의 결정))에서는 글로벌인재의 육성 강화로서 '재외교육시설'에서 양질의 교육을 실현하도록 권고하고 있다.

문부과학성은 설립주체가 민간으로 교육위원회의 관여가 없는 일본인학교의 학생에 대하여 일본국민에 적합한 교육을 수행하기 위해서는 정부가 책임을 가지고 교원을 파견할 필요성이 있다고 주장하고 있다. 또한 학교교육법 및 학교교육법시행규칙에 의해 일본인학교의 중등부수료자에게 일본 국내의 고등학교 입학자격이 인정되고 있기 때문에 교원을 파견하여 교육수준의 지속과 향상을 도모하고 있다.

일본인학교 파견교원 수는 공립의무교육학교의 학급편제 및 교직원 정수의 준비에 관한 법률(1958년 법률 제116호-의무표준법)을 근거로 일본 국내의 교원기초정수와 동등한 방법으로 산출된 교원 수의 80%(충족율 80%) 정도를 예산 범위 내에서 결정하고 나머지 20%는 일본인학교가 수업료 등을 재원으로 자기부담에 의해 현지채용교원을 고용하는 것을 기본으로 하고 있다. 의무표준법에서는 1학급당 상한 학생 수를 정한 후 필요한 학급수로부터 교원기초 정수를 산출하고 있으며 교원기초정수는 일본 행정기관의 정원관리에 준하는 합리화(정원합리화)의 대상 외로 정하고 있다. 그러나 일본 내의 교원기초정수와는 달리 파견교원 중 교직을 퇴직한 시니어 파견교원은 해당적용의 대상 외로 취급하고 있다.

파견교원 중 현직파견교원의 채용에 대해서는 문부과학성이 도도부현교육위원회위원장, 지정도시교육위원회위원장, 부속의무교육학교를 두고 있는 국립대학법인학장 및 도도부현지사에 대해서는 후보자의 추천을 의뢰하여 해당추천자들 중에서 결정하고 있다. 또한 현직파견교원의 부족을 채우는 시니어파견교원의 채용에 대해서는 문부과학성이 직접 공모를 실시하고 있으며 도도부현교육위원회 등에 대해서도 퇴직예정의 교원 등에 시니어 파견교원제도를 활용하도록 주지시키고 있다. 문부과학성은 현직파견교원에 대해서는 급여 및 여비 혹은 근무수당을 시니어 파견교원에 대해서는 여비 및 근무수당을 부담하고 있다.

2) 수업추진 현황

문부과학성이 2013년도 수업실시 상황을 조사한 바에 의하면 많은 일본인학교에서 해외환경을 활용한 수업 등을 적용한 커리큘럼을 편성하고 있으며(초등학교 6학년의 평균연간 총 수업시수: 일본인학교 1,035시간, 일본 내 1,022시간 중학교 2학년의 평균연간 총 수업시수: 일본인학교 1,073시간, 일본 내 1,056시간), 특히 학생 수 100인 이하의 소규모시설에서는 평균연간 총 수업시수가 많은 것으로 나타났다. 해외환경을 활용한 수업에 대해서는 가령 학습지도요령에 의거하지 않은 특설수업으로서 현지어교육 혹은 현지이해교육을 적용하여 실시하고 있는 경우가 대부분을 차지하였다.

한편, 문부과학성이 2014년도 상황을 조사한 결과, 해외환경을 활용한 수업에 대하여 교원 수가 적어서 감당할 수 없는 경우, 다른 수업이 바빠서 수업시간을 확보할 수 있는 여유가 없는 경우 등 실현 상의 문제를 지적하였다. 또한 수업상황에 대해서는 교원파견 수가 적은 가운데 수업수의 적용이 많고, 일본 내에서 교육면허법에 의해 제한되어 있는 면허 외 교과담임이 많으며, 복수의 학년을 모아서 수업을 수행하는 복식학급이 많은 경우, 맡고 있는 교무분담이 많아 일본 내와 비교하여 의무분담이 과한 경우 등에서는 학급경영과 교과지도 등에 지장을 초래하고 있다고 보았다.

3) 파견교원 확보현황

2005년부터 2014년까지 일본 내에서 소중학생 수가 감소(6.6%)하고 있지만 교원 수는 거의 변동이 없는 상태이다. 일본인학교에서는 초 · 중학교 학생 수가 증가(19.1%)하고 있지만, 파견교원 수는 감소(10.2%)하고 있으며 파견교원의 충족율은 2010년도 74.8%에서 2014년에는 70.5%로 감소하였다. 또한 2009년부터 2013년까지 파견교원의 평균충족율을 보면 특히 학생 수 100명 이하의 소규모 특설에서 낮은 경향을 보였으며 파견교원 수가 부족한 상황이 계속되었다. 일본인학교에서 2013년도 상근교원의 상황을 보면 현직파견교원은 1,052명, 시니어 파견교원은 73명, 현지채용교원은 604명이었다.

파견교원의 채용에 대해서는 현직파견교원의 응모자가 많았고 도도부현 교육위원회 등으로부터의 추천자가 적고 2005년도 523명으로부터 2014년도는 374명으로 감소하였다. 한편 2006년도부터는 일본 내 교육기초정수와는 달리 현직파견교원에게는 정원합리화가 요구되고 있다. 때문에 학생 수가 증가하고 있음에도 불구하고 파견교원에 대해서는 예산정원 및 실제정원이 모두 감소하였다. 이러한 상황에서 표준수업시수를 초과하는 커리큘럼을 편성하고 있는 경우도 있기 때문에 학생 수 100명 이하의 소규모시설에서는 교원 1인당 수업시수가 많은 경향을 보였다. 가령 학생 수 50인 이하의 시설에서는 교원 1인당 수업시수가 일본 내 보다 많은 것으로 나타났다.

도도부현교육위원회 등으로부터 추천자가 적은 것에 대해서는 문부과학성이 각 도도부현교육위원회 등에 추천을 의뢰할 경우 각각 교원 수를 감안하여 구체적으로 추천자 수 등을 요구하지 않지만 도도부현마다의 교원파견의 협력 상황을 보면 가령 일본 내 교원 1인당 현직파견교원수에서는 최대 약 5배, 귀국학생 수 1인당 현직파견교원 수에서는 약 70배의 차이가 발생했다. 조사한 도도부현교육위원회 및 지정도시교육위원회에서 현직파견교원의 증원에 대한 의견으로서는 도도부현에서 정부로부터 교부되고 있는 근무수당과는 별도로 주거수당 등을 추가로 지급할 것, 또한 도도부현이 실제로 지불한 급여액이 문부과학성으로부터 교부되는 파견교원의 위탁비보다도 많은 경우가 있는 것으로부터 현직파견교원에 대한 지불총액의 약 10%에서 20%를 자기부담하고 있으며 도도부현 부담의 증가를 우려하는 목소리가 7개교육위원회, 역내 교육체제의 저하를 우려하는 목소리가 9개 교육위원회로 예산정원이 증가했다하더라도 추천자수는 증가하기 힘든 상황이 연출되고 있었다.

따라서 도도부현교육위원회 등으로부터 추천에 기대지 않고 예산을 억제하기 위해서는 도도부현비 부담 및 급여분의 국비부담이 없고 정원합리화의 대상 외에 있는 시니어파견정원 제도를 활용하는 것이 중요하다. 그러나 도도부현교육위원회 및 시구정촌교육위원회에서 해당제도의 주지 상황에 대해서는 문부과학성 홈피에 이 제도가 홍보되고 있고 우선적으로 재임용직원을 확보할 필요가 있다는 등의 이유로 관할 시구정촌교육위원회에서 주지하지 않고 있는 경우가 많은 것으로 나타났다. 향후 시니어파견교원에 대한 홍보는 철저히 주지시킬 필요성이 있으며 시니어파견교원의 응모를 늘려나갈 실천 방안이 절실히 필요하다.

4) 면허 외 교과담임의 실시현황

면허 외 교과담임에 대해서는 문부과학성이 2014년도 상황을 조사한 결과, 학교규모별로 100인 이하의 소규모시설에서 면허 외 교과담임을 시행하고 있는 시설의 비율이 높게 나타났다. 또한 면허 외 교과담임에 의해 교육에 지장을 초래하고 있다고 응답한 시설은 교육효과가 낮거나 혹은 상승하지 않는다는 것이 23개 시설, 지도내용의 수준이 낮고 향상되지 않는다는 것이 20개 시설, 실험과 실기에 실패했다거나 미실시 상황이라는 응답이 4개 시설, 충분한 수업준비를 할 수 없다는 응답이 6개 시설, 보호자로부터 불만이 제기되었다는 응답이 8개 시설이었다.

면허 외 교과담임이 시행되고 있는 배경으로서는 도도부현교육위원회 및 지정도시교육위원회가 귀국예정의 현직파견교원의 상당수를 추천하고 있기 때문에 추천자 수와 합격자 수가 거의 일치하고 있으며, 현직파견교원의 추천심사 시 지도력과 해외환경적응력 등을 우선하고 있기 때문에 보유면허의 종류까지는 감안할 수 없다는 것이고 중학교 수학이나 이과 등 면허보유자가 적은 교과의 교원파견에는 소극적이며 문부과학성이 보유면허의 균형을 조정하여 채용할 수 없는 상황이기 때문이다.

한편 일본인학교가 보충을 요구하는 보유면허의 상황을 보면 중학교 수학과 이과, 중학교 국어의 희망이 많음과 동시에 면허 외 교과담임비율이 높은 중학교 기술가정과 등 기능계 교과에서는 표준수업시수에 비교하여 요구사항이 많은 것으로 나타났다. 일본인학교에서 파견교원의 보유면허의 상황을 보면 편직파견교원 및 시니어파견교원과 함께 중학교 사회가 가장 많았지만 중학교 수학은 적어 현직파견교원의 보유면허의 부족분을 시니어파견교원이 채우는 형태의 채용은 하지 않고 있다. 이에 대하여 문부과학성은 응모자가 적은 가운데 자질 등의 인물본위로 선고를 시행하고 있는 것으로부터 보유면허의 종류까지는 감안할 수 없다는 입장이다.

도도부현교육위원회 등으로부터 추천에 의하지 않고 보유면허의 균형을 조정 가능하도록 하기 위해서는 문부과학성이 직접 공모를 수행하는 시니어파견 교원제도를 활용하는 것이 중요하다. 그러나 도도부현교육위원회 및 시구정촌교육위원회에서 해당제도의 주지 상황을 보면 전술한 바와 같이 주지가 철저히 시행되고 있지 않는 것으로 나타났다.

5) 글로벌 인재육성 강화와 목표설정 현황

일본재흥전략에서는 글로벌인재의 육성 강화로서 '재외교육시설에서 양질의 교육실현'을 도모하도록 되어있지만 구체적인 목표는 제시되어 있지 않다. 일본인학교에 관한 목표로서는 문부과학성이 '재외교육시설교원 파견사업 등'의 행정사업 리뷰에서 '일본인학교 중 정부가 교원을 파견하고 있는 일본학교의 비율 등'이 제시되어 있는 것에 그치고 있는데 이 목표는 이미 100%를 초과달성하고 있는 것으로 나타났다.

전술한 바와 같이 약 80%의 일본인학교가 일본 내와 비교하여 업무부담이 과중하고 학급경영 및 교과지도 등에 지장이 발생되고 있는 가운데 양질의 교육실현을 도모하기 위하여 어느 정도 일본 내 수준에 준거한 교육을 실시해 나갈 것인가? 어떠한 글로벌 인재육성교육을 실시해 갈 것인가? 이들을 위해서 어느 정도 파견교원을 확보하여 어느 정도 면허 외 교과담임을 억제해야 하는가에 대한 생각이나 목표 등을 설정해 놓는 것이 중요할 것으로 생각된다.

6) ICT활용 교육실천과 성과

'세계최고첨단IT국가 국가창조선언 개정'(2015년 6월 30일 각의 결정)에서는 '2010년대 중 모든 초등학교, 중학교, 고등학교, 특별지원학교에서 교육환경의 IT화를 실현함과 동시에 학교와 가정이 연결되는 교육학습환경을 구축한다.'고 명시하고 있다. 이에 따라 총무성 및 문부과학성은 2014년부터 3년간 우선적으로 교육시스템 시범사업을 실시하고 있으며 터키의 이스탄불 일본인학교가 검증협력학교로 참여하고 있다.

일본 총무성의 '교육 ICT의 새로운 스타일 클라우드 도입 가이드북 2015'에 의하면 일본인학교에서는 반복 학습형 교재의 활용으로 자신의 수준에 맞는 과제에 전념할 수 있었고 의욕적인 학습에 연결되었다고 했다. 또한 재외교육시설임에도 불구하고 백과사전 등의 미비문제는 네트워크상의 백과사전을 활용함으로서 해결되었다고 했다.

한편 일본인학교에서의 ICT를 활용한 교육에 대해서는 네트워크 환경이 약하거나 기기설비의 미비, 정전 등의 현지사정으로부터 도입은 곤란하다는 시설도 나타났다. 때문에 향후 이러한 상황을 감안하여 재외교육시설에서의 선진적인 ICT의 활용상황에 대해서 적극적인 정보를 제공함으로서 재외교육시설에서 교육의 ICT화를 촉진하는 것이 중요하다.

따라서 문부과학성은 일본재흥전략에서 강조하는 글로벌인재육성 강화를 위한 재외교육시설에서의 양질의 교육을 실현하는 관점에서 일본인학교에서의 일본 내 수준의 교육 및 해외환경을 활용한 교육을 추진해야 하며 다음 조치를 강구할 필요가 있다. 첫째, 일본재흥전략에서 나타난 글로벌인재육성 강화의 방침과 관련된 구체적인 목표, 전략, 공정을 책정함과 동시에 실시 혹은 학생 수 증가에 대응하기 위해 필요로 하는 파견교원의 확보에 관한 방침을 책정해야 한다. 둘째, 각 도도부현에서의 학교교원 수, 귀국자녀 수, 재정상황 등을 비교분석한 후 다른 도도부현교육위원회 등과 비교하여 교원파견의 협력이 낮은 도도부현교육위원회에 대하여 개별적으로 추천 수의 증가나 보유면허의 균형 등에 대하여 협력을 요구해야 한다. 셋째, 시니어파견교원제도의 확충에 대하여 검토를 진행해야 한다. 이때 응모자의 증가를 도모하기 위하여 동 제도의 주지를 진행하지 않고 있는 도도부현교육위원회 등을 파악한 후 개선을 요청해야 한다. 넷째, 재외교육시설이 국내의 ICT화의 흐름으로부터 크게 뒤처지지 않도록 재외교육에서의 ICT의 활용에 대하여 선진적인 ICT화의 시행사례 등에 관한 정보를 수집하고 제공해야 한다.

인터넷 보급에 힘입어 스마트폰 등의 급속한 확대에 의해 국민전체가 IT에 접속기회가 증가하고 있기 때문에 IT의 활용에 의해 어린이로부터 고령자에 이르기까지 그 장점을 향유하여 풍요로운 생활을 향유할 수 있도록 정보윤리나 정보보장에 관한 지식을 포함하여 국민전체의 정보 활용력을 향상해야 한다. 때문에 어린이로부터 학생, 사회인, 고령자에 이르기까지 각각에 필요한 정보의 활용력 현상을 파악하고 IT에 관한 지식을 익히기 위한 노력을 추진해야 한다.

IT사업화 추진에 직면해서는 NPO 등 민간 활동도 매우 중요하지만 보다 효과적인 대응이 될 수 있도록 적절한 지원책을 강구해야 한다. 또한 원격교육 등 IT의 활용에 의해 원거리 섬을 포함한 국내외 모든 장소에서 모든 국민들이 지리적, 시간적, 경제적 제약 없이 자유롭게 배울 수 있는 환경을 정비함과 동시에 인터넷을 활용한 교육에서의 저작권제도상의 과제에 대하여 검토하고 필요한 조치를 강구해야 한다. 또한 산업계와 연계하여 인재의 유동화나 직종전환을 쉽게 하는 다양한 환경정비를 진행함과 동시에 산업전체의 매력향상을 도모할 필요가 있다.

학교의 고속브로드밴드 접속, 1인 1대의 컴퓨터배치, 전자흑판이나 무선랜 환경의 정비, 디지털교과서와 교재의 활용 등 초등교육단계에서 교육환경자체의 IT화를 진행시키고 학생 등의 학력향상과 정보 활용력의 향상을 도모해야한다. 교원은 학생의 발달단계에 따른 IT교육이 실시될 수 있도록 IT활용지도 모델구축이나 IT활용지도력의 향상을 도모하는 한편 원활한 IT활용을 도모하기 위한 지원인력양성 확보 및 활용을 진행해야 한다. 때문에 지도안과 교재 등 교원이 적극적으로 활용 가능한 DB를 구축하여 일본정부 부성의 기존 어린이 대상의 지도 교재 등을 정리하여 적극적으로 활용할 필요가 있다. 또한 기업이나 민간단체 등에도 협력을 호소하고 교육용 디지털교재의 충실을 도모함과 동시에 디지털교과서나 교재의 위치, 이와 관련된 저작권을 포함한 제도에 관한 문제를 검토하여 필요한 조치를 강구해야 한다. 더불어 IT활용에 의한 교원의 교무효율화를 추진해야 한다.

V

일본 내 일계브라질학교와 해외일본인학교

일본출입국체류관리청에 의하면 2019년 6월 기준으로 일본체류 외국인 수는 282만 9,416명으로 나타났다. 일본 총인구의 2.24%에 해당되는 비율을 차지하고 있다. 2018년 말부터 3.6% 증가한 98,323명이 증가하여 과거 최고를 기록하였다. 이들 일본 체류외국인들은 영주자나 중장기체류자, 유학생 등을 가리킨다. 체류자격별 내역을 살펴보면 영주자가 783,513명으로 가장 많고 다음으로 기능실습생이 367,709명, 유학이 336,847명 이었다. 2019년 신설된 '특정기능'은 6월 말 시점에서 20명, 9월 말 시점에서 376명이었다.

국적별로는 중국이 786,241명으로 가장 많았고 전체의 27.8%를 차지하였다. 다음으로 한국이 451,543명, 베트남이 371,755명으로 가장 높은 증가율을 보여 12.4%에 육박하였다.

일본 내 도도부현별 체류외국인이 가장 많은 곳은 도쿄도로 581,446명, 아이치 현이 272,855명, 오사카 부가 247,184명, 가나가와 현이 228,029명, 이들 4도후현이 전체의 47%를 차지하였다. 이렇게 체류외국인이 도시에 집중되는 이유는 주로 서비스업의 임금이 지방도시보다 높고 생활을 지원하는 외국인공동체가 발달되어 있기 때문이다.[1]

많은 외국인들이 일본에 거주하게 되면서 다양한 문제들이 발생하고 있다. 그 가운데 가장 큰 문제는 외국인자녀들의 교육문제이다. 1990년 이후 출입국관리 및 난민인정법의 개정 후 20세기 초 남미로 이주한 일본인의 자손에 해당되는 일계인들의 도일이 증가하고 있는데 부모가 동행하여 도일했기 때문에 근처의 일본학교에 통학하여도 언어가 통하지 않아 수업을 이해하지 못하고 친구들도 사귈 수 없어 학교를 자퇴하고 등교거부 하는 아이들도 많다. 이들은 모국의 정체성을 지키면서 일본에서의 생

1 일본체류외국인: https://www.nikkei.com/article/DGXMZO51391210V21C19A0EA3000/ (검색일: 2020.02.27.)

활에 잘 적응하기 위하여 학교를 설립하고 있다. 이에 일본전국에 일계브라질 학교가 거의 100여 개 이상이 설립되었다.[2] 일본에서 외국인학교는 다양하지만 일본의 학교교육법상 일조교로서 인정받지 못하고 있으며 현행의 제도에서는 각종학교 인가를 취득할 수밖에 없다. 남미계 학교의 대부분이 각종학교의 인가조차 받지 못하고 있는 상황이기 때문에 학교경영이 매우 어려운 상황에 직면해 있다. 일본은 외국인학교를 공교육으로부터 배제하고 있는 상황이다.

일본에서 남미계 학교는 부족한 노동력을 외국인으로 대체하는 일본정부의 이민정책에 의해 발생된 이민노동자들의 자녀들을 위한 교육시설로 출발하였다. 1990년 출입국관리 및 난민인정법의 개정이후 과거 이민자로 일본으로부터 남미로 이주한 이들과 그들 자손이 대거 도일하게 되었다. 그들은 일본의 동해 북관동지방을 중심으로 자동차산업이나 지방의 제조업을 지탱하고 있다. 그러나 교육면의 지원관리나 종합적인 외국인정책이 존재하지 않아 부모와 함께 도일한 어린이들은 일본어와 일본문화에 익숙하지 못하고 그들 가운데는 등교거부로 전락하는 사례도 있다. 그들에게 '모국의 교육을'이라는 취지로 일본 각지에 브라질 등의 남미계학교가 설립되었다. 남미계 외국인학교는 90년대 이후 일본전국에 10년간 90개교 이상이 설립되었다.

---

2 일본 내 외국인 학교는 일조교, 전수학교, 각종학교의 유형이 있다. 일조교는 일본의 학교교육법 1조에 정하는 학교로 국공립, 사립의 초등학교, 중학교, 고등학교, 중등교육학교, 대학, 고등전문학교, 맹학교, 농학교, 양호학교 및 유치원을 가리킨다. 전수학교는 학교교육법에 제1조에 정하는 이외의 교육시설로 직업 혹은 실제로 생활에 필요한 능력을 육성하거나 혹은 교양의 향상을 도모할 목적으로 조직적인 교육을 수행하는 것으로 규정되어 있는 학교이다. 각종학교는 일조교, 전수학교, 이외로 학교로 학교교육이 해당되는 교육을 수행하는 것으로 되어 있다. 외국인학교를 비롯하여 자동차교습소, 복식학교 등이 각종학교에 해당되며 학교교육법에서는 정규 학교로서 인정하지 않고 있다.

1. 일백(日伯: 일본-브라질)학원

일백학원은 1991년 일본군마 현 오라군 오이즈미마치에 일계브라질인 어린이들에게 일본어를 가르치기 위하여 오이즈미일백센터가 개설되었다. 창설자는 일본인이민자의 다카노 쇼코(高野祥子, 60歲)로 어린이들의 수는 계속 증가하여 교육을 체계적으로 수행하기 위해 일백학원이 설립되었다. 1995년에는 같은 마을 내 현재의 장소로 교사를 옮겼다. 2002년 브라질정부로부터 학교인가를 받았다. 브라질교육제도에 의해 1월부터 시작하는 4학기제로 1학년부터 8학년까지, 그리고 초등학교 입학하기 전인 2세에서 6세까지 170여명이 재학하고 있다. 아침 7시부터 탁아보육이나 일본학교에서 배우는 일계브라질인을 위한 포르투갈어 교실(오후 반)이 열리고 있다. 수업은 포르투갈어, 일본어, 영어, 산수, 이과, 지리, 미술, 체육, 컴퓨터, 도덕교육 등을 가르치고 있다.[3]

군마 현 오라군 오이즈미마치(群馬県邑楽郡大泉町)는 브라질이나 페루출신 일계인들이 많이 거주하고 있다. 마을 인구 42,281명의 16%가 넘는 6,788명이 외국인들이다(2006년 7월 기준). 1990년 일본정부의 출입국관리 및 난민인정법의 개정에 의해 일계인에 대한 체류자격이 완화되면서 이 학교가 있는 오이즈미마치에 인접하고 있는 오타시에 공장을 둔 산요전기나 후지중공업 등의 기업들이 일손부족을 매우기 위해 브라질이나 페루 등의 남미국가로부터 일계인을 적극적으로 유치하였다. 그러나 지금은 과거와는 달리 현재 다른 현으로 돈 벌이를 위해 나서는 사례도 늘고 있다.

일본의 교육법상 정규학교(일조교)인 공립, 사립학교에 대하여 인터내셔널스쿨이나 조선학교 등은 자동차학교나 예비교와 같이 '각종학교'로서 인정받고 있다. 그러나 브라질학교나 페루학교는 '각종학교'의 인가기준

---

3 月下,『イオ編集部』(2006),『日本の中の外国人学校』, 株式会社明石書店, pp. 15-41.

에 교사가 자비라는 전제가 있었기 때문에 그 인가조차 받을 수 없었다. 일백학원은 교사를 임대했기 때문에 각종학교의 인가를 받을 수 없었고 유한회사로 운영되고 있다. 즉 개인 사숙취급이기 때문에 일본정부나 자치단체로부터 보조도 없고 매달 25,000엔의 사례비와 동 학원의 모체가 되고 있는 일백센터의 지원으로 운영되고 있다. 일백학원에서는 일본의 초등학교 1학년생이 배우는 것을 거의 입학 전 클래스에서 배우고 있다. 유아클래스가 일본어 습득이 빠르기 때문이다. 유아교육에 힘을 쏟고 일본어를 완벽하게 구사하도록 입학 전부터 낙제반이나 역으로 월반도 있다.

일백학원은 2002년 브라질교육성의 인가를 받아 교과서도 브라질 것을 사용하고 있다. 동 학원에서는 2005년 7월 기준으로 2세에서 14세까지의 어린이들이 배우고 있다. 클래스는 전부 6개 학급이다. 3개의 유치원 클래스, 일본의 초 · 중학교에 해당되는 1학년부터 8학년까지가 1~2학년생, 3~4학년생, 5~8학년생 등 3개 클래스로 나누어 공부하고 있다. 1과목당 수업시간은 50분으로 포르투갈어, 일본어, 영어, 산수, 이과, 컴퓨터, 체육, 도덕교육 등을 배우고 있다. 도덕교육 시간은 '감사하는 마음'을 가르치는 종교는 다루지 않는다. 아침 7시부터 시작하는 탁아보육도 운영되고 있으며 오후반으로 일본학교에서 배우는 일계인 어린이들에게 포르투갈어를 가르치는 교실이 열리고 있다. 동 학원에 재학하는 어린이는 전부 170명 정도이다.

일본에 있는 브라질학교의 대부분은 브라질로 귀국할 경우 생활에 지장이 없도록 포르투갈어교육을 기본으로 시행하고 있지만 일백학원에서는 일본어교육에도 힘을 쏟고 있다. 그 이유는 일본으로 도일한 일계인 대부분이 이후 계속해서 일본에서 생계를 이어나갈 가능성이 많기 때문이다. 일계브라질인의 대부분은 일정의 돈을 벌기 위해 일본에 왔고 그 후 브라질에서 풍부하게 생활하기 위해 도일했다. 그러나 그대로 일본에 정주하거나 브라질에 귀국하더라도 다시 일본으로 귀국하는 사례가 늘고 있다. 무엇이든지 바로 쉽게 구할 수 있는 일본이 브라질보다도 생활하기 쉽다고 생각하기 때문이다. 그리고 이러한 이민자 삶의 희생자가 되는 것이 어린이들이다. 때문에 일본에서 생활해 나가기 위해서는 일본어능력이 반드시 필요하다. 브라질에서 태어나 자란 어린이들은 일본어를 모르며 가정 내에서 말하는 언어도 포르투갈어다. 그들 부모들도 원래 브라질 귀국을 전제로 도일했기 때문에 일본어의 필요성을 인식하고 있지 않은 경우가 많다. 일백학원에 다니는 대부분의 어린이들도 일본어를 잘 구사하지 못한다. 연령이 높을수록 그러한 경향은 더욱 뚜렷하다. 일본어 능력이 낮으면 일본에서 생활해 나가려는 그들의 꿈을 이룰 수가 없다. 일본어를 구사하지 못하면 할 수 있는 직업은 단순노동으로 제한된다. 일본어가 부자연스러우면 사회로부터 소외되기 쉬운 외국인청년들이 폭력단 조직에 빠지는 사례들도 있기 때문에 일백학원은 포르투갈어와 일본어라는 이중언어로 교육을 시행하고 있다.

브라질과 일본의 교육체계가 다르기 때문에 발생되는 문제도 있다. 일본에서 의무교육은 초 · 중학교 15세까지의 9년간이지만 브라질에서는 8학년(14세)까지 8년간으로 1년간의 차이가 있다. 일본의 고등학교에 15세부터 입학할 수 있기 때문에 졸업한 후 바로 일하기 시작하는 경우도 있다. 이러한 경향은 부모의 교육에 대한 낮은 관심이 영향을 미치고 있다. 2006년부터 브라질 내에서도 교육제도가 변경되어 의무교육은 5세부터 14세까지 9년간으로 바뀌었다.

일백학원에는 일본학교에서 이지메로 학교를 그만둔 어린이들도 많이 재학하고 있다. 일본학교에 다니더라도 일본어의 기초가 부족하기 때문에 수업에 따라가지 못하고 고립되는 사례도 종종 발생한다. 자신의 정체성을 확인할 수 있는 브라질학교는 일계브라질 어린이들에게 마음의 허전함을 달래주는 장소이기도 하다. 일백학원에서는 일계어린이들이 일본공립학교에서도 배울 수 있기를 희망하고 있다. 그것은 일본사회에서 살아가기 위해서는 일본의 교육을 받는 것이 장래 유리하기 때문이라는 판단이지만 일본학교가 일계인이나 외국인에게 열려있다는 전제 하에 가능한 일이다. 그렇게 되면 일본학교에 다니면서 오후에 그 학원에서 포르투갈어나 브라질문화, 정체성을 배울 수 있고 그것이 어린이들에게 가장 바람직한 방향이 될 수도 있다. 그러나 현실적으로는 이상에 지나지 않고 일본학교에 바랄 수도 없는 상황이다. 일백학원에서는 행정직원에게 학교를 방문하게 하고 각종학교로서의 인가를 받을 수 있도록 요청하지만 여전히 개선되지 않고 있다. 일백학원은 일본과 브라질이라는 양국의 좋은 점들을 모두 가질 수 있도록 일계인 어린이들에게 가르치려고 노력하고 있다.

2. 에스코라 상파울루

아이치 현에서 가장 많은 재외외국인은 브라질인이다. 아이치 현 내에서 있는 브라질학교를 모두 합치면 20개교 정도가 운영되고 있다. 에스코라 상파울루는 현 내에서 3번째로 설립된 일계브라질학교에 해당된다. 때문에 부모의 대부분이 일계브라질인으로 학교를 중심으로 한 브라질인들의 지역공동체가 존재하고 있다. 이 학교는 2000년 10월 아이치 현 안조시에 설립되었다. 2001년 10월에 현재의 장소로 이전하였다. 아이치 현 사사메초, 오카자키 시에 교사가 있다. 연 4학기제로 1월에 신학기가 시작된다. 일본 유치원에 해당되는 클래스와 초중학교에 해당되는 클래스가 있으며 2006년도부터 고등학교에 해당되는 클래스가 신설되었다. 또한 초 · 중학교에 해당되는 클래스도 6세부터 1학년이 시작되어 9학년으로 끝내도록 개정되었다. 2005년까지는 7세에서 1학년이 시작되어 8학년까지만 있었다. 브라질정부의 인가를 받았다.

에스코라 상파울루 일계브라질학교는 이마혼마치 학교, 사사메초 학교, 오자키 학교 등이 있다. 이마혼마치 학교는 2학년부터 8학년까지 학생들이 재학하고 있으며 사사메초는 유치부와 1학년, 오자키 학교에는 유치부와 3학년까지의 어린이들이 재학하고 있다.

학교에서 유일한 일본인 교사인 와타나베 선생은 일본어와 음악을 가르치고 있다. 교사는 2층 건물로 5개의 교실이 있다. 2005년부터 교실을 과목마다 고정적으로 사용하고 있다. 이전에는 클래스마다 교실을 고정하거나 해마다 교실을 바꾸어서 사용해왔다. 어린이들의 모습은 라틴계 얼굴을 한 어린이와 일본인의 얼굴을 한 어린이로 구분되어 있다. 아이치 현에 거주하는 브라질 국적자의 수는 2005년 71,004명으로 재일코리안 43,434명보다 두 배 가까이 많다. 이들 대부분은 일계브라질인의 2~3세와 그 가족들이다. 에스코라 상파울루에 재학하는 어린이들의 부모들도 거의 대부분이 일계브라질인 혹은 그 배우자들이다. 부모가 모두 일계브라질인의 경우 어린이들의 외견상으로는 일본인과 구별하기 쉽지 않다. 학생 수는 2005년 기준으로 이마혼마치 학교가 102명, 사사메초 학교가 81명, 오자키 학교가 72명이었다. 학생들의 전출입이 심하여 학생 수는 매일 변하고 있다. 교내에서 사용되고 있는 언어는 기본적으로 포르투갈어로 어린이들은 네이티브나 포르투갈어로 대화를 주고받고 있다. 반대로 일본어를 전혀 모르는 어린이들도 많다.

일계브라질 학교의 가장 큰 문제는 대부분 교실이 좁고 설비가 부족하다는 것이다. 이마혼마치 학교의 경우 교실이 5개 밖에 없기 때문에 2학년부터 5학년까지가 오전에 사용하고 6학년부터 8학년까지가 오후로 나누어서 수업을 하고 있다. 체육은 가까운 체육관에서 음악은 별도의 장소를 빌려서 활용하고 있다. 에스코라 상파울루는 브라질 모국의 인가를 받고 있으며 브라질 교사들은 전원 모국의 교원자격을 가지고 있다. 그러나 모국으로부터 재정적은 지원은 받지 않고 있다. 교과서는 모국의 것을 사용하고 있지만 구입해야 한다.

일본정부나 행정으로부터 인가를 받지 못하고 있으며 개인 사숙형태이기 때문에 일본행정으로부터 조성금도 지원받을 수 없다. 운영비는 부모들이 지불하는 사례비로 충당하고 있기 때문에 부모들의 부담도 크다. 파울로 칼본 교장은 가장 급선무이자 최대의 목표가 각종학교의 인가를 취득하는 것이라고 했다. 교장은 브라질학교에서 조직하고 있는 재일브라질학교협회 회장이기도 했다. 이 협회는 3개월마다 한 번씩 교장회의를 개최하여 교과서 문제, 학년편성의 문제 등 다양한 문제를 협의하고 있다. 이 학교는 2006년 4월 아이치 현에서 각종학교에 대한 규제가 완화된 후 각종학교의 인가를 신청하였다.

특히 파울로 교장은 일본학교와 다른 외국인 학교와의 연계의 필요성을 강조하였는데 그 이유는 재일코리안 학교의 존재 때문이었다. 재일코리안들이 브라질인들의 선배로 브라질학교가 어려운 환경에 놓여 있지만 재일코리안들은 훨씬 어려운 상황에서 학교를 설립하고 발전시켜 왔기 때문에 그들의 경험을 듣고 배우는 것이 중요하다는 것이다.

일계브라질 학교에서 배우는 학생들의 경험을 살펴보면, 에디슨 요하나는 딸이 3학년에 재학 중이다. 일본의 보육원을 졸업한 후 같은 학교에 진학했다. 집에서는 포르투갈어를 배우기가 힘들었는데 학교에서 공부하여 구사할 수 있게 되었다. 언젠가 브라질에 돌아갈 계획이니까 브라질 문화와 언어공부는 필요하다고 생각하고 있다. 경제적으로는 일본학교가 좋지만 언어문제가 있기 때문에 브라질학교에 보낸다고 했다.

유타카 미야모토는 일계인 2세이다. 유치부를 졸업한 아들과 8학년의 딸이 재학하고 있다. 브라질학교의 재학 이유는 역시 포르투갈 언어를 배우게 하고 싶었기 때문이다. 브라질에 돌아갈 계획이기 때문에 브라질의 언어를 배우는 브라질학교가 좋다고 생각하고 있다.

아케미 이케다는 손자 둘이 브라질학교에 재학하고 있다. 오사카에 살고 있을 때는 일본의 보육원에 보냈지만 브라질학교의 좋은 점은 언어와 문화를 배울 수 있다는 점이라고 했다. 역시 브라질 귀국을 희망하고 있다. 히라타는 8살의 아들을 브라질학교에 보냈는데 언어를 배우게 할 목적이었다. 집에서의 대화는 아버지와는 포르투갈어, 아들과는 일본어로 한다. 2년간 브라질학교에 다닌 결과 포르투갈어를 구사할 수 있게 되었다.

이상과 같이 재학하고 있는 일계브라질인 어린이들의 부모들은 모국의 언어와 문화를 배우게 하기 위해 브라질학교에 보내고 있었는데 언젠가는 브라질로 귀국할 목적이 있었기 때문이었다.

3. 일본 내 브라질학교의 현재

일본의 외국인학교 중 조선학교가 최대 규모이었지만 브라질학교도 이에 필적하는 기세로 증가해왔다. 아이치 현 도요타시에 처음 브라질학교가 설립된 것은 1995년이었다. 이때까지 브라질인 어린이들 대상으로 일본어를 가르치는 시설은 있었지만 체계적인 교육을 수행하는 학교로서의 존재는 없었다. 2000년 말 14개교였던 브라질학교는 2006년 7월 90개교까지 증가하여 약 1만 명의 학생들이 재학하고 있다. 문부과학성의 조사에 의하면 학생 수가 약 5천 명 이상의 브라질학교가 급증한 것은 실제로 수가 증가한 것도 있지만 브라질학교에 대한 조사가 진행된 것이 가장 큰 요인이라고 주장하였다.

1990년대 시행된 개정입국관리법에 의해 일계인들에 대한 체류자격 부여 조건이 완화되어 일계인들은 비숙련노동자였지만 취업에 제한을 받지 않았다. 일본기업은 취업이 자유화된 브라질이나 페루와 같은 남미일계인을 노동력으로 다수 수용했다. 이들 중 급증한 것이 브라질인들이었다. 2005년 일본의 외국인등록자 수는 2,011,555명으로 전년보다 37,808명이 증가하여 과거 최고를 기록하였다. 남미출신자의 총수는

376,348명으로 이들 중 브라질인들은 302,080명으로 재일코리안, 중국에 이어 3위로 외국인인구의 15%를 차지하였다. 재일코리안들이 매년 감소세의 경향이 있지만 브라질인들을 포함한 다른 외국인들은 증가하고 있는 상황이다.

개정입국관리법 시행 전의 1989년 말 법무성 통계에서는 재일브라질인들이 14,528명으로 16년간 20배 이상으로 증가한 수치이다. 남미출신자로 브라질 다음으로 많은 외국인 출신자의 국적은 페루이며 57,728명으로 시즈오카 현, 군마 현 등에 3개교의 페루학교가 있다.

도도부현별로 브라질인 인구는 아이치 현이 가장 많고 시즈오카 현, 미에 현, 기후 현 등 지방에 집중되고 있다. 기타 군마 현, 나가노 현, 사이다마 현 등 북관동 지역에 집중되고 있다. 이들 자치단체에는 자동차 관련 기업이나 각종 제조업공장이 집중되어 있으며 아이치에는 도요타, 시즈오카에는 스즈키, 혼다, 야마하, 미에 현에는 샤프, 도시바 등 액정 제조라인이 있다.

입국관리법이 개정된 배경에는 1980년대 일본에서 발생된 버블경제가 크게 관여하고 있다. 3K산업의 직업을 일본인 청년들이 경원시하자 기업은 이에 해당하는 직종의 일손을 과거 해외로 이주한 일계인들에게서 찾았다. 또한 브라질 국내에서도 지난 몇 십년간 크게 증가한 대외채무, 인플레, 실업률 증가, 치안악화 등 다양한 사회문제를 배경으로 안정된 일자리가 필요했다. 이른바 일본 내와 브라질 내 일계인 사회의 요구가 합치된 형태로 진행되었다.

일본인들이 처음 브라질로 이주한 것은 1908년경이다. 제2차세계대전 전에 약 19만 명, 전후 약 7만 명, 총 26만 명 정도가 브라질로 도항했다. 현재 브라질에는 1세부터 5세까지 약 150만 명의 일계인들이 거주하고 있다. 이주 후 98년이 경과된 지금 바다를 건넌 그들의 자손들이 저렴하고 미숙련된 노동력으로서 다시 일본경제를 지탱하고 있는 것이다.

그러나 외국인노동자의 대부분은 대기업의 의무채무에 의한 간접고용형태로 일하고 있으며 언제 실업자가 될지 모르는 불안정한 상황에 놓여 있다. 시즈오카 현 하마마쓰시에서 2003년에 실시한 일계브라질인의 취업 및 생활실태조사에 의하면 인재파견회사에 의한 구직, 건강보험 미가입자들이 많았고 생활상황은 매우 불안정한 것으로 나타났다.

일본 유입노동자의 대부분은 당초 본국보다도 임금이 높은 일본에서 일하여 저축하고 단기에 브라질로 귀국하는 것을 전제로 도일했지만 일본에 정주하는 이들이 증가하고 있다. 또한 일본과 남미간의 이동에서 1994년부터 재입국자 수가 신규입국자 수를 상회하여 이른바 리피타들이 증가하였다. 브라질로의 귀국을 전제로 일시적으로 일본에 돈벌이로 도일하는 것이 아니고 일본을 거점으로 일시적으로 브라질에 귀국하는 새로운 형태가 증가하고 있다.

입국관리법의 개정에 의해 일계인 1세로 일본국적을 포기한 자나 2세들에게 일본인 배우자 등의 체류자격이 부여되고 또한 일계 3세 및 일계 2세와 그 배우자에게 정주자의 체류자격이 부여되었다. 그러나 대부분의 일계인들은 단기체류 비자로 일본에 도항하여 일본 내에서 체류자격의 변경을 신청하였다. 입국관리법 상 단기체류에서 정주자격으로의 변경절차가 일계인들에게 예외적으로 인정되고 있었기 때문이었다. 브라질인의 체류자격은 정주자가 가장 많고 다음으로 일본인 배우자 등 영주자 순으로 높게 나타났다.

일계브라질인들이 일본에서 장기적으로 체류하게 된 것은 편리한 일본 생활을 버리기 어렵기 때문이라는 의견이 지배적이다. 일계인들이 일본 생활에 익숙해져 있기 때문에 일본에 거주하는 것을 희망한다거나 일본에서 결혼했기 때문에 혹은 결혼 예정, 자녀의 교육을 일본에서 계속하고 싶다는 의견이었다. 그 배경에는 경제가 생각보다 호전되지 않았다거나 치안의 악화 등 브라질사회가 안고 있는 문제가 존재하며 정체되어 있지만 일본생활이 좋다고 생각하는 것을 엿볼 수 있다. 또한 일본에서 단순노동을 담당하는 남미출신노동자의 노동수요가 강하고 특정 도시에 집거하고 있어 공동체가 형성되어 있는 것도 일계인정주가 진행된 큰 요인이라 할 수 있다.

체류장기화에 따라 브라질로부터 가족을 초청하는 것일 일상화되고 이에 비례하여 학령기 어린이 수도 증가하여 그 과정에서 교육문제가 부상하였다. 체류의 장기화, 정주화 경향이 높아지고 있지만 브라질로 귀국하더라도 생활에 지장이 없도록 어린이들에게 모국의 언어와 문화를 가르치고 싶다는 욕구도 강하다. 귀국하는 것을 전제로 도일한 사람들이 대부분을 차지하고 막연하지만 언젠가는 브라질에서 생활하는 것을 희망하고 있기 때문에 브라질 학교가 갑자기 증가한 것은 이러한 수요가 배경에 존재한다.

가장 많은 브라질인들이 집거하고 있는 아이치 현에 위치한 브라질학교의 설립 배경에는 다음과 같은 3개의 사례로 구분된다. 첫째, 브라질에서 교사를 했던 사람이 경험을 살려 포르투갈어로 공부를 가르친 것을 계기로 학교를 경영한 경우다. 둘째, 일본인 경영자가 브라질인 교사를 고용하여 학교를 경영하는 사례이다. 셋째, 브라질본국에서 학교경영을 하고 있는 교육기관이 일본에서 자매교를 설립한 사례이다.

일본 동해지방 브라질학교에서 가르치는 교과는 주로 포르투갈어, 일본어, 산수나 이과, 지리 등으로 컴퓨터나 영어를 가르치는 학교도 있다. 일본의 고등학교에 해당되는 교육과정을 가진 브라질학교가 아이치 현에 6개교, 기후 현, 군마 현에 2개교, 시즈오카 현에 2개교 등 일본 각지에 18개교가 있다. 브라질학교를 졸업한 학생들 대부분은 고등학교에 진학하지 않고 취업을 하는 경우가 많다. 일본에서는 6~15세가 의무교육에 해당되지만, 브라질은 6~14세에 해당되기 때문에 1년의 차이가 발생한다. 일본의 고등학교에는 15세부터 입학해야 하고 교육에 대한 관심이 낮아 취업의 길을 선택하는 경우가 많다. 브라질 국내에서는 2006년부터 의무교육이 8년제로 바뀌어 5세부터 시작되는 9년제로 2008년까지 브라질 국내 전역에서 정비를 실행해왔다. 그러나 일본의 브라질학교는 원래 모국 브라질에서도 그때까지의 사례에 따르는 경우가 많았기 때문에 이러한 간격의 해소에 연결될 가능성은 높지 않다.

2004년 12월 시즈오카 현 하마마쓰시에 있는 페루 브라질학교 문도 디 아레그리아가 처음으로 각종학교로 인정되었다. 시즈오카 현이 하마마쓰시의 요청을 받아 외국인학교에 대하여 지방자치단체의 요청이 있으면 교사를 임대하더라도 적용하지 않는다는 기준을 독자적으로 신설하였다.

페루학교는 2003년 2월에 개교하여 2004년 4월 NPO법인의 인증을 받아 페루를 중심으로 한 볼리비아, 아르헨티나의 3국을 모국으로 하는 스페인어가 모국어인 어린이들을 가르치고 있다. 교육목표는 외국인의 의무교육학교로서 일본의 모델이 될 것, 10년 이내에 독립적으로 안정된 경영이 가능한 체질을 만들 것, 일본과 남미 각국과의 가교가 될 것, 일본 혹은 모국의 일류대학에 진학할 수 있는 수준을 확립할 것, 이 학교 졸업생으로부터 훌륭한 리더를 만들어 낼 것 등이다.

페루의 교육제도에 따라 유치원, 초등학교 6년, 중학교 5년의 11년제를 시행하고 있으며 페루정부 공인 교과서를 사용하고 졸업생에게는 페루의 졸업자격이 부여된다. 교사는 페루에서 교원자격을 취득한 직원이 상근하고 있다. 학생들은 1년마다 수료증을 취득할 필요가 있으며 그것이 없으면 진급하기 위한 보습을 받지 않으면 안 된다. 2005년 4월부터 브라질 클래스도 새롭게 시작되었고 또한 하마마쓰 일본어 일본문화연구회와 '일본어 NPO' 등으로부터 봉사활동의 파견을 받아 일본어교육에도 힘쓰고 있다.

문부과학성도 시즈오카 현 등 자치단체의 요청으로 2004년 6월 각종학교 규정(1956년 문부성령31호)을 개정하여 '특별한 사정이 있고 또한 교육상 및 안정에 지장이 없는 경우(10조)에는 규제를 완화하는 조치를 취했다. 하마마쓰시 등의 자치단체의 결단을 문부과학성이 추인하는 형태였다.'

나가노 현은 2003년 각종학교의 기준을 완화했으며 2006년에는 아이치 현, 기후 현 등에서도 검토되었다. 각종학교의 인가를 취득하면 수업 등에 드는 소비세나 고정자산세 등이 면제되고 자치단체로부터 다소의 보조금이 지급된다. 기후 현에서는 2000년 개교하여 사숙으로서 운영되어 온 브라질 학교 '히로학원'이 각종학교와 준 학교법인의 설치를 위해 2006년 기후 현에 인가를 신청했다. 법인화가 인정되면 통학정기권의 할인 적용이나 세금 면에서의 우대되는 등을 적용받을 수 있다.

학령기 일계브라질 어린이들의 교육문제를 생각할 때 가장 우려되는 부분은 일본의 공립학교 혹은 브라질학교에도 속하지 않는 미취학의 문제이다. 2003년 연구조사에 따르면 미취학의 이유로서 부모의 경제적인 이유로 어린이들이 취업하고 있는 경우, 동생의 돌봄이나 가사 도움, 일본학교의 학습에 따라가 못해 학업을 중단했다는 등의 사례가 많았다, 그 배경에 어린이들이 각 가정의 가계를 책임지고 있는 경우도 있기 때문에 그 가정의 지원 없이 취학을 권하는 것만으로는 생활 파괴의 가능성도 존재한다. 따라서 교육알선이 아니라 경제적인 요소를 포함한 지원이라는 해결방법으로 미취학 문제를 해결해야 할 필요성이 제기되었다.

미취학자녀의 부모들도 자녀들을 방치하는 것이 아니라 이국에서의 장시간 노동이나 불안정한 고용조건 때문에 자녀교육을 해결할 수 있는 여유가 없다. 일본 정부는 2006년 8월 증가하고 있는 일계브라질인 교육을 지원하기 위해 2007년 기금을 창설할 방침을 정했다. 이 기금은 포르투갈어 교재나 교과서의 제공, 통신교육의 확충 등에 사용될 예정이다. 다수의 일계브라질인을 고용하고 있는 군마 현, 시즈오카 현, 아이치 현 등의 기업을 중심으로 기부금을 모으고 2008년부터 지원시설을 목표로 하고 있다. 일본정부는 일본과 브라질 유식자 및 경제인에 의한 '일본-브라질 21세기 협의회'의 제언을 참고로 교육기금을 창설하여 장학금의 제공, 통신교육에 의한 포르투갈어 교육, 포르투갈어의 교재작성, 교과서 배포 등을 수행할 것을 목표로 삼고 있다. 여기에다 외국인어린들이 일본의 공립학교에서 배울 수 있는 시스템만들기나 외국인학교 지원 등 모든 어린이들이 교육을 받을 수 있도록 환경만들기에도 노력하고 있다.

2002년 일본 각지의 브라질학교를 연결하는 '재일브라질인 학교협회'가 설립되었다. 일본에 브라질학교가 증가하는 배경으로 모국브라질 교육성과 각 학교와의 소통을 원활하게 진행하기 위해서이다. 협회는 브라질과 일본에 있는 브라질학교를 연결하는 파이프라인으로서의 역할을 수행하기 위해 활동하고 있다. 일본정부나 행정으로부터 지원이 없고 제한된 재정으로 운영되기 때문에 각 학교가 자신의 학교를 운영하기에도 벅차서 다른 업무에 신경 쓸 겨를이 없다.

학교운영에 많은 문제점을 안고 있지만 그 중에서도 가장 큰 문제는 교실이다. 교실을 임대해서 사용하고 있지만 대부분의 학교가 교실이 부족하여 학년마다 클래스를 구분할 수 없다. 그밖에도 학교가 사숙 취급을 받고 있기 때문에 수업료에 소비세가 붙고 정기권이나 휴대전화의 할인 등이 적용되지 못하고 미술관 등의 참관요금도 일반인 취급을 받고 있다. 환경이 개선되지 않는 것은 브라질학교에 대한 행정의 관심이 낮은 것에도 원인이 있다. 사이다마 현에서는 교육담당지원이 현 내에 브라질학교가 존재하는 것조차도 알지 못하고 학교운영에 대하여 상담을 진행해도 대응이 어렵다고 응답하여 환경을 개선하려는 적극적인 대응은 보이지 않고 있다.

브라질정부는 일본에서 브라질인 자녀들의 교육환경을 개선하기 위해 2006년 교육부장관이 도일하여 일본정부에 브라질학교를 교육기관으로서 공식으로 인가하여 지원하도록 요청했다. 최근 경제 글로벌화와 일본 내 외국인 자녀 교육문제에 대하여 부모가 미등록외국인으로 취업하고 있는 필리핀의 어린이들, 재일미군과 일본인과의 사이에서 태어난 아메라지안 어린이의 존재는 아시아 국가 간의 경제격차와 일본안보의 현실을 적나라하게 보여주고 있다. 그들에게 배움의 장소를 제공하려는 움직임은 1990년대 후반부터 나오기 시작했다.

한편 최근에는 지구레벨로 활동하는 현대인의 수요에 따른 국제학교가 인기를 끌고 있다. 일본인 귀국학생과 외국인 학생이 함께 배우는 천리국제학원, 세계 각지에 캠퍼스를 두고 있는 미국의 템플대학 일본 캠퍼스, 도쿄 에도가와구 인디아 인터내셔널 스쿨에는 IT기술을 가진 인도인 어린이들이 재학하고 있다.

4. 해외 일본인학교의 딜레마

최근 일본의 국제적인 활동의 진전과 함께 해외에 체류하는 일본인의 숫자는 매년 증가해왔다. 해외에 체류하는 일본인은 2013년 125만 명, 동반하는 자녀의 수는 약 7만 명으로 나타났다. 지역별로는 아시아와 북미가 전체의 3분의 1을 차지하고 있다. 해외자녀의 취학형태는 일본인학교에 통학하는 경우, 현지학교와 보습수업학교에 통학하는 경우, 현지학교

표 5.1 재외교육시설 및 체류 학생 현황[4]

학교	1989년	2000년	2001년	2002년	2003년	2004년
일본인학교	84	85	84	83	82	82
보습수업교	136	188	188	187	188	186
사립재외학교	10	16	15	15	13	13

4 위의 책, 岩尻誠(2017), p. 18.

만 통학하는 경우 등 3가지로 구분된다.[5]

위의 〈표 5.1〉에 제시한 바와 같이 재외교육시설은 해외에 체류하는 재외방인의 자녀를 위한 학교교육법(1947년 법률 제28호)에 규정하는 학교에서의 교육과 동등의 교육을 실시하는 것을 주요 목적으로 해외에 설립된 교육시설을 말한다. 재외교육시설은 일본인학교, 보습수업교, 사립재외교육시설 등으로 구분할 수 있다.

일본인학교는 일본의 주권이 미치지 않는 외국에서 재외방인을 위하여 의무교육단계의 교육을 수행하는 것을 목적으로 일본의 학습지도요령에 준거한 교육을 시행하고 있다. 주로 그 나라의 일본인회가 설립주체가 되는 사례가 많지만 수산협의회나 일본인자녀교육회 등의 단체가 되기도 하고 일본인대사관 등 다양하다. 일본인자녀를 위한 것이기 때문에 외국인은 원칙적으로 입학할 수 없다. 설립기준이나 교육내용 등 일정의 조건을 갖추고 문부과학성의 지정을 받고 있기 때문에 일본 내의 초등학교나 중학교와 같이 취급되고 있다. 교원은 문부과학성의 파견교원과 현지채용교원으로 구성되어 있다. 파견교원은 전국으로부터 모집되고 임기는 3년이며, 매년 그 중 약 3분의 1이 교체된다. 문부과학성이나 외무성, 해외자녀교육진흥재단이 교사건설비나 교사임대의 보조, 교재정비사업이나 강사료의 지원 등을 수행하고 있지만 학교운영에 관해서는 부모가 지불하는 입학금이나 매월 수업료, 기부금 등으로 운영되고 있으며 경영적으로 사립학교적인 성격을 가지고 있다. 1956년 태국방콕의 일본인학교가 설립된 후 2015년 4월까지 세계 50개국 1지역에 89개교가 설치되어 있으며 약 21,000명이 재학하고 있다.

보습수업교는 현지학교, 국제학교 등에 재학하고 있는 일본인 자녀에 대하여 토요일이나 방과 후 등을 이용하여 일본 내 초등학교 혹은 중학교

---

5 岩尻誠(2017),『海外日本人学校物語』, 風詠社, pp. 16-27.

의 일부 교재에 대하여 일본어로 수업하는 교육시설이다. 일본인학교와 동등하게 현지 일본인회 등이 설립운영의 주체가 되고 있다. 1958년 미국 워싱턴에 설립된 이후 2015년 4월 기준 세계 52개국 1지역에 205개교가 설립되어 있으며 약 20,000명 정도가 재학하고 있다. 이들 중 일부는 수업시수나 수업과목이 일본인학교에 준하는 것도 있다(준 전일제보습수업교). 교육의 특색으로서는 국어를 중심으로 시설에 따라 산수(수학), 이과, 사회 등을 포함한 수업이 일본에서 사용되고 있는 교과서를 활용하고 있다.

사립재외교육시설은 일본 국내의 학교법인 등이 해외에 설립한 전일제 교육시설로 주로 일본인 자녀를 대상으로 국내의 학교교육과 동등한 교육을 수행하고 있다. 2017년 세계 21개교에 설립되어 있다. 초등학교 단계에서부터 고등학교단계까지 과정을 가지고 있는 것으로부터 고등부만을 설치한 것 등 그 형태는 다양하지만 일반적으로 국내의 학교와 연계를 통해 기숙사를 병설하여 교육을 수행하고 있다.

일본인학교에서 배우는 최대의 의의는 자녀들이 해외에 있더라도 일본 국내의 교육에 준하는 교육을 받을 수 있다는 점이다. 일본인으로서의 교육을 받을 수 있다는 의미이며 출국 전부터 귀국 후까지 거의 일관된 교육시스템 속에 일본인으로 육성되어 인격형성이 이루어진다. 자녀교육은 결과를 요구하는 것이 최종목표가 아니라 계획적인 학습내용과 방법에 의해 인격형성을 지향하고 있다. 이것이 해외와 국내 교육에서 일관되어 있으며 자녀에게 무리 없는 최고의 교육환경에서 배우게 되기 때문에 그 의의는 대단히 크다. 국내와 다른 해외의 교육현장에서 자녀에게 일본교육을 받게 하는 것으로 교육방침을 세운 가정으로서는 일본인학교 존재의 의의는 크고 교육상의 안심요소가 될 수 있다. 또한 국제 감각을 키우는 것도 중요한 요소이다. 일본인학교가 해외에 존재하는 것 자체가 그 조건을 갖추고 있다. 실제로 교육내용에 국제 감각을 배양하는 것을 목적으로 하는 각종 방법들이 모색되고 있다.

일본인학교에서 배우는 학생들은 현지학교 등에서 배우는 학생들과 비교하여 현지어 및 현지 학생들과 교류기회가 많기 때문에 이문화체험은 귀중한 경험이 되고 있다. 이문화체험은 현지학교에 재학하는 학생들과 밀도 높은 직접 체험에 의해 강한 영향을 받게 되기도 하지만 어떤 형태의 체험으로도 마음의 변화를 학생들에게 일으키게 할 수 있다. 일본인학교에 재학하는 학생들이 사물을 대비하여 보거나 시야를 넓게 갖게 되는 변화 등은 이러한 영향이라 할 수 있다.

또한 학교 적응이 쉽거나 학교 일정에 여유가 있다는 장점도 있다. 학교문화가 일본 국내와 거의 차이가 없고 모두 같은 전교생들이기 때문에 긴밀한 동료의식이 생기고 편한 학교생활을 보낼 수 있다. 또한 일반적인 수업내용은 일본의 교육으로서 안정된 질이 유지되고 있기 때문에 학교를 신뢰하면 특별 보충학습은 필요 없고 생활시간에 여유가 생겨난다. 그 결과 가정 전체로서의 해외생활도 여유롭게 진행될 수 있다. 일본인학교와 현지학교의 선택이 가능한 경우 한 가지 방법으로서 일본교육의 중요성에 중점을 두면 일본인학교, 현지학교에서 배우는데 의의를 두면 현지학교에 선택이 가능하다.

현실적으로 학교선택은 현지학교의 교육환경, 자녀의 연령, 학년, 학습능력, 성격, 해외체험, 희망, 부모의 체류기간, 가정교육방침 등이 크게 영향을 미치고 있다. 가령 의무교육기간은 일본의 교육으로 충분하니까 완전한 인격형성의 기초를 닦고 외국어능력 등은 그 후 교육으로 좋다는 가정이라면 일본인학교를 선택하는 경우가 있다. 또한 취학을 앞둔 자녀에 대하여 정체성의 형성이나 일본의 학교교육의 출발기에 있다는 점을 고려할 경우 일본인학교의 선택을 생각할 수 있을 것이다. 자녀의 학습능력이나 성격으로부터 현지학교 등에서 예측되는 언어습관이나 학교적응에서 염려되는 부분이 있다면 일본인학교의 선택이 적절할 것이다. 체류기간이 중학생으로부터 고등학교에 해당된다면 점점 어려워지는 국어습

등의 벽을 극복할 수 있도록 대비하기 위하여 미리 현지학교 등을 선택하는 경우도 있다. 또한 보다 적극적인 현지체험과 이문화사회에서의 삶의 방식을 배우도록 할 경우 현지학교의 선택을 할 수 있을 것이다. 가정의 교육방침으로부터 판단하여 좋은 방안을 선택하는 것이 중요하다.

자녀들에게 위험한 것은 가정교육방침보다는 눈앞의 이익에 집착하는 방식을 선택하는 것이다. 가령 현지어를 배우는 기회를 우선하여 자녀가 고학년이고 내성적이며 부모의 체류기간이 짧음에도 불구하고 현지학교를 선택하는 경우도 있다. 학교 선택에서 어느 정도의 결단도 중요하지만 자녀 의견의 존중도 매우 중요하다. 학교 선택의 최종결정은 가정의 교육방침이기도 하지만 적절한 선택을 하기 위해서는 먼저 자녀의 성격을 잘 파악해 두는 것도 중요하다. 다른 자녀의 결과만을 보고 자녀의 조건을 파악하지 못하면 자녀의 방황은 계속 될 것이다.

1) 이문화이해교육

해외에서 보내는 시기를 유의미하게 보낼 것인가 아니면 불안과 걱정으로 우울한 날을 보낼 것인가는 그 사람의 선택에 달려있다. 기회를 긍정적으로 생각하고 결실 있는 생활을 보내기 위한 이문화이해에 대한 기본적인 3가지 방법을 살펴보면 다음과 같다.

첫째, 이국의 문화에 대하여 편견 없이 이해하려는 자세가 필요하다. 일본의 문화에 역사가 있는 것처럼 외국문화에도 오랜 역사의 배경이 있다. 자신에게 생소한 것, 이질적인 것에 대하여 위화감, 혐오감을 가지는 것이 아니라 서로의 차이를 인정하고 상호이해하려는 태도가 이문화이해에 필요불가결하다. 이문화접촉을 자신을 생각한다는 기회로서 적극적으로 생각한다면 좋을 것이다. 이문화와의 접촉에서 체험하는 다양한 문화충격이나 문화마찰에 의해 생기는 스트레스를 피하기 위해 이문화와의 교류에 소극적인 것은 부정적인 지향이 되기 쉽다. 이문화와 적극적으로 교류함으로서 자신의 인생관, 세계관을 넓혀나가는 것이 해외생활을 유의미하고 즐겁게 보내는 비결이다.

둘째, 소통의 힘을 기르는 것이다. 자신의 생각이나 기분을 상대방에게 전달하거나 반대로 상대의 기분이나 생각을 이해하는 것은 이문화이해의 기본이다. 외국어를 습득하는 것은 필수이다. 그렇게 되기 위해서는 자신의 치밀한 노력이 필요하지만 실패를 두려워하지 않고 상대방에게 소통하려는 자세, 기분의 수용도 중요하다.

셋째, 일본의 전통 문화를 이해하는 것이다. 일본 문화의 이해 없이는 현지 사람들과 교류할 수 없다. 외국인과 비즈니스 차원을 넘어 문화적인 면에서도 대화를 주고받을 수 있는 깊은 교류가 요구된다. 일본인 특유의 가치관, 행동양식, 일본문화 등을 이해하고 있는 것이 상대 문화의 차이의 이해나 이문화에 대한 적응을 쉽게 한다. 국제이해와 일본의 전통문화의 이해는 거의 같은 것으로 국제이해는 상대국의 것을 이해하고 자신의 것을 상대방에게 전달하는 상호이해의 관계를 말한다. 이러한 의미에서도 일본인이라면 일본의 전통문화를 이해하고 있는 것이 외국에서 생활할 때 국제이해의 일보가 되는 것이다.

2) 일본인학교의 연간행사

2015년 현재 전 세계 89개국 1지역에 일본인학교가 설치되어 있다. 문부과학성은 일본인학교의 목표로서 '해외에 체류하는 일본인자녀에게 일본 국내의 초등학교 혹은 중학교에 해당되는 교육과 동등한 교육을 받게 함과 동시에 국제화의 진전과 더불어 해외에서의 교육이라는 특성을 살리고 국제성이 풍부한 일본인육성에 기여하는 교육활동을 전개하는 것이 요구된다고 강조하고 있다.' 해외일본인학교에서 수행되고 있는 교육과정에다 국제이해교육을 추진해야한다. 현재 일본 국내 초 · 중학교의 현장에서는 다양한 문제를 안고 있다. 또한 교과수업, 종합적 학습, 학교 행사, 방과 후나 유일의 클럽활동, 여기에다 이지메나 학대, 등교거부와 같은 생활지도상의 문제 등 교사들의 생활은 바쁘고 이것을 수행해나가는 학생들의 부담도 대단히 크다. 가령 일본인학교의 연간 행사 예정에서 교사들의 부회활동을 제외하고 학생중심의 대표적인 행사만을 살펴보면 다음 〈표 5.2〉와 같다.

표 5.2 일본인학교 연간 행사[6]

연월	주요 행사
4월	버스 시승회, 신임자 환영회, 수용식, 시무식 및 착임식, 입학식 및 시업식, 신입생 오리엔테이션, 피난 훈련, 교육상담
5월	사생대회, 수업참관, 스포츠 테스트, PTA총회, 전문위원회, 학생총회, 중간시험
6월	전문위원회, 결단식, 체련개시, 영어검정, 체육대회, 전문위원회
7월	사회견학, 기말시험, 학생회선거, 영어검정, 개인면담, 수영대회, 대청소, 종업식
8월	직원연수, 3년 수업개시, 3년 사회견학, 3년 묘지청소
9월	시무식, 피난훈련, 교환학생프로그램, 전문위원회, 영어검정, 직원연수, 일본인회 운동회
10월	문화제, 중간시험, 전문위원회, 영어검정, 직원연수, 일본인회 운동회
11월	2년 수학여행, 1~3년 구기대회, 영어검정
12월	기말시험, 개인간담, 대청소, 종업식
1월	시무식, 1~2학년 실력테스트, 3년 구기대회, 카르타대회, 3학년 송별회
2월	역전마라톤대회, 성일스피치콘테스트, 기말시험, 1~2학년 묘지청소
3월	학생회선거, 직원연수, 대청소, 수료식, 이임식, 교환학생프로그램

6 싱가포르 일본인학교 '학교편람'(1993~1996) 발췌

가령 7월의 행사를 상세히 살펴보면 일본 국내의 중학교에서는 7월 20일경 종업식을 맞이하지만 일본인학교는 4월의 시업식이 늦어지고 3학기의 종업식이 빨라지므로 1학기 수업은 7월 31일까지 이루어진다. 이 시기는 일본이라면 기말시험과 부모간담회로 끝나지만 일본인학교에서는 이에 더하여 사회견학과 수영대회가 수행된다.

사회견학에서는 국제이해교육의 일환으로 중요한 행사 중의 하나이다. 소그룹에 나누어 현지국의 다양한 곳을 방문하여 학교에서는 경험할 수 없는 것을 체험하고 있다. 학교 측에서 보면 사회견학을 위한 준비나 교섭이 필요하기 때문에 많은 시간이 소요된다. 모조지에 각 그룹에서 조사한 것을 정리한다. 많은 시간과 수고가 필요하기 때문에 문화제에서도 발표할 수 있다. 영어검정이 학교행사에 중요한 자리를 차지하고 있다. 교사가 준비하여 시행되고 있다.

앞의 〈표 5.2〉는 1년간의 일본인학교 행사이지만 행사를 진행하기 위해 준비하는 시간이 2~3주간, 체육제나 문화제 등 큰 행사에서는 약 1개월 전부터 준비가 필요하다. 국제이해나 이를 위한 행사이지만 행사가 너무 많아 교사나 학생이 바쁜 나날을 보내야 한다.

3) 일본인회

어느 나라를 가더라도 일본인회가 존재한다. 그 나라에 체류하는 일본인에 대한 지원이나 친목을 위한 조직으로 큰 힘을 발휘하고 있다. 거의 대부분의 일본인학교는 일본인회가 설립한 것이다. 따라서 일본인회와 일본인학교는 깊은 관계에 있지만 이해할 수 없는 것은 일본인학교의 교사들이 관계하는 일본인회와 연계된 행사들이다. 10월에 열리는 일본인회 대운동회는 교사들이 준비나 도우미 등에 동원된다. 또한 일본인회 주최의 소프트볼대회, 발리볼대회, 축구대회 등이 시행된다. 이때에도 교사들은 팀을 만들어 참가한다. 참가하는 것만이 아니라 준비나 심판 등의 역할도 감당해야 한다.

바쁜 학교행사에 더하여 교사는 휴일반납으로 일본인회의 행사운영에도 참여해야 한다. 파견 직원은 학생지도에 해당되는 것이 본래의 직업이지만 임의로 일본인회 등에 강제적으로 동원되는 것에 불만이 많다.

수업시수를 보면 일본 국내의 학교와 같이 초등학교 8교과, 중등부 9교과와 도덕, 특활, 영어회화의 수업이 시행되고 있다. 시간표는 중등부의 '국제'라는 시간이 눈에 띈다. 일본인학교에서 교육목표의 하나가 국제이해의 진전에 있는 것으로부터 중등부에서는 '국제시간'을 중심으로 수행되고 있으며 주로 현지이해를 중심으로 진행되고 있다.

영어회화는 초등학교 1학년생부터 영어회화 수업이 개설되고 있다. 일본 국내에서는 초등학교 영어수업의 시비에 대하여 종종 화제에 오르고 있지만 초등학교 1학년부터 주2시간, 5~6학년이 되면 주3시간의 영어회화 수업이 있다. 영어회화수업은 모두 원어민 외국인 강사에 의해 수행되고 있다. 초등부에서는 16명, 중등부에서는 5명의 영어회화 강사가 배치되어 있다.

4) 이사회

이 학교는 현지 일본인회에 의해 설치되어 일본인학교 운영이사회에 의해 관리 혹은 운영되고 있다. 따라서 이사회가 학교의 기본방침과 교직원의 인사, 예산의 편성 등 중요한 사안에 대하여 심의 결정한다. 이사회는 대사관으로부터 대표자, 일본인회로부터 대표자, 초 · 중학교 교장, 사무국장으로 구성되어 있다. 이 가운데 가장 많은 것이 일본인회로부터의 대표이다. 주로 기업의 대표가 일본인회를 구성하고 있다. 따라서 운영 면에서 보면 일본 국내의 사립학교와 비슷하다.

5) 수업료

수업료는 놀랄 정도로 매우 비싸다. 입학하기 위해서는 먼저 기부금을 납입하고 있는 것이 조건이 된다. 기업의 주재원이라면 회사의 규모에 의해 다르지만 최고 1,300만 엔에서 최소 60만 엔까지 다양하다. 기업에 속하지 않는 개인의 경우 약 24만 엔 정도 필요하다. 입학금은 부모의 기업이 일본인회 회원이면 500달러, 개인의 경우 2천 500달러, 시설비가 500달러, 월 수업료는 초등학교가 180달러, 중학교가 230달러, 스쿨버스대로 입회금이 2달러, 출자금이 100달러, 매월 이용료가 60달러, PTA회비는 초등학교가 25달러이다. 부모들은 일본인학교가 일본 국내의 공립 초 · 중학교 정도로 생각하고 있지만 실제 운영에서는 사립학교에 가깝다.

6) 교사

교원은 일본 국내로부터 파견된 교원과 현지채용 교원으로 나누어진다. 현지채용교원은 영어회화 등의 비상근강사가 대부분이다. 일본으로부터 파견교사는 정부로부터의 파견교사와 재단파견교사로 나누어진다. 정부파견교사는 일본각지로부터 채용되어 그 지방의 특색을 가지고 있다.

부모들의 기질 또한 어디에 가더라도 비슷하지만 해외거주 재외방인들은 좁은 일본인사회를 형성하고 있다. 재외방인의 동향에 대해서는 매우 민감하여 어떤 일이 발생했을 경우 바로 일본인사회로 확산된다. 물론 일본인학교에서 발생한 사건에 대해서도 민감하고 학교의 운영방침에 대해서도 말들이 많다. 일본인학교에 부여된 과제는 많지만 해외에서 귀중한 체험을 쌓을 수 있는 기회가 부여된 것으로 이를 적극적으로 활용하는 것도 중요하다.

5. 싱가포르 일본인학교

싱가포르는 역사가 깊고 다양한 민족이나 인종의 왕래가 있었다. 그 결과 다양한 타운이 형성되었다. 차이나타운이나 인도인타운, 아랍거리 등이 유명하지만 대정시대 일본인타운이 매우 유명했다. 많은 일본인들이 이곳 싱가포르 일본인타운에 생활하고 있었다. 1912년 대정시대 싱가포르 일본인타운의 메인스트리트는 현재의 미들로드로 브라스바사로드와 알버트스트리트를 끼고 100채 이상의 일본인 상사들이 촘촘히 들어서 있었다. 원래 이 구역은 1823년 도시계획에 의해 유럽피안타운으로 구획된 장소였지만 청일전쟁과 러일전쟁 후 일본인들이 다수 진출하여 자연적으로 타운이 형성되었다. 일본인 진출의 계기가 된 장소로 일하는 장소였던 창관거리가 만들어진 것도 이 구역에 일본인타운을 형성하는 요인이 되었다. 1892년에는 미쓰이물산, 시부야상점 등의 무역상사를 비롯하여 여관이나 이발점 등 많은 가게들이 등장하여 2개의 일본어신문이 발행되었다. 러일전쟁 후 1910년에는 인구 1,700명을 기록하여 1912년에는 미들로드에 학생 수 26명의 일본인 초등학교가 개교했다.

제1차세계대전 후에는 인구 약 2,000명에 업종도 무역 40개, 고무원 30개, 의약 14개, 호텔 14개, 음식 15개, 영화사진 4개, 이발 10개, 기타 시계, 세공, 과자점, 구두방, 세탁점, 양복점 등 매우 다양했다. 일본인타운의 중심은 당시 꽃의 거리로 불리던 창관거리이다. 20세도 채 되지 않은 아가씨들이 화려한 복장을 입고 가게 앞에 즐비하게 서 있었다. 그녀들은 일본인의 진출과 함께 증가하여 최전성기에는 101채, 902명을 기록하였다. 그러나 1920년 일본의 체면을 더럽힌다는 이유로 폐창이 단행되어 꽃의 거리는 사라졌다. 또한 제1차세계대전 중 반일운동이 일어나 꽃의 거리를 중심으로 일본인타운이 습격당했다. 1931년 만주사변이 일어나자 반일운동은 최고조에 달하여 일본인학생이 등교 중 투석으로 폭행되는 사태가 발생했다. 그리고 체류일본인들의 귀국이 시작되어 일본인타운도 점차 활기를 잃었다. 전후 이 타운의 복귀를 허가받아 원래의 장소에 개점한 것은 에치고야(越後屋)가 유일하다.

Ⅵ

브라질 한인이주와 봉헤찌로 코리아타운

1. 브라질 한인사회

브라질 한인사회는 상파울루시를 중심으로 대략 5~6만 명이 거주하고 있다. 이주의 역사적 요인들은 20세기 한국의 불안한 정국, 국제정세와 이민정책, 초창기 이민자들의 신분과 성격, 농업이민과 반공포로, 도피이민의 역사 등 한국 근현대사의 질곡을 그대로 함축하고 있다고 해도 과언이 아니다. 브라질로 한인들이 본격적으로 이주하기 시작한 것은 1963년 이후부터이다. 그러나 그보다 훨씬 이전부터 비공식적인 브라질 이민은 다양한 형태로 전개되었다. 예를 들면, 브라질 한인의 이주는 1945년 전후 일제 식민지기 일본국적 조선인의 이주, 해방이후 1956년 한국전쟁 포로의 청년이민(1956년 이민)의 이주 등으로 구분할 수 있다. 물론 브라질과 한국정부의 교류관계는 이승만 정권 하에서 김동성특사가 1949년 12월 중남미 각국을 방문한 적이 있으며 1961년 6월에 개최된 국제군인사격대회에 한국 군인들이 참가하기도 했다(김동성, 1954: 89. 그러나 한인의 공식적인 브라질 이주는 1962년 문화사절단의 일환으로 입국한 14명의 이민자들이 최초라고 알려지고 있으며 가족이민이었다. 이어서 1963년에는 한국정부 주도의 제1차 농업이민이 본격적으로 이루어졌다(최금좌, 1991)).

1945년 해방이전의 조선인 이민과 다른 차원에서 한국으로부터의 이주는 1956년 2월 6일 한국전쟁 휴전협정 후 중립국 이주를 희망한 50여 명이 브라질 이주를 선택하여 리우데자네이루를 통해 브라질로 입국하였다. 이들 이민자들은 보통의 이민자들과는 달리 유엔과 브라질정부의 법적보호를 받고 있었기 때문에 비교적 쉽게 브라질에서 취업할 수 있었다. 하지만 이들은 일계인집거지에 합류하기보다는 별도로 조선인동포들과 적극적인 관계를 구축해나갔다. 특히 조선인 이주자와 반공포로들이 브라질에서 쉽게 교류할 수 있었던 근본적인 배경에는 당시 남북한 어느 한쪽에도 사상적 이데올로기적으로 편향되지 않았다는 점, 해방 이전 조선인이민자들이 일본국적 조선인으로서, 그리고 1956년 반공포로 청년이민자들은 무국적자로서 정서적 연대와 동질적 공감이 존재했다는 점 등을 들 수 있다. 이처럼 1945년 해방 이전 조선인 브라질 이민자와 1956년 반공포로 청년이민자들은 개인 간의 교류와 약한 연대의 네트워크를 통해 한국인으로서 민족의식을 확인하고 상호 연대감을 형성하였다. 그리고 해방이전의 일본에 거주하던 조선인이주자들과 한국전쟁 포로의 청년이민자들이 결합되면서 공식적으로 브라질 이주 한인공동체의 실체가 나타나기 시작했다. 이러한 노력 끝에 마침내 1962년 한국계이민자들의 민족단체인 '교민회: 브라질 한인회'가 형성되었다. 공식적으로 1962년 8월 15일 발족된 한인교민회는 초대회장으로 김창수씨가 취임하였다(全淑美, 2010: 110-111).

브라질 한인공동체는 식민지기 일본국적 조선이민자들과 이주단계에서 브라질 이민 선구자였던 일계인이민자 집단으로부터 영향을 많이 받았고 1956년 반공포로 청년이민자들은 브라질사회의 영향을 받으면서 한인공동체를 형성하기 위한 노력이 시작되었다. 그리고 1963년 한국에서부터 본격적으로 시작된 가족단위 브라질 농업이민은 브라질 한국이민사회를 연결하는 공동체 구성의 고리가 되었다(전경수, 1995: 260-261).

이 장의 목적은 이러한 브라질 한인이주의 역사적 맥락을 포함하여 해방 전후, 그리고 1963년 브라질 이민의 공식적 재개 이후 53년이 경과된 시점에서 한인공동체의 이주역사를 회고하는데 있다. 또한 봉헤찌로 코리아타운의 형성과 에스닉 산업의 전개과정, 의류업의 성공신화, 타운의 지리적 특성과 민족계승, 교회를 중심으로 한 한인공동체의 특성 등에 대하여 현지조사를 토대로 살펴보고자 한다.

2. 브라질 한인의 이주역사

브라질 한인 이주에 관한 선행연구들은 1970년대부터 시작되어 간간이 이어오다 최근에 연구들이 활발히 이루어지고 있다. 이들 기존연구들은 현규환(1976), 이구홍(1979), 전경수(1991), 최금좌(1991) 등이 있다. 또한 가장 최근에 이루어진 브라질 한인 연구로는 최금좌(2012)의 '재브라질 한인사회와 문화정체성', 이채문 · 신형진외(2016)의 '브라질 거주 아시아계 이민의 과거와 현재: 한인과 일계 이주민의 비교연구' 등이 있다. 그 중에서도 특히 전경수(1991)의 연구는 브라질 한인연구에 대한 새로운 지평을 확장했다. 그는 이 연구에서 브라질 현지조사를 통해 1945년 해방이전의 브라질 이민에 대하여 가족구성의 관점에서 분류하여 이민의 특징을 가족이민과 단신이민으로 구분했다. 그리고 한인 이민자들은 동일지역에 살면서 서로 간의 존재는 알고 지냈지만 혼인관계의 단절 등 상호교류가 거의 없었고 민족공동체를 형성할 정도의 역량도 충분치 않았기 때문에 특별한 조직 활동도 없었다고 보고하였다.

이어 전숙미(2006)는 새로운 관점에서 해방이전 조선인의 최초 브라질 이민연구를 소개하기 시작했다. 그는 논문에서 최초 조선인 브라질 이민자에 대하여 1928년 3월 고베에 설립된 '국립이민수용소'[1]의 기록을 근거로 제시하며 1928년 1명, 1931년 12명 등 총13명으로 추정하였다(全淑美, 2006: 94). 또한 전숙미(2010)는 일본 식민지기 한인의 브라질 이주에 대하여 개인적인 관점에서 일본으로부터 1918년 박학기, 1927년 진학문, 1928년 장승호, 1920년대 후반 김수조, 1931년 김영두 등을 발굴하고 이들을 브라질 현지조사를 통해 확인한 바 있다(全淑美, 2010: 98-99).

1 일본 척무성은 이주에 필요한 위생, 교양상의 보호지도를 위해 브라질 이주자 전원을 국립이민수용소에 모이게 했음.

이들 조선인의 브라질이주가 대부분이 1920년대 말에 집중된 이유는 1919년 한국에서의 독립운동으로 조선인 이민억제정책에 따른 가족초청 이주로의 전환, 일본 내 정치 경제적 상황과 맞물려 일본인의 인맥에 의해 이주가 진행되었기 때문이다. 특히 일본인의 브라질 이주가 1927년부터 1934년까지 집중되었는데 그 이유는 제1차세계대전에 의한 전후 일본 경제의 불황과 농촌의 소작쟁의 발생, 1923년 관동대지진의 발생, 1924년 미국 신이민법의 공포에 따른 북미이민금지와 국책이민으로서 브라질 선택, 1927년 세계대공황 등으로 일본에서의 이주의 붐에 편승하여 소수의 조선인들이 이주하게 된 것이다.

그러나 한국에서 1956년 반공포로 청년이민자 50여 명이 브라질에 입국하게 되면서 점차 일계인 이주지에서 생활해오던 개개인의 조선인 동포들과 이들이 상호 연결되면서 조선인과 한인들이 하나로 결합되는 한인공동체(집거지)를 형성하는 배경이 되었다고 볼 수 있다.[2] 최근 또 다른 전숙미(2010)의 연구는 전경수(1991)의 해방 전후 조선인과 한인의 결합관계의 주장을 수용하여 해방이전 브라질 조선인이주자들의 면담조사를 통해 조선 식민지기의 조선인들의 존재와 해방 이후 1956년 반공포로의 이주가 브라질 한인공동체를 형성하는 큰 역할을 담당했다는 사실을 입증하였다(全淑美, 2010: 106-107).

그러면 한인의 브라질 이주과정에 대하여 전체적으로 개괄하고자 한다. 다음 〈표 6.1〉은 이민시기별 브라질 한인이주의 역사를 제시하고 있다. 과거 혹은 최근의 브라질 한인연구들 대부분은 브라질 한인 이주역사에 대하여 식민지 시기 및 해방 전후의 역사를 생략한 채 1963년을 개시기준으로 보고 있다. 그러나 본 연구에서는 브라질 한인 이주역사를 개시

2 브라질이민자에 대하여 1945년 해방 전후를 중심으로 해방 전은 '조선인', 해방이후 이민자는 '한국인'이라는 용어를 사용하였음.

표 6.1 한인의 이주단계별 특징

이주 단계	주요 내용 및 특징
제1단계: 1945년 해방이전 단계	〈일제식민지기〉 일본국적 조선인의 일본인 합류 이주 일본인명으로 이주, 가족 및 단신이민, 부인이 일본인인 경우가 많고 일본인과의 정치적 개인적 인맥에 의존하여 가족초청이주
제2단계: 1945년 해방이후~1962년	1956년 반공포로 청년이민자 50명 이주 1962년 문화사절단 형식 14명의 한인 이주
제3단계: 1963년 ~1970년	〈농업이민기〉 1963년~1966년까지 제1차~제5차에 걸친 농업이민 제1차농업이민 1963년 2월 12일 17세대 92명, 전향군인11명 총 103명 등 브라질 공식농업이민기 총 5차에 걸쳐 한인 1,300명 정도 이주
제4단계: 1971년 ~1979년	〈불법이민기〉 브라질정부 한국이민금지 이후 파라과이, 볼리비아, 아르헨티나 경유 이민 1971년 외무부산하 해외개발공사 기술이민 1,400명 이주 1972년 서독광부 간호사 불법이민 1970년대 초반 태권도 사범, 베트남 계약노동자 이민 1970년대 중반 미국 이민을 위한 도피이민
제5단계: 1980년대 이후	1985년 전경환 주선 농업이민 약 32세대 이민 글로벌화와 가족초청 연쇄이민 한국일보와 뉴스브라질 신문창간 토요한국학교, 열대문화와 신세대 문예지 창간
제6단계: 1990년대 이후~2000년대	브라질 시장개방정책 단행 일계인의 데카세기 붐으로 일본 대량이주 일본에서의 한류 영향으로 브라질인과 한인 친밀해짐 한인들의 브라질 동화 가속화 봉헤찌로 '한인타운'의 형성-2010년 '코리아타운'으로 명명 한인의 업종 및 정체성의 다양화, 지방이주

이전단계 글로벌화 이후 단계를 확장하여 총 6단계로 구분하였다. 이를 간략하게 살펴보면 다음과 같다.

제1단계는 일제 식민지 시기부터 1945년 해방이전까지의 시기이다. 브라질이민은 1908년 본격적으로 시작된 일본인 농업이민 그룹에 합류한 일본국적 재일코리안 이민자들이 포함되어 있다(全淑美, 2010). 당시 일제 식민지시기로 조선인들은 일본국적을 소유하고 있었으며 일본인의 이민 대열에 합류하여 이주한 경우가 기존 연구를 통해 입증되고 있다. 전술한 전숙미(2006, 2010)의 연구에서도 언급하고 있는 것처럼 당시 대부분의 조선인들은 일본국적으로 이주하는 경우가 많았고 가족단위 및 단신이민으로 부인이 일본인인 경우가 많았다. 또한 일제 식민지기의 이주였던 만큼 일본인과의 정치적 관계와 개인적 인맥이 중요하게 작용하였다. 제2단계는 1963년 공식이민이 시작되기 전인 1945년 이후부터 1962년까지의 시기이다. 이 시기는 1953년 한국전쟁 이후 석방된 반공포로 55명(중국인 5명 포함)이 브라질로 이민을 선택했으며 1961년~1962년에 걸쳐 '한 · 브 진흥공사'를 통한 5 · 16군사정변 이후 강제퇴역 국군장교출신 군인, 한국전쟁 시 남하한 북한출신 실향민 등 '문화사절단(1962.01)' 형식의 14명이 이주하였다. 일제강점기와 해방 전후 한인의 브라질 이주는 당시 상황을 고려하면 특수한 이민이었음이 틀림없다. 이들 이민 선구자들은 1963년부터 공식적으로 한국정부에 의한 브라질이민이 개시되면서 한인 이민자들이 브라질사회에 정착하는데 가교역할을 담당하였다.

제3단계는 농업이민의 시대로 1963년부터 공식적으로 브라질 이민이 개시되면서 1963년~1966년 5차에 걸친 '농업이민기' 등 1970년대까지의 이민이라 할 수 있다. 제1차 농업이민은 1963년 2월 12일에 17가구 92명과 전향군인 11명이 포함되어 있었다. 공식이민기에는 대략 한국인 1,300명 정도가 브라질로 이주하였으며 1968년 브라질정부의 한국 '농업이민' 금지 이후 1971년에는 '기술이민' 자격으로 한국인 1,400여 명이 이주했다. 이들 초창기 브라질 이민자들은 대부분 한국군장교출신 강제퇴역 군인, 고학력중산층, 도시상인 등 고학력자들이 많았다. 이들은 한국 최초의 브라질이민선은 네덜란드상선 찌짜렌카이민선을 타고 1962년 12월 18일 12시에 부산항을 출발하여 1963년 2월 10일 아침 8시경 브라질 리우데자네이루 항에 도착했다. 리우항 도착 이후 주변을 관광하고 다시 승선하여 2월 12일 아침 7시경 브라질 산토스항에 입항하였으며 다시 상파울루시로 이동하여 본격적인 이민생활을 시작하였다.[3] 제4단계는 1971년부터 1979년까지 브라질 '불법이민단계'로 전경환이 주도한 '농업이민'과 가족초청에 의한 '연쇄이민단계'를 들 수 있다. 한인의 브라질 불법이민은 1972년 브라질 정부의 한인 이민금지정책에도 불구하고 서독에서 광부와 간호사로 종사하던 한국인, 베트남에서 일하던 계약노동자, 태권도 사범, 1970년대 중반 브라질 경유하여 미국을 도착지로 한 '도피이민', 미국행 이민자들의 파라과이와 볼리비아를 경유한 브라질 재이주 등이 포함된다.

제5단계는 1980년대 이후 브라질 이민시기로 1980년대 초기에는 전경환 주선으로 성사된 '농업이민'에 의해 1985년 한인 총 32가구가 브라질로 이주하였다. 1980년대 글로벌화 이후 브라질로의 연쇄이민으로 1980년~1990년대 가족이나 친척의 초청에 의한 상파울루 아크리마숑, 봉헤찌로, 브라스 지역을 중심으로 구축된 의류도소매업에 신이민자들이 선구이민자들과 합류한 단계를 포함하고 있다. 이 시기는 올드커머의 협력에 의한 뉴커머의 브라질 사회의 정착과 안정으로 코리아타운 정보지발행과 열대문예지 창간 등이 이루어진 시기로 이주문학의 탄생기라고도 할 수 있다.

제6단계는 1990년대부터 2000년대 이후까지의 이민시기로 브라질 정부의 시장개방정책의 단행으로 한국과 브라질관계가 진전된 시기이기도 하다. 특히 일계인의 일본 데카세기 붐으로 30만 명의 브라질 국적 일계인들이 일본으로 대량 이주하게 되면서 일본에서의 한류 붐이 일계인들에 의해 브라질로 전파되는 계기가 되기도 했다. 이러한 일계인의 브라질

3 브라질 한인 이민의 날 2월 12일. 미국이민이 1902년 시작된 이후 60년 만에 브라질 이민이 전개되었음.

한류 전파로 인하여 브라질인들의 한국인에 대한 선호도가 높아졌고 보다 친밀한 관계를 유지할 수 있게 되었다. 그러나 전 세계적인 글로벌화의 영향으로 한편으로는 코리아타운 한인들의 브라질 동화가 가속화됨에 따라 이민 2~3세의 민족정체성의 변화, 공동체의 붕괴위기 등 많은 변화들을 예상되고 있다.

이 장에서는 그동안 브라질 한인에 관해 선행연구에서 다루어지지 않았던 1963년 이전 브라질 이주한인에 대한 이주역사의 지평을 확대하고 한인공동체 형성과정, 봉헤찌로 코리아타운의 형성과 최근의 변화상을 살펴보는데 초점을 두고 있다. 연구방법은 2016년 2월 15일부터 26일까지 약10일간 브라질 현지조사를 통해 수집한 각종자료와 면담조사 자료를 근거로 분석하고자 한다.

3. 봉헤찌로 코리아타운과 에스닉 산업의 전개

1) 코리아타운의 지리적 특성

브라질 코리아타운의 형성은 식민지기 조선인의 이동, 해방이후 한국에서 반공포로 청년이민, 농업이민 등을 거쳐 한인공동체가 형성되면서 점차 현재와 같은 코리아타운의 변모를 갖추게 되었다. 현지면담조사에서 서주일박사는 봉헤찌로 코리아타운의 현황에 대하여 “상파울루시에는 중국인 150만 명, 한국인 6만 명, 볼리비아인 5만 명 정도가 거주하고 있다. 코리아타운 주변에는 한국인 의류관련 상점이 3,000개 정도, 한국식당 100개정도, 옷감 천 등 원단과 직물을 수입하는 무역상이 10개 정도, 의류관련 액세서리 판매상점이 50개 정도, 바느질과 재봉틀을 판매하는 브라질인과 볼리비아인들이 거주하고 있다. 그러나 현재 한국식당과 의류상

점들이 경기불황으로 많이 정리되고 있다."고 했다.[4]

먼저 코리아타운의 지리적 특성에 대하여 살펴보면, 다음 〈사진 6.1〉은 브라질 현지에서 수집한 사진자료를 제시한 것이다. 위 사진은 코리타운의 한인자영업자의 지역적 분포를 나타내고 있다. 코리아타운은 과거에 비해 점차 축소되거나 경영주가 중국인으로 바뀌고 있는 것으로 나타났다. 이에 대해 코리아타운에서 의류판매업에 종사하는 유병윤에 의하면 "코리아타운 한인들 약 70%이상이 옷 관련 일을 하는 의류업에 종사하고

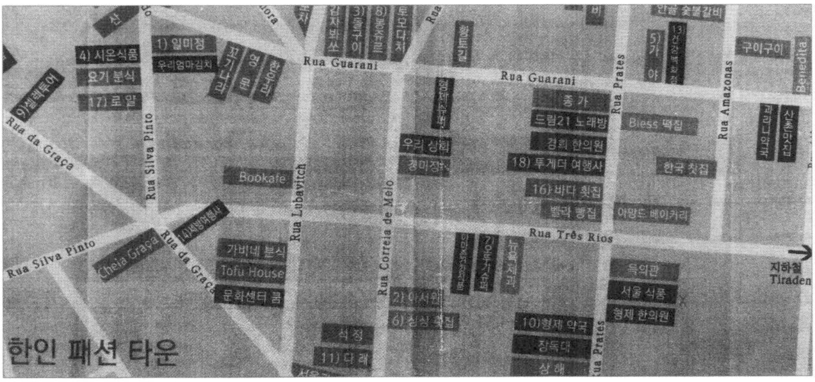

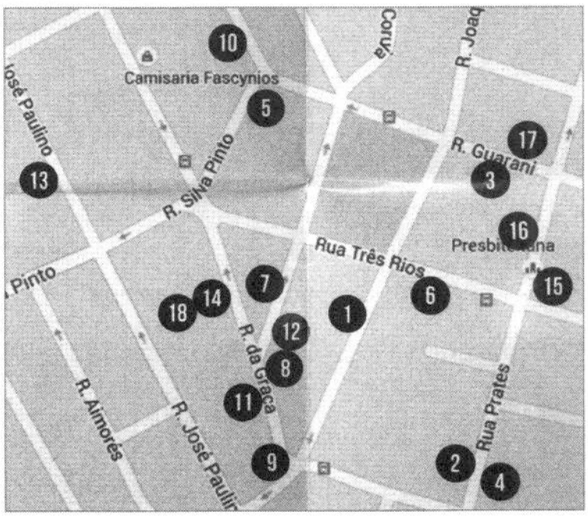

사진 6.1 봉헤찌로 코리아타운과 한인의류타운의 지리적 특성[5]

---

4 서주일박사는 50대 후반의 남성으로 봉헤찌로 나사렛종합병원 원장이며 과거 브라질한인회 회장을 역임했음.

5 2016년 2월 15일부터 2월 26일까지 상파울루시 봉헤찌로 코리아타운, 리베르다지 일계인타운, 브라스 지역 등에서 현지조사를 실시하였으며 이를 통해 수집한 사진자료임.

있다. 중국인들은 2~30명이 모여 공동투자로 회사를 운영하는 경우가 많기 때문에 한국인들이 따라가지를 못한다. 가게임대는 3년에 한 번씩 계약을 갱신하는데 월세는 대략 한 달에 2~3억 원 정도 된다."고 했다.[6]

다음으로 한인의류타운의 변화이다. 아래 사진이 한인의류타운으로 코리아타운과 거의 맞닿아 있는 지점에 위치하고 있다. 봉헤찌로 의류패션타운의 지리적 특징은 제1거리 프로페소르 롬브로조(Rua Professor De Lombroso)-고급의류를 취급하는 도매업 패션거리, 제2거리 아이모레스(Rua Aimores)-가장 옷을 잘 만들고 사람들로 붐비는 고급의류 도매업 패션거리, 제3거리 주제 빠울리노(Rua Jose Paulino)-일반 의류를 판매하는 약 800미터 정도의 패션거리로 토요일의 경우 제1거리는 고급화를 지향하여 주말에도 많은 사람들로 붐비지만 제2, 제3거리는 거의 손님이 없는 것으로 나타났다.

현지에서 의류판매업을 운영하고 있는 박은조씨에 의하면 한류의류타운은 중국인의 진출과 경기불황으로 고급화를 지향하여 겨우 명맥을 유지하고 있다고 했다.[7] "브라질 정부는 일본정부의 농업이민자들을 신뢰하고 있으며 중국과의 계약이민으로 최근에는 약 100만 명 정도를 투자이민으로 유입시켰다. 상파울루시 브라스 지역 의류타운으로도 많은 한국인들이 진출했는데 최근에는 이곳마저 중국인들이 점령하기 시작했다. 중국인들끼리는 협력과 단합이 잘 되어 이민자들의 현지적응이 매우 빠르다. 한국상인들은 협력보다 개인적으로 움직이기 때문에 결국에는 중국인들과의 경쟁에서 밀리고 있다."고 했다.

---

6 유병윤은 50대 중반의 남성으로 상파울루시 브라스 지역에서 옷 가게의 일종인 박스를 운영하고 있으며 과거 기아자동차의 현지 직원으로 일하다가 브라질에 잔류한 경우임.

7 2016년 2월 면담조사에 응한 70세 남성으로 봉헤찌로에서 가족경영으로 남성의류도매업을 운영하고 있음.

2) 에스닉 산업의 특징

다음은 브라질 현지조사를 통해 수집한 각종자료와 면담조사 자료를 근거로 브라질한인의 에스닉산업과 특징에 대해 살펴보고자 한다. 먼저 브라질 코리아타운에서 발행하는 생활정보지의 광고를 중심으로 한인의 에스닉 산업의 전개과정과 업종별 특징에 대하여 살펴보고자 한다. 브라질 현지에는 각종 한인생활정보지들이 발행되고 있다. 생활정보지 중 역사가 가장 오래된 발행면수 12면의 '한국일보'를 비롯하여 16면의 '탑뉴스', 12면의 '남미복음신문', 32면의 '하나로', 48면의 '좋은아침' 등 다양한 정보지들이 코리아타운을 중심으로 발행되고 있다. 생활정보지의 주요 내용은 이민자들을 위해 필요한 한국관련 뉴스나 정보들이 간략하게 소개되어 있고 대부분이 광고로 채워져 있다. 이들 가운데 양적으로 '하나로'와 '좋은아침'의 생활정보지가 월요일에서 목요일까지 주 4회 발행되고 있으며 하나로의 경우 발행부수가 1회 총 4,000부로 명기되어 있지만 '좋은아침'은 발행부수가 정확히 명기되어 있지 않았다. 이에 본 연구에서는 '하나로' 생활정보지에 실린 광고를 근거로 코리아타운의 한인업종을 분석하였다.

다음 〈표 6.2〉는 '하나로' 생활정보지를 근거로 한인의 업종별 현황을 제시한 것이다. 최금좌(2012: 135)는 2006년 한인닷컴 업소록을 참고로 한인업종을 추정하여 정육점이나 생선회를 포장해서 파는 식품점이 80개, 식당이 133개, 골프연습장이 14개로 분석한 바 있다. 본 연구에서는 '하나로' 생활정보지를 브라질 현지에서 2016년 2월에 입수하여 전체적으로 분석한 결과 대분류로 살펴보면 식당업이 31개(15.2%), 문화오락산업이 37개(18.1%), 도소매업이 21개(10.3%), 서비스업이 92개(45.1%), 의류관련업이 22개(10.6%)로 나타나 서비스업, 문화오락산업, 식당업, 의류관련업, 도소매업 순으로 높게 나타났다. 의류관련업은 크게 보면 도소매업에 속하지만 브라질 한인의 업종특성상 의류관련 산업종사자들이 많이 있기 때문에 따로 구분하였다.

표 6.2 코리아타운 한인의 업종별 현황(하나로, 2016)[8]

<table>
<tr><th colspan="2">업종별 분류</th><th rowspan="2">점포수(%)</th></tr>
<tr><th>대분류</th><th>소분류</th></tr>
<tr><td rowspan="2">식당업
(15.2%)</td><td>한국요리식당, 한식, 중식, 분식, 주점, 치킨, 도시락 등</td><td>27(13.3)</td></tr>
<tr><td>커피숍, 빵집, 떡집</td><td>4(1.9)</td></tr>
<tr><td rowspan="7">문화오락산업
(18.1%)</td><td>화장품, 미용, 마사지, 에스테, 사우나, 선물가게, 가라오케 등</td><td>11(5.4)</td></tr>
<tr><td>미용실</td><td>2(0.9)</td></tr>
<tr><td>한국방송, TV위성</td><td>3(1.5)</td></tr>
<tr><td>결혼웨딩, 포토</td><td>3(1.5)</td></tr>
<tr><td>여행사, 통역가이드, 홈스테이, 민박, 골프 등</td><td>13(6.4)</td></tr>
<tr><td>금은, 보석 등</td><td>2(0.9)</td></tr>
<tr><td>꽃 배달, 식물관리, 애완동물숍</td><td>3(1.5)</td></tr>
<tr><td rowspan="2">도소매업
(10.3%)</td><td>한국식품점, 한국제품 판매</td><td>13(6.4)</td></tr>
<tr><td>브라질 건강식품(아싸이베리, 그라비올라, 프로폴리스, 아가리쿠스 등)</td><td>8(3.9)</td></tr>
<tr><td rowspan="6">서비스업
(45.1%)</td><td>노무, 회계, 행정, 변호사 등</td><td>7(3.4)</td></tr>
<tr><td>병원, 한의원. 성형외과, 치과, 침술, 약국, 요양원 등</td><td>21(10.3)</td></tr>
<tr><td>환전, 송금, 은행대행, 전당포</td><td>12(5.9)</td></tr>
<tr><td>과외, 미술학원, 한글학교, 유치원, 포어교실, 체육관 등</td><td>14(6.8)</td></tr>
<tr><td>물류, 해상항공, 육로 운송</td><td>3(1.5)</td></tr>
<tr><td>자동차 판매 수리, 보험</td><td>3(1.5)</td></tr>
</table>

8 브라질 상파울루 생활정보지 하나로, 2016년 2월 24일자 신문광고를 중심으로 필자가 작성하였음.

업종별 분류		점포수(%)
대분류	소분류	
	가전판매수리, 인터넷 통신, 컴퓨터, 자판기 등	10(4.9)
	보험	2(0.9)
	가사도우미, 구인	3(1.5)
	호텔, 부동산, 원룸, 임대수리업 등	17(8.4)
의류관련업 (10.6%)	의류제작, 원단직물 수입판매	11(5.4)
	디자인, 인테리어	4(1.9)
	기계장비(재단, 연단 등)	2(0.9)
	부속품(바느질, 단추 등)	2(0.9)
	염색	3(1.5)
합계		203(100%)

계속해서 〈표 6.2〉을 참고로 소분류에서 나타난 브라질 한인의 업종 비율을 구체적으로 살펴보면 다음과 같다. 먼저 한국식당이 13.3%로 가장 높았고 다음으로는 병원과 미용한의원 등이 10.3%, 호텔과 부동산 등이 8.4%, 과외학원과 한글학교 등이 6.8%, 여행사와 골프장 등이 6.4%, 한국식품점이 6.4%, 은행환전업 등이 5.9%, 화장품과 미용 관련업 등이 5.4%, 의류제작과 직물수입 등이 5.4% 순으로 높게 나타났다. 브라질 한인의 업종비율의 특성은 타민족의 에스닉산업의 특성에서도 나타나고 있는 바와 같이 식당과 식품점 등의 업종 비율이 높게 나타났다. 그러나 브라질 한인 업종만의 특성을 살펴보면 병원과 미용한의원의 비율이 높고 과외, 노무회계, 의류관련 산업, 건강식품 등의 관련 산업이 높다는데 있다. 그 중에서도 의류관련 산업과 건강식품 판매업은 브라질 한인만의 특성을 반영한 것으로 보인다.

특히 브라질에서는 다른 지역이나 국가와는 달리 한인들이 의류패션산업으로 성공한 것으로 알려지고 있는데 이에 대해 생각해 볼 필요가 있다. 현지조사 결과에 의하면 한국인의 의류산업의 성공요인에 대하여 "한국인은 세계적인 패션 감각과 센스를 가지고 있으며 브라질은 열대지방이라 화려한 옷을 좋아하는 독특한 특성이 있다. 브라질은 사계절이 덥기 때문에 옷을 자주 갈아입어야 하고 브라질인들은 화려한 패션을 좋아한다. 브라질 각지에서는 1년 내내 '쌈바축제(카니발)'가 열리고 있으며 이때 한 번 입을 고가의 옷과 액세서리를 구입하기 위해 열심히 일하는 사람들도 있다. 한국인들은 패션 감각과 바느질 솜씨가 뛰어나다. 세계적인 유행에 민감하게 움직이고 배우는 속도도 빠르며 브라질에서 태어나 자란 세대들은 패션이나 옷에 대한 센스가 남다르다."라고 하여 브라질의 독특한 특성과 한국인의 남다른 기질적 특성이 결합된 것으로 보았다.

그러나 한인의류 패션산업이 위기에 처했다고 보는 견해도 존재한다. 그 이유는 "원단은 한국인들이 기반을 쌓았지만 최근 부동산 권리금이 매우 높아졌다. 경기가 좋지 않은데다 부동산 권리금마저 폭등하여 임대세가 매우 높아지기 시작하면서 감당하기 힘들어졌다. 또한 1990년대 브라질 수출입개방으로 중국으로부터 값싼 수입품들이 대량으로 들어오기 시작했다. 과거 이민 1세대들은 적당히 만들어 놓아도 팔리는 시대에서 이제 소비자들은 품질을 따지게 되었고 옷도 유럽에서 완제품을 수입해서 판매하는 경우도 있다. 브라질인들의 체형에 맞게 3~40대 초반의 젊은이들 위주로 옷을 만들고 있지만 상당히 버티기 힘들다. 특히 연세가 많으신 이민 1세대들은 글로벌 정보화시대의 유행과 속도변화에 따라가지 못하고 있다. 가령 뉴욕에 가서 유행에 민감한 패션들을 들여와 시대에 적절하게 적응해야 하는데 유행 속도에 따라가지를 못한다. 또한 브라질에서는 달러환율 변동이 심하여 갑자기 많이 오르게 되면 원단수입상이 망하는 경우도 있다."라고 하며 브라질정부의 수출입개방, 경기불황과 임대세의 상승, 이민 1세대의 고령화와 경제불안정 등의 어려움을 토로하였다.

4. 코리아타운 형성 메커니즘과 민족계승의 변화

1) 코리아타운의 공동체적 특성

민족의 이동은 처음에는 이민 선구자들 간의 상호 협력과 직업을 구하기 위해 공동체를 구성하여 집거지타운을 형성하게 되지만 공동체는 이민후발주자들을 위한 연쇄이민과 이민사회의 연착륙을 위해서도 중요한 역할을 하게 된다. 하루하루 생계를 유지해야하는 이민자들에게 있어서 이주지에서 민족적 특성도 더욱 분명하게 드러나게 마련이다. 이에 대해 김영수목사는 "돈을 모으면 일본인들은 브라질에서 재투자를 하지만 한국인들은 지금은 미국으로 이민 가는 경우가 많이 줄었지만 미국으로 이민을 가는 경우가 많았다. 중국인들은 단합하여 지역을 하나하나 매입하고 지역을 점령해나가는 진출방식을 취하고 있다." 또한 민족집단의 집거지타운의 형성과정에서 종교와 문화시설은 매우 중요한 역할을 담당하는데 여기에는 민족적 특성이 그대로 반영되어 있기도 하다. 가령 다음 〈표 6.3〉에 제시하고 있는 바와 같이 동북아시아에서 브라질로 진출한 국가의 집거지의 특성을 살펴보면 한국인들은 교회를 중심으로 한 사회단체형성, 중국인들은 공자사당이나 도교문화시설을 중심으로 한 사회단체 형성, 일본인들은 출신지역의 연합회를 중심으로 한 사회단체형성 등의 특징이 그

표 6.3 한중일 공동체 형성과정의 메커니즘

국가	공동체 메커니즘(기제)
한국	한인들은 교회나 성당 등 종교시설을 중심으로 일상생활을 영위하고 한인회가 이를 보조하는 형태.
중국	중국인들은 '공자회' 상징물, 상징탑, 중국인회관(지부)을 중심으로 생활. 중국인회관 + 중국인전통종교, 혼합형태.
일본	일본인들은 현인회를 중심으로 현련회(회관), 그리고 일본인 회관을 중심으로 생활. 종교단체는 미약하지만 일본신사나 절도 중요한 역할을 하고 있음.

대로 반영되어 있다.

그러면 여기에서는 봉헤찌로 코리아타운의 형성과 유지에 기여하고 있는 메커니즘이 무엇인지 살펴보고자 한다. 다음 〈표 6.4〉은 남미복음신문 2016년 2월 19일자 발행 10~11면에 실려 있는 교회들을 분석한 것이다. 브라질 상파울루시를 중심으로 한 브라질 한인의 숫자는 현재 대략 5~6만 명으로 추정하고 있지만 교회는 45개로 광고에 등록되지 않았거나 개별 활동을 하고 있어 제외된 교회와 가톨릭교회들을 합하면 이보다 훨씬 많은 교회들이 존재할 것으로 추정된다.

표 6.4 코리아타운과 한인교회(남미복음신문, 2016)[9]

지역	교회이름	전체 수(%)
Bom Retiro, Perdizes 지역	동양선교교회, 사랑의 교회, 새로남선교교회, 새비전교회, 새생명교회, 생명샘교회, 샬롬교회, 선교교회, 소망교회, 순복음쌍파울로교회, 시온성교회, 아과비바교회, 영원예수사랑교회, 예수사랑그리스도의교회, 은혜와진리교회, 작은씨앗교회, 주사랑교회, 주은장로교회, 참사랑교회, 평안교회, 하늘교회, 한마음교회, 한인제일침례교회 등	23(51.1%)
Aclimacao, Cambuci, Liberdade, Vila Mariana 지역	대한교회, 베데스다교회, 서울교회, 성도교회, 신일교회, 연합교회, 임마누엘교회, 중앙교회, 한인교회 등	9(20.0%)
Bras, Caninde, Pari, Vila Maria 지역 및 지방교회	빌라델비아교회, 상파울루지구촌교회, 새빛교회, 새소망교회, 신암교회, 안디옥교회, 영광교회, 오순절장로교회, 깜삐나스한인장로교회, 꾸리찌바한인교회, 꿈부꾸베데스다교회, 모지동양선교교회, 브라질리아한국인성결교회 등	13(28.9%)
합계		45(100%)

9 이 표는 브라질 상파울루 남미복음신문을 참조로 필자가 작성하였음.

앞의 표에 제시한 바와 같이 남미복음신문에 나타난 교회숫자만으로 45개 정도이다. 브라질 한인교회는 봉헤찌로 지역에 51.1%로 집중되어 있으며 브라스 및 기타지방교회가 28.9%, 아클리마숑 깜부시 지역이 20.0%로 나타나고 있다. 코리아타운 거주 한인들은 대개 교회를 중심으로 활동하고 있는데 교회가 브라질 한인들의 생활에 어떠한 영향을 미치고 있는지에 대해서는 구체적으로 살펴볼 필요가 있다. 브라질 현지에서 수집한 정보에 따르면 "한국교회는 대략 60여 개 정도로 대형교회가 4개 정도이며 연합교회가 2,000명 정도, 동양선교교회가 1,000명 정도, 순복음교회 800명 정도, 다음이 가톨릭성당 4,000명 정도"라고 했다. 한인수에 비해 교회가 많은 이유에 대해 현지인들은 대부분의 한인들이 종교적인 믿음보다는 교회에서 한인들과의 직업상의 동기나 친목과 교류차원에서 모두 교회에 다니고 있기 때문이라고 했다.

2) 에스닉 산업의 민족계승

먼저 에스닉산업의 민족계승의 생태계적 차원에서 코리아타운 거주 한인들의 지역적 축소와 외부로의 확대를 들 수 있다. 생태계적 차원은 이민사회에서 빈번이 발생하는 민족간의 계승, 즉 이민-정착-주류사회진출-교외로의 이동과정에서 발생하는 업종이나 직업의 승계를 가리킨다. 이 과정에서 어느 민족집단이 개입하게 되면 에스닉 생태계가 파괴되는 경우도 있는데 그렇지 않은 경우 생태계가 장기간 유지되는 경우도 있다. 이러한 민족집단의 생태계가 잘 유지되고 있는 사례는 일본 요코하마 차이나타운이나, 오사카 코리아타운이다.

현재 브라질 한국인들은 아클리마숑, 봉헤찌로 등지에 집중 거주하고 있는데 이들 지역은 과거 사창가로 알려지고 있다. 김영수 목사는 "원래 이 지역에 유대인들이 침투하여 점차 지역을 점령하였고 뒤를 이어 한인들이 유입되기 시작하면서 주상복합형 한인타운이 형성되었다. 이곳에서 먼저 유대인들이 옷 장사를 시작했으며 건물을 구입하여 한국인들에게 임대하면서 세력을 확장해나갔다. 이후 한국인들이 옷장사로 돈을 벌면서 건물을 구입하기 시작했으며 최근에는 중국인들이 대량 유입되고 있다. 중국인들은 저렴한 노동력과 싼 제품을 무기로 하고 있으며 유대인들은 건물주이기 때문에 한국인들은 그 와중에 샌드위치와도 같은 신세이다. 한국인들이 의류제작판매에 모두 집중적으로 매진했기 때문에 오늘날과 같은 위기에 처했다. 볼리비아인들은 바느질 솜씨가 매우 좋다. 이들 역시 경제불황으로 봉헤찌로에 집중하고 있는 상황이다."라고 했다.[10] 이상과 같이 원래 봉헤찌로 코리아타운은 민족계승의 차원에서 맨 처음 유대인이 진출하여 이후 이탈리아-볼리비아-일본인-한국인-중국인 순서로 에스닉 산업의 승계가 바뀌고 있으며 현재 고급화를 지향하는 한국인으로부터 저임금과 값싼 상품을 앞세운 중국인들의 진출이 현저히 늘어난 것으로 나타났다.

현지조사 결과, 이러한 현상은 리베르다지 일계인타운에서도 나타나고 있는 비슷한 현상으로 과거 일계인들이 운영하던 상점의 대부분은 이미 중국인들이 차지하고 있다. 면담조사에서 밝혀진 바와 같이 "일본인들은 농업(감자, 화훼농사 등)이민으로부터 시작하여 직업의식이 투철하고 그들이 사는 장소를 중시하는 국민성을 가지고 있어 여전히 농업종사자 비율이 매우 높지만 일계인타운은 이민 2~3세대의 브라질 정계진출, 변호사 진출 등 주류사회 진출로 쇠퇴하고 있다." 이러한 에스닉 산업의 민족적 계승은 코리안 타운 내에서도 비슷하게 발생되고 있는 현상으로 한국인들이 코리아타운에서 교외나 브라스 등 다른 지역으로 떠난 상점의 대부분

10 김영수 목사는 봉헤찌로에 위치한 '사랑의 교회' 담임목사로 60대 중반의 남성임.

은 중국인들이 차지하기 시작하고 있다.[11]

의류패션산업 역시 과거에는 유대인들이 상권을 장악하고 있었기 때문에 한국인들이 유대인 밑에서 바느질을 했지만 최근에는 한국인들이 유대인으로부터 상권을 넘겨받아 중국인들에게 넘겨주는 과도기에 들어선 것으로 나타났다. 이러한 현상은 상권을 장악한 유대인들이 그들 자녀들이 의사, 변호사 등으로 주류사회로 진출하자 고령화로 더 이상 가게를 유지할 수 없게 되자 유대인 노인세대들이 고육지책으로 권리금을 받고 점포를 내주면서 한국인뉴커머들이 상권을 장악하였다. 그리고 마찬가지로 한국인 이민자들의 상권 역시 이민 1세대들이 의류산업으로 성공하여 이민 2~3세대들의 주류사회 진출로 그 자리를 중국인들에게 내어주는 사회생태계적 현상이 나타나고 있는 것이다.

브라질 한인 이민 1세대에 속한 여성의류판매업자에 따르면, "봉헤찌로는 원래 유대인 이민자들이 만든 옷을 한국인 이민자들이 판매(벤데)하던 곳으로 이민 1세대들은 대부분 여기에 속한다. 한국인들은 1960년대 농업이민으로 들어와 처음에는 상파울루시 근교에서 양계장을 운영했다. 그리고 차쯤 상파울루를 비롯한 인근 도시로 진출하여 유대인들이 만든 옷(원단)을 한국인들이 판매하기 시작했고 유대인 옷가게를 점차 차지하기 시작했다. 한국인 이민자들이 옷가게를 차지하고 원단을 판매하기 시작하면서 1990년대 브라질 대통령이 무역수출입을 개방하여 한국에서 원단이 수입이 가능하게 되었다. 당시 한국이나 중국과는 무역개방이 폐쇄된 상태였다"고 했다.

---

11 지동진 회장은 60대 중반의 남성으로 브라스 지역에서 의류판매업에 종사하고 있으며 치과의사 출신으로 한인회장을 역임했음. 현재 한인복지회장직을 맡아 원주민과 한국노인대상으로 진단서 발급과 약품지원 등 30년간 회원 30명 정도가 의료봉사활동을 수행해오고 있음.

김안젤라[12]의 경우에도 위와 비슷한 맥락에서 “한국인들은 90% 이상이 패션(원단)관련 일을 하고 있기 때문에 중국으로부터 원단이나 옷, 기타 액세서리를 수입하고 있다. 한국 패션거리는 과거 중국물건을 수입하여 각 지역으로 분산하는 창구역할을 했지만 지금은 수출입개방으로 브라질 전역 어디에서나 물건 구입이 가능하고 지방에서도 쉽게 원단을 구입할 수 있어 봉헤찌로의 패션산업의 집중도가 많이 떨어졌다. 원단구입이 한국인에서 중국인으로 이동하고 원단수입 자체도 과거보다 쉬워졌으며 지방패션산업이 발달하다보니 중간도매업자들이 많이 사라질 수밖에 없는 사업구조가 되었다. 과거에는 한인이민 1세들이 의류제품으로 많은 돈을 벌었지만 이민 2~3세로 갈수록 의사, 판사, 검사, 대기업 등으로 진출하거나 브라질 현지기업에 취업하는 이들이 많이 생겨나면서 1.5~2세의 경우 브라질 현지화나 정착이 많이 진행되었다”고 했다.

5. 브라질 한인의 미래

이 장의 목적은 해방 전후, 그리고 1963년 브라질 공식이민 재개 이후 53년이 경과된 시점에서 한인공동체의 이주역사를 회고하고 봉헤찌로를 중심으로 한 코리아타운의 형성과 에스닉 산업의 전개과정, 의류업의 성공신화, 타운의 지역적 특성과 민족계승, 교회를 중심으로 한 한인공동체의 형성과 특징 등에 대하여 현지조사를 토대로 살펴보았다. 연구방법은 2016년 2월 15일부터 26일까지 약 10일간 브라질 현지에서 수집한 각종 자료와 면담조사 자료를 분석하였다.

연구결과는 다음과 같다. 첫째, 기존연구들이 브라질 한인의 이주역사

12 브라질 현지면담조사대상자, 50대 여성으로 의류패션산업에 종사하고 있음.

에 대하여 1960년대부터 글로벌화가 본격화된 1990년대까지를 기준으로 삼고 있는데 비하여 본 연구는 1945년 해방 전후 조선인의 이민, 그리고 최근 2000년대 이후 한인사회의 뉴커머 진출로까지 확대하였다. 둘째, 봉헤찌로 코리아타운의 지리적 특성은 한인식당과 식품점 위주로 구성되어 있는 지역과 패션의류타운 지역으로 구분되어 있지만 서로 맞닿아 있는 지점에 타운이 형성되어 있다. 주변지역에는 한국학교와 한인교회, 성당 등이 자리 잡고 있다. 셋째, 브라질 한인의 에스닉 산업은 식당업이 31개(15.2%), 문화오락산업이 37개(18.1%), 도소매업은 21개(10.3%), 서비스업이 92개(45.1%), 의류관련업이 22개(10.6%)로 나타나 서비스업, 문화오락산업, 식당업, 의류관련업, 도소매업 순으로 나타났다. 한인업종 특성은 병원과 미용·한의원의 비율이 높고 과외, 노무회계, 의류관련 산업, 건강식품 등의 순서로 나타났다.

넷째, 한인공동체의 특성은 45개의 교회를 중심으로 구성되어 있으며 브라질 한인교회는 봉헤찌로 지역에 51.1%로 집중되어 있으며 브라스 및 기타지방교회가 28.9%, 아클리마숑 깜부시 지역이 20.0%로 나타났다. 한인교회는 브라질 한인들의 종교적인 믿음보다는 교회에서 한인들과의 직업상의 동기나 친목과 교류차원에서 다니고 있는 것으로 나타났다. 의류업으로 성공하는 한인들이 늘어나면서 한인 공동체의 활동도 활성화 되었지만 한인사회 결집에는 한계로 나타났다. 그 이유는 한인회 건물이 봉헤찌로 한인타운과는 상당한 거리가 있어 한인들이 모이기가 쉽지 않아 한인교회들이 한인 공동체의 구심점이 되고 있기 때문이다.

다섯째, 코리아타운에서 민족계승은 맨 처음 유대인이 진출하여 이후 이탈리아-볼리비아-일본인-한국인-중국인 순서로 에스닉 산업의 민족승계가 이루어지고 있다. 코리아타운의 의류산업과 식당업은 현재 고급화를 지향하는 한국인으로부터 저임금과 값싼 상품을 앞세운 중국인들의 진출이 현저한 것으로 나타났다.

브라질 이주 한인사회는 향후 해결해야 할 과제들이 산적해 있는데 특히 차세대 교육, 민족 간 업종 간 원활 계승을 위한 이민생태계 구축, 현지화를 고려한 동포정책과 지원방안 모색 등이 필요한 것으로 보인다. 결론적으로 코리아타운을 중심으로 한 브라질 한인사회는 이민차세대의 정체성, 한인사회의 신뢰회복, 이민자들의 개척정신인 기업가정신의 회복과 한국정부의 정책적 지원이 중요 과제로 부상하고 있으며 이러한 문제의 해결이 향후 코리아타운 한인사회의 향방을 가를 것으로 생각된다.

VII

재외방인 차세대와 귀국자녀정책

1. 재외방인 청소년 정책

전 세계적으로 세계화 · 지구촌화가 가속화되고 있는 가운데 1990년대 이후 일본정부도 세계화 및 국가 경쟁력 고취를 위한 실질적인 방안으로 해외일계인의 글로벌네트워크 구축의 중요성을 강조해 오고 있다. 이 연구의 목적은 일본정부의 재외방인 청소년 정책 및 해외일계인 청소년의 정책, 해외일계인 청소년의 실태와 현황, 활동 내용, 활동 범위 등에 대한 문헌 조사와 자료 검색을 통해 한국의 재외동포 청소년 정책에 대한 시사점과 구체적인 대안을 제시하는데 있다.

이러한 일본 국내의 청소년 정책과 해외일계인 청소년 정책의 연구성과를 한국정부의 재외동포 청소년정책과 접목시킨다면 정책적인 파급효과는 대단히 클 것으로 생각된다. 이를 위해 먼저 일본정부의 기본적인 청소년 정책을 파악하고 해외일계인 청소년에 대한 실태와 현황을 분석할 것이다.

이 장에서 목표로 삼고 있는 연구 과제를 좀 더 상세히 살펴보면 첫째, 일본정부의 국내청소년 교육정책, 둘째, 재외방인 청소년 교육정책, 셋째, 귀국자녀 청소년 교육정책 등 크게 세 가지 측면에서 고찰하고 일본 차세대 교육정책의 한국 적용모델을 제시하고자 한다.

이 장은 이상과 같은 연구 과제를 중심으로 일본정부의 국내 청소년 정책 및 재외방인 청소년 정책의 실태와 현황분석 차원에서 접근하고 있다. 이러한 일본정부의 재외방인 청소년 정책의 실태와 현황분석은 한국정부의 재외한인 청소년 정책이 어떠한 방식으로 시스템의 보완이 이루어져야 하는지 740만 명의 재외동포와 175만 명의 외국인이 거주하는 다문화사회 한국에 구체적인 시사점과 정책적 대안을 제공해 줄 것이다. 이 장은 일본 내에서는 물론이고 한국사회에 잘 알려지지 않은 일본정부의 청소년 교육정책을 분석하여 한국사회에 적용할 수 있는 차세대 교육정책의 대안적 시사점을 제공하는데 기여할 것이다.

2. 재외방인정책과 차세대

해외일계인에 대한 국내 연구는 최근 몇 년간에 걸쳐서 임성모(2008)의 식민지 시대 일본인의 해외이민, 임영언(2010, 2011, 2014)의 일본인 브라질 이민사와 귀환일계인의 일계인타운 형성 과정, 송석원(2009)의 해외일계인 지원사업에 관한 연구들이 있다. 이들 연구는 해외일계인에 대해 역사학적 측면에서 이민정책, 해외일계인 연구나 JICA(국제협력사업단)의 활동, 사회학적 측면에서 일계타운의 형성과정에 접근한 선구적인 연구들이라 할 수 있다. 그러나 본 연구에서 다루고자 하는 일본정부의 국내외 청소년 정책 및 해외일계인 청소년 정책연구는 한일 양국에서 아직 뚜렷한 연구성과가 거의 없는 실정이다.

일본정부의 청소년 정책의 특징은 내각부와 문부성이 주관하여 크게 두 가지 차원에서 추진되고 있는 것으로 분석된다. 먼저 일본 내각부 공생사회정책과에서는 일본 국내 청소년 문제의 소재를 정확히 파악할 필요가 있다는 국가 정책적 차원에서 직접 청소년 연구조사를 수행해 왔다. 일본 내각부에서는 청소년에 관한 각종 조사연구를 실시해오고 있으며 청소년 문제에 대한 정보수집, 분석 및 자료제공 등을 담당해오고 있다. 또한 내각부에서는 어린이, 청소년의 육성, 지원에 관한 기획입안이나 종합조정을 수행하는 관청으로서 정책 전체의 기본적 혹은 종합적 방침을 정하고 이러한 방침에 따라 관계성청의 지방공공단체 등과 연계하여 다양한 정책을 실시하고 있다.

일본 내각부 청소년 정책의 기본방침은 일상생활능력의 습득과 학력향상 등 청소년들의 건전한 성장지원을 목표로 청년실업(니트), 이지메(히키

고모리), 등교거부 청소년 등의 문제를 안고 있는 청소년이나 가정 등을 지원하는데 있다. 내각부 공생사회정책과에서는 이러한 목표를 가지고 정책의 실시상황이나 점검, 평가 등을 실시하고 있다.

일본 내각부의 취지는 학교수업이나 취업 등 사회생활이 곤란한 청소년에 대해 교육, 복지, 보건, 의료, 교정, 고용 등 다양한 기관과 네트워크를 구축하고 지원할 수 있도록 지방 공공단체와 연계하여 정비와 정책보급에 힘쓰고 있다. 이와 더불어 청소년 지원을 위한 인재육성을 도모하기 위한 연수도 실시하고 있다. 또한 청년백서를 발행하여 청소년의 현상 및 주변 사회환경의 실태를 분석하여 제공하고 있다.

또한 일본 문부성의 재외방인 청소년 지원정책을 살펴보면, 기본적으로 일본헌법에 따라 일본의 미래를 여는 교육의 기본을 확립하고 교육진흥을 도모하기 위하여 학교교육기본법(1947년 3월 31일 제정 법률 제26호)[1], 교육기본법(2007년 12월 22일 법률 제120호)[2], 학습지도요령[3]을 기본방침으로 정하고 있다.

재외방인 청소년 문제는 '해외일계인 사회와의 협력에 관한 향후 대책'과 맞물려 1993년 의견서에 근거를 두고 청소년 정책 방향을 결정짓는 기준으로 삼고 있다. 여기에서 논의된 구체적인 내용들은 해외이주자 지

---

1 일본학교교육법: http://law.e-gov.go.jp/htmldata/S22/S22HO026.html(검색일: 2015.09.08.)

2 1947년 3월 31일 제정된 학교교육기본법 제25호를 2007년에 전부 개정한 법률로 교육의 목적 제2조 제5항에는 "전통과 문화를 존중하고, 이것들을 배양해온 일본국과 향토를 사랑함과 동시에 타국을 존중하고 국제사회의 평화와 발전에 기여하는 태도를 함양하는 것"으로 되어 있다. 교육기본법: http://law.e-gov.go.jp/htmldata/H18/H18HO120.html(검색일: 2015.09.08.)

3 학습지도요령은 일본정부가 1947년 제2차세계대전 이후 학습지도 안내라는 입장에서 각 학교의 재량으로 잠정적으로 활용하다가 1953년에 학습지도요령(시안)이라는 명칭이었던 초등학교, 중학교, 중등교육학교, 고등학교, 특별지원학교의 각 학교가 각 교과에서 가르치는 내용, 학교교육법시행규칙의 규정을 근거로 정한 것이다. 학습지도요령: http://sja.wikipedia.org/wiki/(검색일: 2015.09.08.)

원 대상의 일계인 3세까지 한정하여 일계인을 지원하거나 해외거주국에서 일본정부의 이해자로서의 육성 및 일본과 거주국과의 양국 간 교류관계의 촉진역할, 일계인의 지위 및 능력 향상 도모와 거주국의 발전 공헌, 일계인 청소년의 일본과 거주국과의 외교 기반의 강화 구축에 대한 공헌 등이다.

이를 실현하기 위해 일본정부는 자국민의 해외이주 지원정책을 지속적으로 강화해 오고 있으며 국제협력사업단(JICA)에 의한 이주지 시설 정비, 일계인 농업인 지원, 농업협동조합과 연계한 신기술개발 등을 통해 일계인 농업사회의 발전을 도모하고 있으며 해외이주 일계인사회에 대한 국민대상 계발홍보, 학술연구 협력에 주력하고 있다. 또한 세계 각지 일계인 단체의 조직화, 글로벌네트워크 구축 지원, 팬 아메리칸 일계인 대회 지원, 청소년 레벨의 동남아시아 청년의 배와 같은 대규모 청년사업지원, 해외 일계인대회 지원 등을 강화해 왔다.

이 장은 일본정부의 국내 청소년 정책과 재외방인 청소년 정책에 초점을 두고 있다. 따라서 연구방법은 주로 문헌조사와 자료검색을 통해 진행될 것이다. 먼저 문헌조사를 통하여 일본정부의 재외동포청소년에 대한 기존문헌 및 국내외 통계자료를 정리할 것이다. 그리고 이 연구의 이론적 근거와 독창성을 확보하기 위하여 기존에 실시된 조사연구들에 대한 검토와 일본 국내외 재외동포정책 및 청소년 관련 자료를 수집하여 청소년의 분포 현황 및 생활실태를 분석할 것이다.

3. 일본정부의 차세대 청소년 교육정책의 국내외 비교 분석

1) 국내 차세대 청소년 교육정책

일본정부의 청소년 정책은 다수의 관계성청이 교육, 복지, 보호 등 각 분야를 분담하여 추진하고 있다. 또한 직접 청소년을 대상으로 하지 않은 행정 분야에 대해서도 향후 사회정세의 변화에 따라 청소년 육성과의 관계를 긴밀히 해나갈 것을 권고하고 있다. 때문에 이러한 차세대 교육정책이 종합적으로 추진되도록 각종 연락회의 개최 등을 통해 전체적인 정책 추진을 조정하고 있다.

한편 일본 관계성청에 의한 청소년정책이 너무 다양하고 종류가 많기

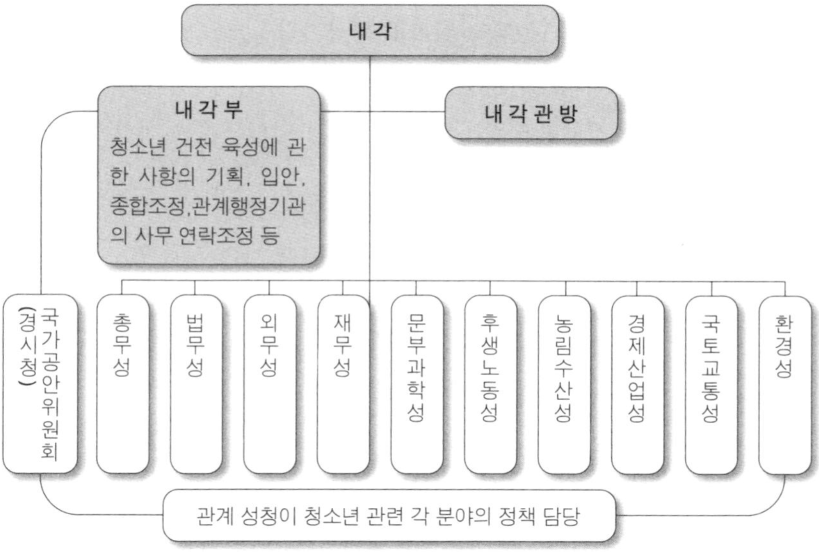

그림 7.1 일본 중앙성청 청소년 정책 분담[4]

4 청소년행정의 종합적 추진: http://www8.cao.go.jp/youth/suisin/houkoku/c_1.htm(검색일: 2015.09. 01.)

때문에 일반인들이 이해하기 어렵고 각 분야 간의 조정이나 정책 등의 종합적 추진력이 불충분하다는 지적도 있어 청소년정책의 종합적 추진방안의 대안이 모색되어 왔다. 이에 따라 일본은 2000년 1월부터 중앙성청 개혁에 의해 시스템의 변경을 도모하고 새로운 추진방안을 검토했다. 일본 중앙성청의 개혁에 의해 내각의 중요 정책에 관한 업무에 협력하고 정부 전체의 관점에서 관리할 수 있도록 정책업무의 원활한 수행을 도모하는 것을 목표로 하는 내각부가 설치되었다. 〈그림 7.1〉에 제시하고 있는 바와 같이 일본정부의 청소년정책은 새로 편성된 관계성청이 청소년에 관한 각 분야의 정책을 분담하고 내각부가 청소년의 건전한 육성을 위한 사안의 기획 및 입안, 종합조정 등을 담당하였다.

이러한 일본정부의 시스템개혁에 의해 지금까지 '청소년육성(대책) 추진요강', '청소년대책 추진회의'에서 논의된 사안들이 청소년정책 전반에 걸쳐 담당해온 역할을 충분히 이해하고 행정기관이 청소년을 건전하게 육성하기 위한 환경정비를 착실히 수행할 수 있도록 청소년육성의 기본이념 및 청소년 정책의 기본방침을 정한 후 이들 각 정책들을 체계적으로 정리하여 청소년행정의 종합적 추진 및 일본 국민들이 이해하기 쉬운 정책을 제안하고 있다.

일본정부는 2014년 4월 '청소년 해외유학 촉진 실행계획에 관한 관계 부성청의 대처'라는 방안을 발표한 바 있다. 일본정부의 정책계획의 주요 내용을 보면 현재 유학중인 대학생을 6만 명에서 12만 명으로, 고등학생을 3만 명에서 6만 명으로 2020년까지 재외방인의 해외유학생을 배가시킨다는 정책이다. 주요 목적은 일본의 성장 동력을 견인하는 글로벌 인재양성을 육성하기 위해 일본 각 부성청의 강점을 살려 유기적으로 대응하고 구체적인 과제에 대하여 상호 연계하여 협력한다는 취지이다. 이러한 구체적인 실행계획을 통해 일본정부 관계 부성청이 협력하여 해외유학을 촉진하며 동시에 대학가와 산업계에도 인재양성에 대한 의식을 제고한다는 계획이다.

일본 청소년의 해외유학촉진실천에 관한 관계성청의 해외유학 증진을 위한 정책적 지원을 구체적으로 살펴보면 다음과 같다.

표 7.1 청소년 해외유학 촉진을 위한 일본정부 부성청(府省庁)의 대응 방안[5]

주요 목표	구체적인 내용
유학내용의 명확화와 질적 향상, 취업 영향 고려	• 관민 협력의 '글로벌 인재육성 커뮤니티 창설'(문부과학성) • 다양한 체험활동(외국과의 청소년 교류사업, 해외유학과 해외기업에서 인턴십 기회 제공, 해외보란티어활동 등)의 충실과 대학 커리큘럼과의 연계(내각부, 외무성, 문부과학성, 후생노동성, 경제산업성) • 기업 활동 등 이해촉진 기회의 충실(외무성, 문부과학성, 후생노동성, 경제산업성) • 취업 및 채용활동 개시기의 변경에 관한 통지 및 홍보 철저(내각관방, 문부과학성, 후생노동성, 경제산업성) • 유학 후 취업지원 충실(문부과학성, 후생노동성, 경제산업성)
유학경비 경제적 부담 완화	• 관민 협력의 '글로벌 인재육성 커뮤니티 창설'(문부과학성) • 급부형 장학금의 충실(문부과학성) • 공익법인 및 지방공공단체, 외국정부가 지급하는 장학금의 활용촉진을 위한 일원적인 정보제공(문부과학성)
학교 체제 정비	• 해외유학 촉진을 위한 대학 환경정비 등(문부과학성) • 슈퍼 글로벌 대학의 창성(문부과학성) • 슈퍼 글로벌 고등학교 지정(문부과학성) • 대학교육 글로벌 전개력 강화를 위한 대학 간 국제교육 연계 지원의 전략적 추진(문부과학성) • 조인트 학위(Joint Degree) 이수제도 도입(문부과학성) • 중앙교육심의회 논의를 거쳐 대학 등에 적극 요청
안전관리	• 보험가입을 포함한 대학 등에 위기관리체제의 정비와 학생 보험가입 촉진(문부과학성) • 외무성 및 재외공관에 의한 안전정보의 제공과 필요한 지원(외무성)
어학력 향상	• 영어교육개혁의 충실한 실시(초등3학년부터 영어 수업 실시)(문부과학성) • (JET)활용촉진에 의한 조기 외국어교육 추진(외무성, 문부과학성)

5 청소년 해외유학 촉진 실행에 관한 관계 부성청의 시도: http://www.cas.go.jp/jp/seisaku/ryuugaku/dai2/siryou2_3.pdf#search(검색일: 2015.09.01.)

주요 목표	구체적인 내용
	• 영어 교원 미국파견에 의해 미국교육사정에도 정통한 영어교원 육성(외무성, 문부과학성) • 해외유학 촉진을 위한 대학 환경정비 등(문부과학성)
유학 분위기 조성	• 유학 캠페인 실시(문부과학성) • 해외유학 촉진을 위한 대학 환경 정비(문부과학성) • 학생 강연, 학생단체 등에 요청을 통한 학생 의식개혁(외무성, 문부과학성, 대학 등) • 조기 이문화체험 및 청소년 교류/지적교류 촉진(내각부, 외무성, 문부과학성) • 고등학생 해외유학촉진(문부과학성) • 국제바칼로레아 추진(문부과학성) • 외국인유학생 활용(문부과학성)
유학 국가에 따른 대응	• 관민 협력의 '글로벌 인재육성 커뮤니티 창설' (문부과학성) • 급부형 장학금의 충실(문부과학성) • 대학교육 글로벌 전개력 강화를 위한 대학 간 국제교육 연계 지원의 전략적 추진(문부과학성) • 2국간 다국간 대응을 통한 미국, 영국 등에 정부레벨의 요청(외무성, 문부과학성) • 공익법인 및 지방공공단체, 외국정부가 지급하는 장학금의 활용촉진을 위한 일원적인 정보제공(문부과학성) • NAFSA 등의 국제회의를 활용한 대학교원 교류의 촉진 수용(문부과학성) • 미국 등에 유학에 대한 관심 향상 촉진(문부과학성 등) • 유학 페어 실시(문부과학성) • 청소년 교류사업, 해외봉사활동 등에 참가촉진(내각부, 외무성) • 해외기업 등에 인턴십 기회 충실(외무성, 문부과학성, 경제산업성)

(1) 일본 내각부 청소년국제교류사업

일본 내각부의 청소년국제교류사업의 취지는 일본의 청소년 차세대 중핵을 담당하는 '청소년리더' 육성을 목적으로 실시하고 있다. 일본에서 선발된 청소년대표가 각국의 청소년대표와의 토론 및 홈스테이, 이문화교류 등에 의한 친밀한 연수 및 교류에 의해 국제적 시야를 넓히고 각계각층에서 활약하는 리더를 육성하는 것이 주요 목적이다. 또한 일본청소년과 외국청소년이 상호이해와 우호를 다짐으로써 생애를 걸쳐 연대와 국제적 네트워크를 구축하는 것에 있다. 일본 황실과 관련된 정책사업으로 실시되었으며 우호의 상징으로서 외국으로부터 높은 평가를 받았다.

내각부 교류사업의 방법은 다음과 같은 세 가지가 있다. 먼저 양국 간 교류는 국제청소년육성교류, 일본 및 중국청소년 친선교류, 일본 및 한국 청소년 친선교류 등 동아시아 주변국과의 교류사업에 중점을 두고 있다. 다국 간 교류사업은 동남아시아 청소년의 배, 글로벌 청소년리더 육성사업 등으로 향후 일본 공생사회를 담당하는 청소년육성사업으로는 청소년 사회활동 핵심리더 양성 프로그램이다.

교류사업의 사후관리 활동으로서는 사업에 참가한 청소년은 일본청소년국제교류기구(전국 도도부현에 지부설치)를 설립하여 지역활동 등의 사회공헌활동에 참여해야 한다. 또한 국제교류사업은 세계 57개국에 사후활동 조직이 설립되어 이들 사업으로 구축된 네트워크를 활용하여 대규모 재해시의 지원, 개발도상국 교육지원, 국제교류활동 등 사회공헌활동을 적극적으로 실시해야 한다.

(2) 일본외무성 유학촉진 정책

일본외무성은 청소년 유학진흥을 위해 유학전후 지원을 중점적으로 담당하고 있다. 먼저 일본청소년 유학 전의 지원사업으로는 해외유학의 매력발신, 이문화체험기회 제공, 국제사회 관심을 환기시키는 것 등이다. 이를 위해 외무성은 직원을 고등학교나 대학 등 교육기관에 파견하여 국제협력의 필요성이나 ODA정책 등에 대한 강의를 수행하고 있다.

일본외무성의 주요 사업이나 강의 내용을 살펴보면 다음과 같다. 먼저 국제협력사업은 중학생이나 고등학생을 대상으로 에세이콘테스트, 글로벌 교육콩쿠르, 대학생 필드 스터디 프로그램 등을 외무성 산하기관인 일본국제협력기구(JICA)에서 수행하고 있다. 또한 일본국제협력기구(JICA)직원, 보란티어나 전문가 경험자, 연수원 등이 학교교육현장에서 국제협력이나 개발도상국 및 일본과의 관계를 전달하는 현장교육을 실시하고 있다.

일본외무성의 국제교류사업은 'JENESYS2.0'(아시아교류) 및 '가케하시 프로젝트 ~The Bridge for Tomorrow~'(북미 지역 미국 캐나다와의 청소년 교류), 일본과 러시아 청소년 교류사업, 일본청소년 국제연합방문단 파견, 일본과 미국 문화교류회의(칼콘), 청소년 영어교원 미국파견 교류사업 등이 있다.

일본외무성 일본 청소년 유학생 지원은 재외방인 유학생 인턴십 경험, 재외공관광보 문화교류센터 인턴십 경험 제도를 통해 유학 중 현지 일본기관에서 다양한 경험을 축적하도록 지원하고 있다.

일본외무성 청소년에 대한 외무성의 유학 후 지원으로는 국제기관 취업 가이던스 안내, 국제기관 대상 인재발굴 및 육성연수, 국제기관직원파견 신탁기금 활용, 고도개발 인재육성사업, 평화구축인재육성사업 등 유학 후에도 다양한 방면으로 진출할 수 있도록 지원하고 있다.

(3) 문부성의 유학 협력 지원정책

문부성은 미래로 도약하는 글로벌 인재육성을 목표로 일본대학의 국제화와 학생 양방향 교류를 도모하고 있다. 특히 대학교육의 글로벌 전개력 강화를 위해 대학시스템의 국제화, 교육프로그램의 국제화를 추진하고 있다. 먼저 대학의 활발한 유학생 교류를 위해 대학 등의 해외유학지원제도 창설, 우수한 외국인 유학생의 전략적 인재수용 등을 적극 추진하고 있다.

문부성의 슈퍼 글로벌 대학사업은 일본의 고등교육 국제경쟁력의 강화 및 글로벌 인재육성을 도모하기 위하여 세계 톱 레벨 대학과의 교류 및 연계를 실천하고 가속화하기 위한 새로운 시도로서 인사 및 교무시스템의 개혁, 학생의 글로벌 대응력 육성을 위한 시스템강화 등 국제화를 보다 적극적으로 진행하기 위해 지원하고 있다. 이들 사업으로는 슈퍼 글로벌 대학 창성지원, 경제사회 발전을 견인하는 글로벌 인재육성 지원사업 등이 있다.

문부성은 일본 대학의 글로벌 전개력을 강화하기 위한 사업으로 아시아, 미국, 유럽 등 일본에게 전략적으로 중요한 국가 간 및 지역 간 질적으로 보장된 일본 학생의 해외유학과 외국인 학생의 수용을 촉진하는 국제교육연계를 적극적으로 지원하고 있다. 구체적으로 러시아, 인도 등과의 대학 간 교류협력 지원, 캠퍼스 아시아 중핵거점 형성 지원, 미국대학과의 협동교육 창성지원, 아세안 국가와의 대학 간 교류협력 지원, 해외대학과 전략적 고등교육연계 사업 등을 지원하고 있다.

문부성의 글로벌 인재육성 공동체 구축사업은 일본(학생지원기구), 민간, 대학이 일체가 되어 일본의 글로벌인재를 육성한다는 계획이다. 이를 위해서는 일본(학생지원기구), 연계기업, 대학 등이 공동으로 인재를 선발하여 연수를 실시하고 이들에게 경제적 지원뿐만이 아니라 학생들의 실질적 성장을 유도하고 있다. 또한 문부성은 SNS에 의한 유학사업 참가학생들의 공동체를 창설하여 일본(학생지원기구), 연계기업, 대학 등이 활용할 수 있도록 배려하고 있다.

일본문부성의 청소년 유학촉진 사업은 '도비타테(トビタテ) 유학 JAPAN' 캠페인으로 일본 청소년 모두가 해외유학을 계기로 새로운 도전을 시도하는 기운을 양성하여 2020년까지 대학생 12만 명(현재 6만 명), 고교생 6만 명(현재 3만 명)을 해외로 유학을 보낸다는 계획을 실행하고 있다.

그밖에 일본사회의 총체적인 고등학생 유학촉진사업으로는 고등학생의 유학을 촉진시키기 위해 지방공공단체나 고등학생의 유학 및 교류를 지원하는 민간단체 등이 주최하는 해외파견 프로그램에 참가시키고 개인유학자(장기유학자)의 유학경험을 듣는 강연프로그램을 지원하고 있다. 글로벌 인재육성 기반형성 사업으로는 글로벌 유학경험자를 체험 강연에 파견하여 이문화 이해를 업그레이드하는 사업을 전개하고 있으며 유학 페어 등을 개최하고 있다.

고등학교 대상의 '슈퍼글로벌 하이스쿨' 사업은 글로벌화가 가속화되는 현상을 직시하고 사회과제에 대한 관심과 교양함양, 소통능력, 문제해결능력 등의 국제적 소양을 기르고 장래 국제적으로 활약할 수 있는 글로벌 리더를 고등학교 단계에서부터 육성한다는 계획이다. 현재 한창 국제화를 진행 중인 일본 내 대학을 중심으로 기업과 국제기관 등과의 연계를 도모하고 글로벌 사회문제를 발견하고 해결할 수 있는 인재, 글로벌 비즈니스에서 활약할 수 있는 인재육성에 노력하는 고등학교 등을 '슈퍼 글로벌 하이스쿨'로 지정하여 질적으로 높은 커리큘럼개발 및 실천을 위한 시스템정비를 강화하고 있다.

또한 초 · 중 · 고등학교에서 영어교육강화사업으로 영어교육 강화지역 거점 사업, 외국어 활동 및 외국어 교육 교재정비, 외국어시험단체와 연계한 영어능력 조사사업, 외부전문기관과 연계한 영어지도력 향상사업 등을 시행하고 있다.

청소년의 해외유학과 해외대학 진학을 촉진하기 위한 국제바칼로레아를 추진하고 있다. 국제바칼로레아는 국제바칼로레아기구(IBO: 본부 제네바)가 실시하는 국제적인 교육프로그램으로 글로벌 인재육성의 유용한 수단이다. 16~19세에 해당되는 청소년을 대상으로 한 디플로마 프로그램(DP)은 소정의 커리큘럼을 이수하고 최종시험에 합격하면 국제적으로 통용되는 대학입학자격(IB자격)을 획득할 수 있는 프로그램으로 현재 세계 주요 대학에서 대학입학 선발 등에 활용되고 있다.

청소년 교육시설을 활용한 국제교류사업으로는 일본청소년과 해외청소년과의 체험활동 및 교류프로그램을 제공하여 해외청소년의 일본에 대한 이해 증진을 도모하고 동아시아를 중심으로 한 해외청소년과의 국제교류경험을 통해 일본 청소년의 국제적 시야 확대 및 동아시아 중핵을 담당하는 차세대 리더양성에 힘을 쏟고 있다.

(4) 일본후생노동성 및 경제산업성의 유학지원 정책

일본후생성은 신졸업자 및 구졸업자의 취업을 적극 지원하고 있다. 후생성은 헬로워크 및 신졸업자 응원 헬로워크가 학교와 연계하여 '잡 서

포터'에 의한 자세한 지원을 추진하고 있다. 또한 문부성은 경제산업성과의 연계에 통해 '졸업 전 취업의 집중지원'을 추진하고 있는데 졸업자의 보호자에게 적극적인 취업활동을 독려하고 '지역 청소년 서포터스테이션'과의 연계로 청소년 니트 등에 취업을 적극 지원하고 있다.

구체적으로는 일본 전국 도도부현에 설치된 '신졸업자 응원 헬로워크'에 대한 취업 지원을 통해 3년 이내 구졸업자는 신졸업자로 취급하도록 청소년 고용기회확보지침을 개정하였으며 신졸업자와 중소기업과의 매칭을 적극 지원하고 있다.

경제산업성의 취업지원 정책은 일본경제 글로벌화에 대응하여 기업과 인재의 국제경쟁력 강화를 목표로 청소년 해외송출을 촉진하여 해외경험을 가진 인재를 육성하는데 있다. 일본청소년들이 해외경험을 충실히 하고 경험의 성과를 제고하여 일본사회에서 활약으로 연결시키기 위해 청소년의 해외유학촉진과 병행하여 산업계와 연계한 교육효과가 높은 해외인턴십을 추진하고 있다. 이들 구체적인 사업은 해외인턴십 파견사업 및 교육효과가 높은 해외인턴십 보급, 국제 적응력을 제고하기 위한 해외인턴십 사업실시 등이 있다.

일본관광청의 유학촉진 정책은 '일본인'을 기반으로 한 방일 프로모션 노력이 중점을 이루고 있다. 해외 6개국 8명의 외국인을 포함한 11명의 심사위원에 의한 검토회에서 정리된 외국인 '방일관광의 3대 가치인 일본인의 기질(Character), 일본인의 작품(Creation), 일본인의 생활(Common Life)'을 포함한 방일프로모션을 영상, 웹사이트, 가이드북에 제공하여 '일본인'을 중심으로 쇄신을 도모하고 있다. 또한 일본관광청은 신설된 웹사이트에 총 181개 일본인관련 동영상을 게재하여 향후 증가가 예상되는 개인여행자들에게 다른 국가에는 볼 수 없는 '일본만의 매력'을 발신하도록 추진하고 있다. 일본관광청은 해외 일본유학생들이 웹사이트를 활용하여 정보발신을 활발히 진행함으로서 방일촉진으로 연결될 것을 기대하고 있다.

2) 재외방인 차세대 청소년 교육정책

(1) 해외청소년 교육정책

일본의 국제적인 활동의 진전과 더불어 많은 일본인들이 자녀들을 동반하여 해외로 나가고 있다. 2014년 4월 15일 기준으로 약 7만 7,000명 정도의 의무교육단계에 있는 일본인 청소년들이 해외에서 활동하고 있다. 또한 해외에서 장기간 체류한 후 귀국하는 학생 수도 2013년도까지 약 1만 1,000명 정도 된다. 일본정부의 주권이 미치지 않는 외국에서 일본인 학생들이 일본국민에 적합한 교육을 받기 쉽도록 문부과학성과 외무성은 헌법이 정하는 교육의 기회균등 및 의무교육무상 정신에 따라 해외자녀교육의 진흥을 위하여 다양한 정책을 강구하고 있다.

구체적으로는 문부과학성이 재외교육시설에 교원파견, 교재정비보조 및 귀국학생의 유입과 관련된 지원사업 등을 수행하고 있으며 외무성에서는 재외교육시설의 건물임대료 및 현지채용 교원 사례금 등을 지원하고 있다.

표 7.2 해외에서 배우는 일본 학생 수-일본 해외자녀교육 현황(2014년 4월 15일 기준)[6]

지역 구분	지역별 취업형태별(의무교육단계)	학생 수	합계
총계	일본인학교 88개교	21,027	76,536
	학교법인 등이 설립한 현지학교 및 기타 8개교	18,983	
	보습수업교 + 현지학교 등 203개교	36,526	

6 보습수업교는 일본정부 원조를 받고 있는 학교만 포함, 보습수업교 + 현지학교 등은 보습수업교와 현지학교 혹은 인터내셔널 스쿨 등에서 병행 취학하고 있는 경우, 현지학교 및 기타는 체류당국학생을 위한 학교나 인터내셔널 스쿨만 취학하는 경우를 말한다.

지역 구분	지역별 취업형태별(의무교육단계)	학생 수	합계
유럽	일본인학교 21개교	2,621	14,234
	학교법인 등이 설립한 현지학교 및 기타 3개교	3,887	
	보습수업교 + 현지학교 등 64개교	7,726	
중동	일본인학교 8개교	328	1,064
	학교법인 등이 설립한 현지학교 및 기타	96	
	보습수업교 + 현지학교 등 5개교	640	
아프리카	일본인학교 3개교	110	677
	학교법인 등이 설립한 현지학교 및 기타	88	
	보습수업교 + 현지학교 등 6개교	479	
아시아	일본인학교 35개교	16,733	32,236
	학교법인 등이 설립한 현지학교 및 기타 2개교	1,487	
	보습수업교 + 현지학교 등 21개교	14,016	
북미	일본인학교 4개교	435	24,126
	학교법인 등이 설립한 현지학교 및 기타 3개교	12,890	
	보습수업교 + 현지학교 등 87개교	10,801	
대양주	일본인학교 3개교	157	2,567
	학교법인 등이 설립한 현지학교 및 기타	433	
	보습수업교 + 현지학교 등 12개교	1,977	
중남미	일본인학교 14개교	643	1,632
	학교법인 등이 설립한 현지학교 및 기타	102	
	보습수업교 + 현지학교 등 8개교	887	

표 7.3 세계각지 재외교육시설 재학생 수 추이[7]

연도	학교	재학생 수	합계
1981년	초등학교	24,494	30,200
	중학교	5,706	
1986년	초등학교	30,082	39,393
	중학교	9,311	
1991년	초등학교	37,658	50,773
	중학교	13,115	
1996년	초등학교	37,580	49,740
	중학교	12,160	
2002년	초등학교	39,584	52,046
	중학교	12,467	
2003년	초등학교	40,019	52,462
	중학교	12,443	
2004년	초등학교	41,369	54,148
	중학교	12,779	
2005년	초등학교	42,138	55,566
	중학교	13,428	
2006년	초등학교	44,099	58,304
	중학교	14,205	
2007년	초등학교	44,480	59,109
	중학교	14,629	
2008년	초등학교	46,163	61,252
	중학교	15,089	

7 일본외무성 해외체류 방인 자녀수 조사 자료를 바탕으로 필자가 작성하였다(1991년까지는 5월 1일, 1991년 이후는 5월 1일 기준으로 작성).

연도	학교	재학생 수	합계
2009년	초등학교	46,042	61,488
	중학교	15,446	
2010년	초등학교	49,538	67,322
	중학교	17,784	
2011년	초등학교	47,950	64,950
	중학교	17,000	
2012년	초등학교	49,436	66,960
	중학교	17,524	
2013년	초등학교	51,890	71,628
	중학교	19,738	
2014년	초등학교	55,390	76,536
	중학교	21,146	

(2) 재외방인 교육시설

재외방인 교육시설은 해외에 체류하는 일본인 자녀를 위하여 국내 학교교육에 준하는 교육을 실시하는 것을 주요 목적으로 해외에 설치된 교육기관으로 구체적으로는 일본인학교, 보습수업교, 사립학교 현지법인 등을 지칭한다.

일본문부성 장관의 인정을 받고 있는 재외교육시설은 일본 국내 초등학교, 중학교 혹은 고등학교 교육과 동등한 교육을 수행하는 것을 목적으로 하는 전일제 교육시설이다. 이들 학교는 문부성장관으로부터 국내 초등학교, 중학교 혹은 고등학교와 동등한 과정을 거친다는 취지의 인정을 받고 있으며 해당시설의 중등부 졸업자는 국내 고등학교 입학자격, 고등학교졸업자는 국내 대학 입학자격을 각각 획득하게 된다. 교육과정은 원칙적으로 국내 학습지도요령이 의해 교과서도 국내에서 사용되고 있는 것을 활용하고 있다.

현재 많은 재외교육시설에서는 현지문화와 역사, 지리 등 현지사정과 관련된 학습이나 현지학교 등과의 교류를 적극적으로 추진하고 있으며 원어민 강사에 의한 영어회화 혹은 현지어의 학습도 병행하고 있다.

일본인학교는 일반적으로 해외체류 방인이 조직한 단체의 주체로 설

표 7.4 지역별 재학생 수의 비율(의무교육단계)

구분	지역	재학생(비율%)	합계
일본인학교	아시아	16,733(79.6)	21,027(27.5)
	유럽	2,621(12.5)	
	중남미	643(3.1)	
	북미	435(2.1)	
	중동	328(1.6)	
	대양주	157(0.7)	
	아프리카	110(0.5)	
보습수업교	북미	12,890(67.9)	18,983(24.8)
	유럽	3,887(20.5)	
	아시아	1,487(7.8)	
	대양주	433(2.3)	
	아프리카	88(0.5)	
	중동	96(0.5)	
	중남미	102(0.5)	
현지학교 등	아시아	14,016(38.4)	36,526(47.7)
	대양주	1,977(5.4)	
	북미	10,801(29.6)	
	중남미	887(2.4)	
	유럽	7,726(21.2)	
	중동	640(1.8)	
	아프리카	479(1.3)	

립되어 운영은 일본인회나 진출기업의 대표자, 보호자의 대표 등으로 구성된 학교운영위원회에 의해 운영되고 있다. 1956년 태국 방콕에 설립된 이래 2014년 4월 15일까지 전 세계 50개국 지역에 88개교가 설립되어 있으며 의무교육단계의 학생 수만 약 2만 1천 명 정도 된다. 또한 국내 학교법인 등이 모체가 되어 설립된 학교도 있다. 2014년 4월 현재 세계 8개 학교가 설립되어 있으며 초 · 중 · 고등학교 합쳐 총 1,200여 명이 재학하고 있다.

보습수업교는 현지학교나 국제학교(인터내셔널) 등에 통학하고 있는 일본인의 자녀에 대하여 토요일이나 방과 후 등을 활용하여 국내 초등학교 혹은 중학교의 일부교과를 일본어로 수업을 진행하는 교육시설이다. 일본인학교와 같이 현지 일본인회 등이 설립운영의 주체가 되고 있다.

1958년 미국 워싱턴에 설립된 이래 2014년 4월까지 전 세계 54개국에 203개교가 설립되어 있으며 약 1만 9천 명이 재학하고 있다. 이들 가운데 일부는 수업시수나 수업과목이 일본인학교와 준하는(준 전일제보습학교) 학교도 있다. 교육의 특징은 일본어를 중심으로 시설에 따라 산수(수학), 이과, 사회 등을 추가한 수업이 국내에서 사용되고 있는 교과서를 이용하여 진행하고 있다.

(3) 재외방인 청소년의 문부성 교육정책

일본인학교와 보습수업교에 교원파견은 현지교원 파견, 시니어 교원 파견, 교재정비추진, 안전대책, 지도안 작성 등이 있다.

문부성의 현직교원 파견은 해외자녀교육의 중요성을 생각하여 일본인학교와 보습수업교의 교육의 기회를 충실히 진행하기 위해 현직 교원을 모집하고 있다. 해외에 체류하는 재외방인 조직이나 단체가 설립한 일본인학교와 보습수업교에는 국내 의무교육학교의 교원(주로 공립학교 교원)을 원칙적으로 2년간(평가에 따라 최대 2년간 연장 가능)파견하고 있다. 다만 보습수업교에 대해서는 대규모 시설에 대하여 기간적인 역할을 담당하는 교원을 파견하고 있다. 2014년도 파견교원정수는 1,070명 정도였다. 매년 4월경에 도도부현 교육위원회 등에 파견교원의 추천을 의뢰하고 있다.

문부성의 시니어 교원 파견은 2007년도부터 재외교육시설의 파견교원 경험을 가진 퇴직교원을 선발하여 파견하고 있다. 2010년도부터 관리직 퇴직자에 제한된 모집대상 직종을 교원까지 확대하였으며 2012년도 모집부터는 교원에 한하여 파견교원경험이 없는 경우에도 응모가 가능하도록 했다. 2014년도 시니어 파견교원정수는 87명 정도였다. 매년 4월경에 모집을 개시하여 선발하고 있다.

국내 학교법인 등이 설립한 학교에 교원파견은 국내 학교법인 등이 모체가 되고 있는 학교 교원의 확보를 위한 경비를 지원하고 있다.

교재정비의 시행은 공익재단법인 해외자녀교육진흥재단이 문부과학성의 보조를 받아 재외교육시설에 대한 교재정비를 수행하고 있다. 또한 파견교원의 자질향상을 위한 정책으로는 파견교원을 위한 각종 협의회, 연수회, 순회 지도를 실시하고 있다.

재외방인 학교시설의 안전대책은 위기관리, 건강안전대책 등 분야별로 안전대책 매뉴얼을 작성하여 일본인학교 등에 배포하고 있다. 보습수업교를 위한 지도자료 작성은 재외방인청소년(해외자녀)교육 전문가 및 보습수업교의 지도경험자의 협력으로 지도계획이나 지도안 등을 작성하여 배포하고 있다.

재외교육시설(고등학교 단계) 정책으로는 고등부의 수업료 지원이 있는데 문부성장관의 인정을 받은 재외교육시설 고등부에 2014년도 이후 입학한 학생에 대하여 국내 고등학교취학지원금에 상당하는 금액으로 수업료의 일부를 지급하고 있다.

(4) 해외거주 어린이 아동정책

해외에 거주하는 일본인 어린이를 위한 정책으로는 의무교육교과서 급여, 통신교육 실시 등이 있다. 의무교육 교과서 보급은 해외에 체류하거나 향후 출국하는 의무교육단계에 해당하는 연령의 어린이를 대상으로 국내에서 가장 많이 채택되고 있는 의무교육교과서를 제공하고 있다. 어린이 대상 통신교육의 실시는 문부성의 보조사업으로 공익재단법인 해외자녀교육진흥재단에서 실시하고 있다.

기타 정책으로는 재외방인 학생들을 위한 정보제공이 있다. 먼저 일본 국내 홈페이지(Clarinet)에서 정보제공은 해외자녀교육 및 귀국학생교육 등에 관한 정보를 제공하고 있다. 또한 정보제공 국립대학법인인 동경학예대학에서는 전국 공동 이용시설로 국제교육센터를 설치하여 해외자녀교육과 귀국학생교육에 관한 전문적인 연구를 실시하고 있다.

외무성 재외교육시설 지원은 다음과 같은 세 가지 측면에서 이루어지고 있다. 먼저 학교건물 임대료 지원은 대상학교의 학교건물임대료 경비의 일부를 지원하고 있다. 또한 현지채용교원 및 강사급여 원조는 대상학교의 현지채용교원 및 강사의 기본급여의 일부를 지원하고 있다. 일본인학교 안전대책비 지원은 대상 일본인학교의 경비지원 및 경보기기유지관리비의 일부를 지원하고 있다.

(5) 재외교육시설의 인정제도

문부성 인정제도는 문부성장관이 재외교육시설 설립자의 신청에 의해 재외교육시설이 국내 초등학교, 중학교 혹은 고등학교 과정과 동등한 과정을 유지한다는 취지의 인정을 부여하는 것을 말한다.

재외교육시설 설립자는 해외에 체류하는 일본인들이 일본인의 복리증진을 주요 목적으로 조직한 단체, 재외교육시설의 설립을 목적으로 신청시설 소재국의 법령 등에 의해 설립된 법인 및 기타 단체로 사립학교법

(1949년 법령 제270호) 제3조에서 규정하는 학교법인이 해당신청시설의 설립 운영에 대하여 관여하고 있는 자들이 될 수 있다. 기타 위의 1항, 2항에 준하는 단체로 가능하다.

문부성의 재외교육시설 인정을 받으려는 자는 신청시설의 설립자의 명칭, 주소, 대표자의 성명 및 신청시설의 명칭을 기재한 신청서에 재외교육시설의 인정 등에 관한 규정 제17조 제1항 각호에 제시한 서류를 준비하여 문부성장관에게 신청하면 된다.

재외교육시설의 변경의 승인 등에 대해서는 인정시설의 설립자가 명칭, 위치, 설립자 혹은 학칙을 변경하려는 경우 변경내용, 이유 및 시기를 기재한 서류를 문부성장관에게 제출하여 승인을 받아야 한다. 이 경우에는 부과 및 과정의 조직에 관한 사항, 교육과정에 관한 사항 및 수용정원, 직원조직에 관한 사항에 관련된 부분의 변경으로 제한한다.

승인시설의 설립자는 학교대지, 학교건물, 운동장, 기타 직접 교육용으로 사용되는 토지건물에 관한 권리의 취득, 혹은 처분하려는 경우 혹은 용도의 변경, 개축 등에 의해 이들 상태의 중요한 변경을 시도하려는 경우에는 사전에 문부성장관에게 신고서를 제출해야한다.

인정시설의 설립자는 임원, 교감, 혹은 교장의 변경이 있는 경우, 수업료 혹은 입학료의 개정이 있는 경우, 지체 없이 문부성장관에게 신고서를 제출해야 한다.

재외교육시설 인정의 취소는 문부성장관이 인정시설의 인정기준 혹은 운영의 기준에 적합하지 않은 경우 인정을 취소할 수 있다. 인정시설의 설립자는 해당 인정시설의 최소를 신청하여 문부성장관이 이것을 승인할 경우 인정을 취소할 수 있다.

인정제도에서는 재외교육시설의 설립자의 신청에 의해 해당 재외교육시설이 초등학교, 중학교 혹은 고등학교의 과정과 동등한 과정을 유지한다는 취지의 인정을 시행함으로서 다음과 같은 효과가 발생한다.

문부성의 재외교육시설 인정을 받게 되면 재외학교시설 졸업자에게 고등학교 혹은 대학 입학자격이 인정된다(학교교육법 시행규칙 제95조 제2호, 제150조 제2호 등). 고등학교졸업과정 인정시험의 시험과목에 상당하는 과목을 습득한 자에게는 해당시험과목에 대한 시험이 면제된다(고등학교졸업과정 인정시험규칙 제5조제3항). 인정재외교육시설에서 근속연수는 교장, 부교장 및 교감의 기초자격인 재직연수로 인정된다(학교교육법시행규칙 제20조 및 제23조). 교육과정에 대해서는 학습지도요령 등이 정하는 방침에 의거하지만 지역사회, 신청시설 혹은 학생의 실태 등으로부터 특히 필요한 경우에는 탄력적으로 취급(일부에 대해 특별 교육과정에 의할 것)할 수 있다(재외교육시설의 인정 등에 관한 규정 제9조).

3) 해외귀국자녀 차세대 청소년 교육정책

해외에 1년 이상 체류 후 일본에 귀국한 학생 수는 2013년도까지 국공립사립의 초등학교, 중학교 및 고등학교 등 총 11,146명이다. 문부성은 해외귀국 학생들에 대한 학교생활의 원활한 적응을 위한 지도 및 지원과 함께 다른 학생들을 포함하여 해외에서 학습 및 생활경험을 존중한 교육을 시행하는 것이 중요하다는 관점에서 실시하고 있다.

문부성의 해외귀국자녀에 대한 교육정책은 두 가지 측면에서 실시하고 있다. 첫째는 일본어 지도의 충실이다. 일본어 지도가 필요한 귀국자녀 학생을 대상으로 '특별 교육과정'을 편성하여 실시하고 있다. 이것은 재적학급 이외의 교실에서 진행하는 지도로 '특별 교육과정'을 편성하여 실시하고 있다.[8]

---

8 문부성 CLARINET: http://www.mext.go.jp/a_menu/shotou/clarinet/003.htm(검색일: 2015.08.09.)

둘째는 해외귀국자녀의 수용과 지원체제의 구축이다. 공립학교에서 귀국 및 외국학생에 대한 철저한 지원사업(보조사업)의 실시: 2014년도 실시 지역은 6개 부 현(19현시), 11개 지정도시, 12개 중핵 시 등이다. 귀국 혹은 외국인학생 및 국제이해교육담당 지도주사 등 연락협의회를 개최하고 있다. 또한 귀국 혹은 외국인학생 교육을 위한 웹사이트를 운영하고 있다.[9] 2014년 5월부터는 국립대학 및 학부부속학교에 귀국아동생도교육학급 등을 설치하여 운영하고 있다. 설치학교 수는 13개 대학 24개교(초등학교 9개교, 중학교 8개교, 고등학교 5개교, 고등교육학교 2개교)이다.

고등학교입학자 선발(공립)의 경우, 일부 학교에서 귀국학생을 위한 특별정원 수를 설정하고 있는 지역은 15개 도도부현이다. 귀국학생 입학자

표 7.5 귀국학생 수의 동향

연도	초등학교	중학교	고등학교	중등교육학교	합계
2002년	6,389	2,460	1,918	11	10,778
2003년	6,231	2,192	1,855	17	10,295
2004년	5,992	2,235	1,841	32	10,100
2005년	6,042	2,383	1,910	33	10,368
2006년	6,015	2,515	1,721	56	10,307
2007년	6,401	2,841	1,766	69	11,077
2008년	6,597	3,065	2,016	71	11,749
2009년	7,010	2,995	2,049	64	12,118
2010년	5,910	2,644	1,963	72	10,589
2011년	5,824	2,301	1,772	93	9,990
2012년	6,182	2,343	1,951	115	10,591
2013년	6,604	2,406	2,053	83	11,146

9 귀국자녀 혹은 외국인학생: http://www.casta-net.jp/(검색일: 2015.08. 09.)

선발에서 일정한 배려를 시행하고 있는 곳은 32개 도도부현이다. 대학입학자 선발(국립, 공립, 사립) 시험에서 귀국자녀입시를 실시하고 있는 대학 학부 수는 390개교, 1,109개 학부이다. 해외귀국학생 수용학교에 관한 정보는 공익재단 해외자녀교육진흥재단의 사이트에서 확인할 수 있다.[10]

4) 해외일본인학교 운영사례

(1) 서울일본인학교(ソウル日本人学校)[11]

서울일본인학교는 서울특별시 마포구 상암동 디지털미디어시티(DMC) 지구에 위치하고 있다. 설립자는 SJC(Seoul Japan Club: 구 서울 일본인회)이며 서울시와 근접 지역에 거주하는 일본인 자녀들을 위해 설립되었다. 1972년 5월 8일 유치원 과정(12명), 초등학교 과정(21명) 등 총 33명으로 개교했고, 1979년 강남구 개포동에 학교건립 허가를 받았으며, 2010년 마포구 상암동 디지털미디어시티로 이전하여 현재에 이르고 있다.

일본인학교는 원칙적으로 일본에 귀국할 예정이 확실한 일본 국적자나 일본 영주권 소유자만 입학할 수 있다. 한국 정부는 서울일본인학교를 사립 각종학교로 분류하여 일본인학교 초등부 및 중등부를 졸업해도 한국 국내에서는 졸업 자격을 인정하지 않고 있다.

서울일본인학교의 교육기반은 "일본헌법, 교육기본법을 기반으로 한 법규에 준거하여 학습지도요령의 지도방침에 의해 초중등교육의 추진을 도모한다. 또한 사회의 요청이나 보호자의 희망과 기대에 따라 인간성이 풍부한 심신이 조화된 어린이 육성에 노력함으로서 본교의 교육목표인

10 공익재단법인 해외자녀교육진흥재단: http://www.joes.or.jp/g-kokunai/indes.html(검색일: 2015.08.09.)

11 서울일본인학교: http://www.sjs.or.kr/(검색일: 2015.09.07.)

'건강하고 마음이 풍성한 세계에 사는 어린이 육성'을 지향한다."라고 명시되어 있다.[12] 교육과정은 문부성 학습지도요령을 기준으로 하고 있으며 일본 국내와 동등한 교육활동을 수행하고 있다.

이 학교는 "일본 국내 초등학교, 중학교 과정과 동등한 과정을 가지고 있는 재외교육시설"로서 문부성으로부터 인정되고 있다. 학생들 대부분은 상사, 은행, 보도기관, 대사관 등 근무자의 자녀들로 구성되어 있다.

2015년도 4월에 재외교육시설 파견교원으로서 다나카(田中栄一)씨가 서울일본인학교 교장으로 부임하였다. 2015년 교장을 포함 7명의 교원이 일본에서 임명되어 부임하였다. 서울일본인학교 교직원은 정부파견교원과 학교운영위원회가 채용한 현지채용교직원, 강사 등을 포함하여 총 52명의 교직원들이 근무하고 있다. 서울일본인학교는 2015년도 4월 14일에 제44회 입학식이 있었는데 유치부 21명, 초등부 51명, 중등부 43명 등 총 115명이 입학하였다. 2015년도 서울일본인학교 총 재적학생 수는 유치부 61명, 초등부 300명, 중등부 82명 등 총 443명이었다.

(2) 부산일본인학교[13]

1975년 10월 1일에 가토 다이스케(加藤泰介)를 중심으로 한 부산일본인회에 의해 부산일본인학교가 수영구 민락동에서 개교하였다. 2001년 8월 1일에 각종 학교로 인가되었다. 부산에 거주하는 일본인 자녀들에게 일본 헌법, 교육 기본법, 학교 교육법의 취지에 근거하여 초등학교 및 중등부 보통 교육을 실시하는 것을 목표로 교육하고 있다. 수업 연한은 초등부 및 중등부로 편성하여 각각 6년과 3년으로 되어 있다. 입학 자격은 '일

---

12 서울일본인학교경영방침: http://search.daum.net/search?nil_suggest=btn&w=tot&DA(검색일: 2015.09.07.)

13 한국향토문화전자대사전: http://terms.naver.com/entry.nhn?docId=2820514&cid=55784&categoryId=56488(검색일: 2015.09.07.)

본인, 일본 영주권이나 정주권을 소지한 한국인, 부모의 어느 한쪽이 일본인인 한국인, 부모의 어느 한쪽이 일본 영주권이나 정주권을 소지한 한국인' 등으로 학교 운영 위원회의 승인을 얻어 입학할 수 있다. 일본 문부성이 정하는 학습지도요령에 준거하여 각 교과와 도덕, 특별 활동, 한국어, 영어 등의 교육이 이루어지고 있다.

2012년 12월 기준 초등부에 38명(남학생 22, 여학생 16), 중등부에 13명(남학생 2, 여학생 11)으로 총 51명의 학생이 재학하였다. 교직원은 마사키 에미코(政木惠美子) 교장, 교감 1명, 교사 19명이 근무하고 있다. 학교 운영 위원회는 부산일본인회의 위촉을 받아 임명되며, 위원장 1명, 위원 5명, 감사 1명으로 구성되어 있다. 학교 부지 총면적은 1,606.92m^{2}로, 강당(음악 · 체육 겸용), 학습실, 이과실, 가정과실, 도서실, 컴퓨터실, 보건실 등을 갖추고 있다.

2014년 4월 기준 학교입학자격은 원칙적으로 일본국적의 자녀, 보호자가 부산일본인회 회원이며, 일본어는 일본의 같은 학년에 상당하는 교육레벨을 가지고, 친권을 가진 보호자와 동거하여 장래 일본에 귀국하는 것이 명확하며 입학 시 일시금 및 매월 학비 등을 지불할 능력을 가지고 있는 자 위의 조건을 충족하는 학생에 대하여 면담 후 학교운영위원회가 입학을 허가하고 있다.[14] 국적규정에 대해서는 일본인, 일본 영주권 혹은 정주권을 가진 한국인, 부모 중 한 사람이 일본인인 한국인, 양쪽 중 한 사람이 일본에 영주권 혹은 정주권을 가진 한국인(부산일본인학교규칙) 등이다.[15]

14 부산 일본인학교: http://egloos.zum.com/sangmok72/v/4807597(검색일: 2015.09.07.)

15 일본인학교 입학심사에서 보이는 것: http://crie.u-gakugei.ac.jp/report/pdf31/31_51nohara.pdf(검색일: 2015.09 07.)

4. 해외일계인과 차세대

이 장의 목적은 일본정부의 청소년 정책을 고찰하고 해외일계인 청소년에 대한 실태와 현황을 분석하는데 있었다. 이 연구의 목적은 구체적으로 첫째, 일본 국내 청소년과 해외일계인 청소년 정책의 방향, 일본 내각부와 해외일계인협회의 청소년 정책프로그램, 일본정부 국내외 청소년정책 등 크게 세 가지 측면에서 접근하여 대안을 제시하고자 하였다.

아직까지 일본 국내외 청소년정책에 대한 뚜렷한 연구성과가 거의 없는 가운데 연구방법은 문헌조사를 통해 일본 정부 및 재외동포청소년에 대한 기존문헌 및 국내외 통계자료를 정리하였으며 일본 국내외 재외동포정책 자료 및 청소년 관련 자료를 수집하여 청소년정책의 현황 및 실태를 분석하였다.

연구결과를 정리하면 다음과 같다.

첫째, 일본정부의 청소년정책은 2001년 1월 이후 새로 편성된 정부관계성청이 청소년에 관한 각 분야의 정책을 분담하고 내각부가 청소년의 건전 육성에 관한 사안의 기획 및 입안, 종합조정 등을 담당하고 있는 것으로 나타났다. 즉 일본 국내 청소년정책은 청소년행정의 종합적 추진 및 일본국민이 이해하기 쉽게 체계적으로 정리하여 정책을 제안하고 있는 것으로 나타났다.

둘째, 일본정부는 차세대 청소년 육성 지원정책으로 2020년까지 약 18만 명의 유학생을 지원한다는 계획을 세우고 있다. 이러한 일본의 성장동력을 견인하는 글로벌 인재양성을 달성하기 위해 일본 각 부성청의 강점을 살리고 유기적인 대응을 통해 상호 연계하여 협력하고 있는 것으로 나타났다.

셋째, 일본정부의 재외방인 교육시설은 해외에 체류하는 일본인 자녀를 위한 학교교육법(1947년 법률 제26호) 규정을 준수하고 일본 국내 초등학교, 중학교, 혹은 고등학교와의 동등한 교육과정을 유지한다는 취지로 지정 혹은 인정을 허가하고 있는 것으로 나타났다.

넷째, 일본정부는 해외귀국 학생들에 대해 학교생활의 원활한 적응을 위한 지도 및 지원과 함께 다른 학생들을 포함하여 해외에서 학습 및 생활경험을 존중한 교육을 추진하는 것을 주요 목표로 삼고 있다.

다섯째, 일본정부의 재외교육시설과 한국일본인학교는 넓은 의미에서 국제화를 지향하고 있지만 일본 국내 초등학교, 중학교 과정과 동등한 과정을 유지하는 것을 중시하고 있다. 재외교육시설은 일본헌법, 교육기본법을 기반으로 한 법규에 준거한 설립과 교육과정은 정부학습지도요령의 지도방침에 의해 일본 국내와 동등한 초중등교육을 추진하고 있는 것으로 나타났다.

결론적으로 일본정부의 내각부와 문부성에 실시하고 있는 일본인 청소년 교육 및 재외방인 청소년 교육정책은 일본 국내의 국제화와 해외거주 일계인청소년의 일본화(내부화)라는 두 가지 측면에서 진행되고 있는 것으로 나타났다.

VIII

브라질 일계인타운과 한인타운의 현지조사

이 장에서는 브라질 일계인타운과 한인타운에 대해 구체적인 현지조사의 연구수행 내용을 중심으로 살펴보았다.

1. 일본인의 브라질 이주와 정착

1908년부터 개시된 일본인의 브라질 이주는 1920년을 계기로 큰 변화가 있었다. 왜냐하면 상파울루 주의 농업이 급격히 발전하면서 노동자의 수요증가로 정책의 전환이 불가피했기 때문이다. 일본과 브라질은 1906년 외교교섭이 시작된 이후 정식으로 1908년 척식회사인 황국식민회사를 통해 계약된 일본이주노동자 793명이 브라질 상파울루를 향해 떠났다. 일본과 브라질은 1894년부터 이미 이민회사들이 일본인 이민을 송출하기 위해 브라질 회사와의 교섭을 시작했지만 실현되지 못했고 1890년경 민간업자에게만 허용하였다. 1885년부터 하와이로 일본인 관약이민이 개시된 이래 1894년에 관약이민이 폐지되고 모든 일본인 이민자들은 제한된 10개사의 민간회사에 이민업무가 이양되었다. 그러나 1900년경에는 하와이가 계약이민자의 입국을 금지한 미국령으로 편입되었기 때문에 일본인 하와이 이민은 1908년까지 지속되었지만 이후 미국 본토와 마찬가지로 자발적인 단기이주자들 위주로 전개되었다.

1908년 일본인 하와이 이민은 '가족이주' 혹은 '사진결혼'에 의한 배우자의 초청에 의해 전개되었으며 초청장에 의한 이주를 제외하고 일본인의 미국입국은 사실상 금지되었다. 일본인의 미국 입국금지는 일본 내 과잉노동인구를 송출하기 위한 새로운 이민노동시장을 개척하도록 이민회사들에게 강요하게 되었다. 당시 이미 남미 페루와는 1899년 일본인 노동자들이 진출하고 있었기 때문에 일본이민회사들은 브라질과의 교섭을 재개하였다. 당시 일본인의 브라질 이민은 거의 대부분이 상파울루 주로의 이주를 의미했고 상파울루 주 정부와 이탈리아인의 이민자들은 19세기말 시작된 커피거래의 위기로 금지된 이후 일본인이민자들에 대한 관심을 보이고 있었다. 당시 브라질 내 커피가격의 폭등으로 커피재배 농장이 확대 조짐을 보이면서 노동자들이 부족했기 때문이다.

1908년 최초 브라질에 도착한 일본인이민자집단은 해상운임 비용의 일부를 주정부가 보조하고 일부는 고용자 측의 농장주가 부담하여 나중에 고용노동자의 급료에서 차감하는 이탈리아이민자의 이민수용시스템을 그대로 적용하였다. 1914년까지 이러한 이민수용시스템은 지속되었다. 1914년 상파울루 주 정부가 이주계약을 해지하자 일본인 이주가 정지되었으며 이에 일본 이민회사들이 1916년에는 3개사로 합병하여 4~5년간의 새로운 이민허가를 받았다. 이때 일본정부는 상파울루 주 정부와의 계약체결 시, 이주에 관한 중요한 정책전환을 시도하기 위해 2개 이민회사를 합병하여 해외흥업주식회사를 설립하고 일본인의 브라질 이민에 대한 독점권을 부여하였다.

브라질 정부는 1916년 제1차세계대전 중 유럽인 계약노동자의 유치에 어려움을 겪자 일본인의 브라질 이민자를 수용하기 위해 이주비용의 일부를 보조하기도 했다. 그러나 이러한 이주비용의 보조도 1922년경에

사진 8.1 상파울루 리베르다지 일계인 타운과 일본인회

는 중단되었고 1923년경부터는 일본인 이민자들을 아예 수용하지 않았다. 이에 따라 일본정부가 일본인 브라질 이주를 지속적으로 추진하기 위해 필요한 비용을 부담하는 정책으로 전환하였다. 일본인들의 남미국가 이주에 대한 관심이 저조하자 1925년경부터는 일본정부가 직접 개입하여 일본인 이주사업을 추진하게 되었다. 그리고 1925~1941년 사이 브라질은 유일하게 일본인에게 이민문호를 개방한 국가였고 투자시장으로서 일본정부의 관심도 높았기 때문에 이때 일본인 노동자 15만 명이 대거 이주하는 절정기를 맞이했다.

1920년대 일본정부의 일본인 브라질 이주는 크게 두 가지 형태로 진행되었다. 첫째, 관약이민에 의해 이민노동력으로서 일본인 계약고용노동자들이 브라질 커피농장으로 이주한 경우이다. 둘째, 일본에서는 1927년경부터 이주조합연합회가 설립되었으며 상파울루 주 대행기관으로서 브라질 척식회사가 창설되어 소규모경작지를 구입할 수 있는 자금력을 가진 이민자를 모집하여 송출한 경우이다. 1928년 이후 브라질 척식회사는 상파울루 주나 파라나 주에 대규모 토지를 구입하여 이주자들에게 분양하는 이주지의 건설에 착수했다. 이들은 자금을 동반한 고용노동자로서 소위 '자영개척이민'으로 지칭되었다. 또한 이들은 이주지의 생산물의 상품화하기 위해 1937년에 회사를 설립하였다. 이처럼 브라질은 노동시장뿐만 아니라 자본시장 및 원재료 공급국으로서 일본의 관심을 끌기 시작했다.

일본인의 브라질 이주는 1934~1951년 사이 제2차세계대전으로 정지되었고 1951년에 재개되었다. 이때 일본인 이주는 자영농업 이주자 및 단독이주자의 수가 증가하여 1950년 이전 가족이주 및 계약고용노동에 의한 이주형태와는 완전히 달랐다. 1950년대 상파울루 주 일본인 이민자들 대부분은 처음에는 농업이주형태였지만 점차 계약고용노동자 신분의 이민계약으로부터 해방되었고 임대농업이나 농업개발 현장에 직접 참여할 수 있게 되었다. 이러한 일본인의 상파울루 내 자유로운 지리적 이동은 다양한 작물재배, 농지소유자로의 전환, 혹은 도시 자영업자로의 이동을 가능하게 했다. 그리고 일본인 이민자들은 농업이주단계를 거쳐 절반이상이 도시로 이동하는 현상을 보였다. 일본인의 도시집중의 주요 요인은 일계인 2세들의 장래 교육문제의 영향이 매우 컸다.

2. 한국인의 브라질 이주와 정착

브라질한인사회는 현재 상파울루를 중심으로 대략 5~6만 명이 거주하고 있으며 이들 이민의 역사는 20세기 한국의 불안한 정국, 국제정세와 이민정책, 초창기 이민자들의 신분과 성격, 농업이민과 반공포로, 도피이민의 역사 등 근현대역사의 질곡을 함축하고 있다. 브라질로 한인들이 이주하기 시작한 것은 1963년 이후부터이다. 1963년 브라질 공식이민이후 53년이 경과된 이민역사는 봉헤찌로를 중심으로 한 의류업의 성공신화, 한인공동체의 형성, 모국문화의 계승 등 다양한 문화적 혼종성과 한인 2~3세의 정체성 형성에도 많은 변화를 초래하였다. 이민시기별 브라질 한인이민역사를 살펴보면 대략 4단계로 구분할 수 있다. 이를 간략하게 살펴보면 다음과 같다.

제1단계는 공식이민이 시작되기 전인 1963년 이전이민 단계이다. 브라질이민은 1908년 본격적으로 시작된 일본인 농업이민 그룹에 합류한 일본국적 재일코리안 이민자들이 포함되어 있다. 그리고 1953년 한국전쟁이후 석방된 반공포로 55명(중국인 5명 포함)이 브라질로 이민을 선택했으며 1961~1962년에 걸쳐 '한 · 백진흥공사'를 통한 5 · 16군사정변 이후 강제퇴역당한 국군장교출신, 한국전쟁 시 남하한 북한출신 실향민 중심의 '문화사절단(1962.01)' 등이었다. 일제강점기와 해방이후 브라질 이민자는 당시 상황을 고려하면 특수한 영역의 이민이었음이 틀림없다. 이들 이민

선구자들은 1963년부터 공식적으로 브라질 이민이 실시되면서 한인 이민자들이 브라질로 진출하는데 가교역할과 브라질 사회정착과정에 기여하였다.

제2단계는 1963년부터 공식적으로 브라질 이민이 시작된 1963~1966년 5차에 걸친 '농업이민기'이다. 제1차 농업이민은 1963년 2월 12일에 17세대 92명과 전향군인 11명이 포함되어 있었다. 공식이민기는 대략 한국인 1,300명 정도가 브라질에 입국했으며 1968년 브라질정부의

사진 8.2 브라질 상파울루 한인회 및 동양선교교회

한국 '농업이민'금지이후 1971년 '기술이민' 자격으로 한국인 1,400여명이 입국했다. 초창기 브라질 이민자들은 대부분 장교출신 강제퇴역 군인, 고학력중산층, 도시상인들이었다. 한국 최초의 브라질 이민선은 네덜란드 상선 찌짜렌카이민선으로 1962년 12월 18일 12시에 부산항을 출발하여 1963년 2월 10일 아침 8시경 브라질 리우데자네이루 항에 도착했다. 도착이후 리우항을 관광하고 다시 승선하여 2월 12일 아침 7시경 브라질 산토스항에 입항하였으며 상파울루시로 이동하여 본격적인 이민생활이 시작되었다.

제3단계는 브라질 '불법이민단계'로 전경환이 주도한 '농업이민'과 '연쇄이민단계(초청이민)'을 들 수 있다. 불법이민은 1972년 브라질 정부의 한인이민정책에도 불구하고 서독에서 광부와 간호사로 종사했던 이민자, 베트남 계약노동자 일부, 태권도 사범, 1970년대 중반 '도피이민', 미국행 이민자들의 파라과이와 볼리비아를 경유한 브라질 재이주 등을 말한다. 특히 브라질 농업이민자의 입국은 1980년대 초기에는 전경환 주선으로 성립된 '농업이민'에 의해 1985년에 총 32세대가 브라질로 입국한 적이 있었다.

제4단계는 1980년대 글로벌화 이후 브라질로의 연쇄이민으로 1980~1990년 가족친척의 초청에 의한 상파울루 아크리마숑, 봉헤찌로, 브라스 지역을 중심으로 구축된 의류도소매업에 신이민자들이 선구이민자들과 합류한 단계를 말한다.

3. 중국인의 브라질 이주와 정착

브라질은 1822년 포르투갈 식민지로부터 독립한 후 심각한 노동력 부족에 시달렸다. 이에 따라 브라질 정부는 인구가 많은 아시아 지역 그 중에서도 특히 중국 청나라에 이민자의 이주가능성을 타진하였다. 당시 브라질 정부의 이민조건은 이민 후 브라질 국적을 취득할 것, 가족을 동반하여 이주할 것, 농공업자일 것 등이었지만 국력이 강했던 청국정부가 이러한 요구를 수용하지 않았다.

청국정부의 거절로 브라질정부는 일본정부에 관심을 갖기 시작했다. 섬나라의 특성상 좁은 토지에서 생활할 수밖에 없었던 일본정부는 이민조건을 수용하여 1908년 781명의 일본인 이민자를 태운 '카사토마루'가 고베로부터 상파울루를 향해 출항했다. 그 후 약 6년간 10회에 걸쳐 약 15,000명의 일본인들이 브라질로 이주하였다. 브라질 현지에서 성공을 거둔 일본인들 사이에 브라질 이민 붐이 일어났고 1941년까지 약 17만 명 이상이 이주하였다. 제1차 이민 붐은 1945년 제2차세계대전 종결까지 계속되었다. 전후 1959년에 제2차 이민 붐이 일어났지만 일본고도성장기 일본경제의 급성장으로 이민 붐이 종결되었다. 1980년대 말에는 약 2만 명 정도의 일본인 아동이 브라질 축구를 배우기 위해 건너가기도 했다.

브라질 거주 중국인에 대한 연구는 문화인류학, 사회학, 역사학, 경제학 등 다양한 학문분야에서 연구되어 왔다. 세계 각지에 거주하는 중국사회를 대상으로 하는 연구가 증가하는 가운데 중남미 중국사회에 대한 기

사진 8.3 브라질 중국인 중화회관 및 공자 사당

존연구, 문헌이나 통계자료가 거의 전무하며 중국사회 현황에 관한 정보도 매우 한정되어 있다. 브라질 최대의 도시 상파울루에는 브라질 거주 중국인 대부분이 집중되어 있다. 상파울루 지역에서 중국인들이 집중되어 있는 곳은 일계인과 중국인 상점들이 집중되어 있는 리베르다지 동양인 거리와 중국 신이민자(1992년 중국 개혁개방 이후 해외로 이주한 중국인)들이 급증하고 있는 브라스 지역이다. 브라질 중국인의 정확한 통계는 아직 존재하지 않지만 현지조사에 의하면 약 150만 명 정도로 추정되고 있다.

먼저 브라질 상파울루에서 동양인의 거리로 불리고 있는 리베르다지 일계인타운은 제2차세계대전 후 일본의 패배로 귀국을 포기하고 브라질에 잔류한 일계인들이 모여들어 형성된 타운이다. 그들 중에는 브라질 입식지의 농촌부에서 자녀의 교육이 유리한 도시부로 특히 대도시 상파울루로 이동하는 자가 많았다. 상파울루 중심부인 리베르다지는 1953년 일본영화의 상영관이 설립되어 일계인 대상의 식당, 상점이 급증하게 되었고 일계인 주거지도 집중하게 되었다. 이후 일본 식민지시대 일본식 교육을 받아 일본어가 능숙한 대만인들이 리베르다지에 집중하여 일계인들과 혼재하게 되었다.

중화인민공화국 성립이후 중국의 자본가나 국민당 관계자 등이 거액의 자금을 가지고 브라질로 이주하였으며 이후 홍콩이나 대만으로부터 이주자도 증가하게 되었다. 1971년에는 대만이 UN으로부터 추방되면서 대만의 장래에 불안을 느낀 대만인들의 브라질 이주를 가속화되었다. 고등교육을 받은 일계인의 자녀들이 대학에서 고도의 기술이나 지식을 배워 의사나 변화, 엔지니어 등 전문 직종에 종사하는 자가 많아지면서 일계인들이 경영하던 상점은 후계자 계승이라는 난제에 봉착하게 되었다. 현재 일본가 관계된 식품과 상품 등을 중심으로 판매하는 상점이나 쇼핑센터, 호텔, 레스토랑 가운데 대만인들이 경영하고 있는 곳도 상당히 많다. 대만인들이 경영하는 상점에서는 간판에 일본어를 사용하여 일본적인 상점

경영방식을 유지하는 등 리베르다지에 대한 일반 브라질인들이 가져왔던 '일계인거리'로서의 이미지를 유지하려는 경향이 강하게 남아 있다.

한편 대만인 이외의 중국 신이민자의 진출도 최근에 매우 증가하였으며 2006년 1월 리베르다지에서 처음으로 중국정월을 축하하는 춘절제가 열리기도 했다. 일계인들 중에는 리베르다지의 차이나타운화를 우려하는 목소리도 높다. 동북아의 새로운 이민자인 한국인의 레스토랑이나 상점도 증가하는 추세이며 과거 '일계인거리'는 공식명칭인 '동양인 거리'로 거듭나고 있는 중에 있다.

특히 1992년 중국의 개혁개방이후 브라질 상파울루로 이주한 중국 신이민자들이 증가해왔다. 브라질 중국인들이 집중하고 있는 지역은 과거 아랍인의 거리였던 브라스 지역이다. 이 지역은 치안이 불안정한 곳으로 중국인들이 중국제의 싼 의류상품, 전기제품, 완구, 구두, 가방, 시계, 선글라스, 철물제품 등을 취급하는 상점들이 집중되어 있다. 이들 상점은 쇼핑센터 내 '스탠드 숍(일명 BOX)'라고 불리는 좁은 점포들이 대부분이다.

4. 일계인타운의 동양인 타운화와 초국적인 삶의 성격

현재 상파울루 시 리베르다지는 일본인, 한국인, 중국인들이 혼재되어 거주하고 있는 곳으로 이를 '동양인 거리'로 불리고 있다. 상파울루 '동양인 거리'는 과거에는 '일본인 거리'로 불리던 곳이다. 일본인들이 최초로 만든 거리였기 때문이다. 여기에는 많은 일본상점이 설립되어 일본식품이나 잡화가 판매되고 있었지만 최근에는 중국음식까지도 일본식품으로 팔리고 있다.

리베르다지 일계인타운은 포르투갈어 리베르다지(Liberdade)의 뜻인 '자유'로부터 유래하고 있다. 리베르다지는 일본인 이민자들이 도시부로

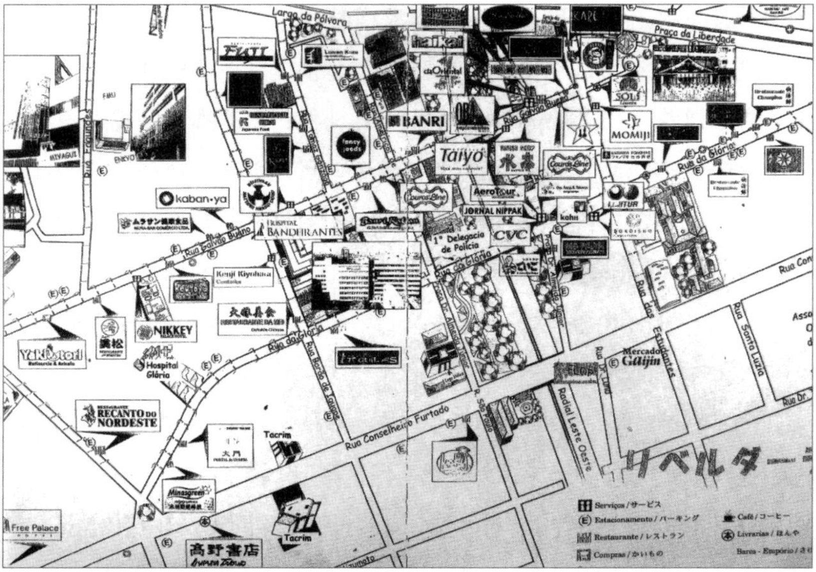

사진 8.4 상파울루 시내 리베르다지 일계인타운 지도

이동하기 훨씬 이전부터 존재하던 곳이었다. 이곳의 유래는 포르투갈 식민지였던 브라질이 독립하기 직전인 1821년 샤가즈라는 브라질 병사가 임금인상과 브라질병사의 대우를 포르투갈 병사와 동등하게 해 줄 것을 요구하고 폭동을 일으켰지만 곧 붙잡혀 교수형에 처해진 곳이기도 하다. 폭동의 선동꾼으로 붙잡힌 그는 처형의 날 목에 1톤 이상의 무게에도 견디는 튼튼한 밧줄이 내려져 교수형에 처해졌다. 하지만 2번이나 밧줄이 끊어져 처형에 실패하자 교수형을 구경하던 구경꾼들이 "신이 그들 살렸다"고 외치며 '자유(Liberdade)를 주라'고 호소했다. 그러나 그 병사는 마침내 3번째의 처형시도로 마침내 죽음을 맞이하였고 병사의 신분에도 불구하고 노예묘지에 매장되었다. 이때 신앙심이 두터운 신자들이 처형 장소에 십자가를 세우고 촛불을 켜놓고 기도를 올리자 그 촛불은 바람이나 비에도 꺼지지 않고 계속해서 타올랐다고 한다.

어쨌든 리베르다지는 '자유'를 의미하며 과거 노예제가 존재했던 시기에 그 장소에 사형장이 있어 범죄자나 노예들이 "죽음으로서 진정한 '자유'를 맛보게 되었다"는 의미에서 유래하고 있다. 그 후 오랫동안 처형장이자 묘지였던 관계로 리베르다지의 토지는 묘지 이전 후에도 헐값에 일반인들 사이에서 매매되었다. 이때 일본인 우에쓰카 슈헤이(上塚周平)가 큰 자금을 빌려 리베르다지 일대의 토지를 사서 당시 가난하고 토지가 없던 일본인 이민자들에게 저금리로 분양했다. 이렇게 하여 리베르다지는 일계인 이민자들이 집중적으로 모여 사는 일계인타운으로 전환되었다. 그리고 그의 이름을 딴 동상과 다리가 일계인타운에 건립되었다. 이후 리베르다지는 상파울루에서 교통과 상업의 중심부로 변하였으며 일본 붐으로 인구와 자본이 유입되자 토지가격이 급등하여 토지와 점포를 가지고 있던 일계인들은 하루아침에 자산가가 되었다.

하지만 최근 일계인타운에 중국인들이 모여들어 일계인들이 축적한 문화와 브라질인들의 일본인 신뢰를 활용하여 장사를 시작하였고 중국인들이 상점을 인수하기 시작하면서 일본인들의 소멸이 가시화되고 있다. 그 이유는 출세한 사람을 잘 활용하는 중국식 문화와 질투로 다른 사람의 장사를 방해하는 일본식 문화의 차이 때문이라는 분석도 있다. 이렇게 리베르다지 일계인 소유 빌딩은 급격히 감소하여 현재 2~3채 정도 남아 있고 대부분 중국인 소유로 넘어간 상태이다. 중국인들이 리베르다지에서 급격히 세력을 확장하게 된 배후에는 중화계 마피아의 존재, 탈세와 저가 상품의 대량수입 등으로 자본을 축적할 수 있었기 때문이다. 현재 리베르다지 일계인타운은 인근지역 슬럼가에 거주하고 있는 흑인들의 접근으로 치안이 불안정하고, 토지가격의 상승과 상점의 대부분을 중국인들이 차지하여 일계인들이 교외로 내몰리면서 일계인들이 보이지 않는 일계인타운으로 변하였다. 이렇게 리베르다지 일계인타운은 동양인의 거리로 불리게 되었고 최근에는 '차이나타운'화 되어가고 있는 추세이다.

5. 일계인 타운 거주 일본인 이민자의 초국적 이주와 이주유형

일본인의 브라질 이주유형은 크게 가족이주와 가족초청이라는 두 가지 형태로 구분된다. 가족이주는 브라질 정부가 일본인이민자를 처음 수용할 때부터 현지 적응상의 이유로 주장하던 이주형태이다. 그러나 점차 일본인들이 브라질 현지에 잘 적응해나가고 브라질 정부가 전쟁전후 일본인 이민을 금지하면서 가족초청으로 이민하기 시작했다. 일본인 초기이민은 대부분 가족이주나 가족초청에 의한 이주였으며 나중에 자발적인 이주로 전환되기 시작했다.

표 8.1 일계브라질인의 이주유형과 형태

인터뷰 대상자	이주연도	이주선	이주형태
구시켄 시게코	1966년	치자렌카호	요비요세 가족이주
구시켄 요코	1959년	치사다네호	요비요세 가족이주
치바나 치에코	1959년 볼리비아 -1964년 상파울루	치자렌카호	요비요세
시로마 카즈에	1959년 볼리비아 -1972년 상파울루	루이스호	미군 오키나와점령 일본정부 볼리비아 이주계획
미야기 후미	1960년	치자렌카호 네덜란드선	가족이주
타카에스 요시에	1960년	산토스마루	가족이주
나카모토 수에코	1960년	브라질 마루	요비요세
텐칸 수에코	1959년	치자렌카호	요비요세

1) 시마부쿠로(70대 남성, 일본 오키나와현인회회장)

시마부쿠로씨는 리베르다지에 위치한 오키나와현인회 회장이다. 리베르다지는 일본인들이 집거한 지역이었지만 지금은 한국인, 중국인들이 혼합되어 생활하는 '동양인의 거리'로 불리게 되었다. 일계인들이 사용하던 가게를 그대로 계승하여 한국인들이 하나둘씩 모여들더니 어느새 중국인들이 타운의 상점 대부분을 차지하게 되었다. 중국인들은 특유의 장사 기질과 단합으로 일계인타운을 점령하고 있다.

10년 전까지만 해도 일계인들이 타운에 제법 남아있었지만 브라질 경기상황에 따라 민감하게 움직이고 있다. '10년 전만 해도 일계인들은 브라질 경기 호황으로 일본에서 브라질로 귀국하는 자들이 많았지만 지금은 브라질 불경기로 다시 일본으로 데카세기를 떠나는 일계인들이 많아졌다.' 현재 브라질 거주 일계인들은 190만 명으로 알려져 있는데 브라질 전국에 47개 현인회가 존재하고 오키나와현지부만 44개 지부가 설치되어 있다. 이들 일계인 중 10%(43%)정도가 오키나와 출신으로 알려져 있다. 이렇게 오키나와출신 일계인들이 많기 때문에 그들 간의 단합도 잘되고 5년에 한 번씩 일본 오키나와에서 '우치난츄대회'를 개최하고 있다. 이 대회는 2016년 오키나와에서 10월 26일부터 5일간 개최될 예정이다. 현재 브라질 일계인은 1908년부터 본격적인 이민이 시작되어 100년 이상의 역사를 가지고 있으며 일계인 1~6세까지가 브라질 각지에서 생활하고 있다.

현재 브라질 일계인사회에서 발행되고 있는 대표적인 신문은 닛케이신문, 상파울루 신문, 오치나 프레스 등 3개 신문이다. 일계인 대부분이 주류사회에 진입했으며 중국인과 한국인들이 차지하고 있다. 시마부쿠로씨는 1.5세로 8살 때인 1959년 부모가 상파울루 농업이민으로 같이 이주해왔다.

2) 구시켄 시게코(70대 여성, 오키나와현 전통춤 전수자)

구시켄 씨는 오키나와현인회에서 오키나와 춤을 일계인들에게 가르치고 있다. 그는 1966년, 25세 때 브라질로 이주했다. 그녀의 증언으로는 당시 배안에는 재일한국인 300여 명 정도가 함께 배를 타고 왔었다는 정보를 제공해주었다.

3) 이와야 겐지(40대 남성, 오키나와현인회 사무국장)

이와야 겐지씨는 오키나와현인회에서 사무국장으로 근무하고 있다. 그는 일본 치바 현 출신으로 오키나와현인회에서 브라질에서 생활가능한 일본인 구인정보를 입수하고 5년 계약으로 가족과 함께 상파울루로 이주하여 생활하고 있다. 브라질 생활은 2년 정도 지났으며 3년 후 다시 본국에 돌아갈 예정이다.

4) 마쓰자카 겐지(30대 남성, 상파울루 인문과학 연구소 연구원)

마쓰자카씨는 상파울루 인문과학연구소에서 연구원 생활을 하고 있다. 그는 처음 만났을 때부터 한국어를 조금씩 구사할 줄 알았는데 어디에서 배웠느냐고 물어보니 한국에서 온 반공포로들로부터 배웠다고 한다. 자기가 사는 주변에 반공포로 한국인들이 살고 있어서 그들과 이야기하다 보니 한국어를 조금씩 습득하게 되었다고 했다. 그는 일계인 도서관을 안내해주었는데 그곳에 가 보니 나이가 지긋한 일본인들이 책을 읽고 있었다. 일본인 이민관련 책들도 많이 소개해주었는데 몇 권은 구입하고 나머지는 복사했다.

5) 시로마 카즈에(70대 여성, 오키나와 현 출신, 일본 전통춤 전수자)

시로마씨의 경우 당시 오키나와 현에서 실시하고 있던 군수작업에 실증을 느껴 일단 해외로 나가고 싶다는 생각에서 가족이주로 볼리비아를 거쳐 상파울루에 이주하게 되었다. 잠시 생활하다 반드시 귀국할 예정이었으나 세월이 많이 흘렀다고 했다.

구시켄 요코씨의 경우 아버지가 병으로 돌아가시자 장남인 오빠가 먼저 브라질로 이주했다. 그리고 장남이 살고 있는 상파울루로 어머니와 함께 이주하게 되었다.

이들 인터뷰 대상자 대부분은 80대 여성 노인들로 일본인들이 대개 농업이민, 노점상(벤데), 상업으로 이주생활을 지속해왔다고 증언했다.

6) 일본인회 문교(고야 회장, 나카지마 사무국장)

현재 리베르다지 일계인타운에는 일본인 가게는 4~5개 정도가 생존하고 있다. 일계인들은 일본으로 데카세기를 떠나는 경우가 많고 일계인 3~4세들은 주류사회로 진출하는 기회가 많아졌기 때문이다. 리베르다지 타운 내 가게의 간판들은 법률적으로 포르투갈어를 사용해야 하지만 한국인 가게는 한국어 간판, 중국인 가게는 일본어 간판을 그대로 사용하고 있는 경우도 많았다. 왜냐하면 일계인 가게를 인수해서 그대로 일본인 상품을 판매하는 중국인 점주들이 많기 때문이다. 처음에는 대만인들이 일계인타운으로 모여들어 장사를 시작했으며 종업원은 대부분 일계브라질인, 한국인, 중국인들이었다.

1908년 일본인 이주가 시작되면서 리베르다지는 일본인들로 채워졌다. 1960년대는 대만인 70%, 한국인 10%정도 거주하고 있었다. 백가출신 회관을 중심으로 단합을 하고 있으며 중국계 대만 부자와 대만본토인들이 많이 이주했다. 1990년대는 대륙의 중국인들이 대거 이주하면서 현재 상파울루 주변에만 150만 명 정도가 거주하고 있다. 중국인들은 한국인들과 마찬가지로 돈을 벌면 미국으로 이주하는 경우가 많다고 했다.

7) 요시야스 소노코(88세 여성, 문화복지회관 원장)

소노코씨는 일계인 2세이며 8명의 형제들 중 맏딸로 태어났다. 제2차 세계대전 중에는 포르투갈어만 사용하게 했는데 집에서는 일본어를 사용했다고 한다. 1958년부터 2016년 현재까지 일계인 대상 문화복지 요양원을 운영하고 있으며 직원들 모두가 포르투갈어와 일본어를 구사할 줄

알기 때문에 일계인 1세들을 잘 돌볼 수 있다고 했다. 아버지는 나가노 현 출신으로 1919년 브라질로 이주했으며, 어머니는 나고야 출신으로 1926년 브라질로 이주했다. 부모는 1927년 브라질에서 결혼하였고 소노코씨는 일본인 집단거주지였던 아리안사에서 태어났다고 했다. 1934년 브라질 아리안사에서 파라나주로 이주했으며 1957년 상파울루로 이주하여 현재까지 일계인을 위한 복지관계 일을 해오고 있다.

1957년 상파울루시로 이주하여 일계인 고령자대상 복지관계 일에 관여하기 시작했는데 자신이 일계인 2세로 포르투갈어와 일본어가 가능했기 때문이라고 했다. 당시 아버지는 생계를 위해 잡화상을 했었고 1942년 가게를 임대하여 장사를 시작했다고 한다. 어머니는 가정주부로 가톨릭신자였다고 한다. 브라질은 가톨릭 국가로 포르투갈이 세운 나라이기도 하다.

IX

맺음말

최근 일본에서 해외로 이동하는 일본인은 연간 1,600만 명에 달하고 해외에 거주하고 있는 일본국적 재외방인은 약 130만 명, 일계인은 380만 명에 달하고 있다. 이러한 해외거주 재외방인의 증가와 더불어 일본정부도 다양한 재외방인 지원정책과 교육정책을 전개해오고 있다. 따라서 이 책의 목적은 일계인 디아스포라 사례를 통해 일본인의 글로벌적 민족분산의 초국가적 성격을 살펴보고 이를 뒷받침하는 민족교육을 연구하는 데 있다. 특히 일본에서 국제이주를 유발하는 요인과 그것을 수용하는 요인이 무엇인가를 규명하고 재외방인 지원정책 중 재외국민 교육에 초점을 두고 살펴보았다. 연구결과는 다음과 같다.

첫째, 일본인의 1945년 이전의 해외이주의 특징은 1885년 하와이 정부와 메이지정부가 맺은 계약에 의거하여 하와이 관약이민의 개시 이후 하와이를 중심으로 돈벌이 노동자이민을 매년 수 천 명의 규모로 송출하는 한편 관약이민 종료(청일전쟁 이후) 후에는 비세력권의 하와이, 북미방면 및 중남미 지역과 식민지 세력권이었던 중국, 대만, 한국방면으로 송출하였다. 일본정부의 해외이주장려는 당시 이를 지원하는 식민협회, 해외흥업, 해외이주조합법제도, 아마존흥업 등과 같은 이민알선업자와 법적 제도적 뒷받침이 있었기 때문에 가능했다. 이민알선업자의 설립주체로는 재벌관계자, 대도시 비재벌계 경영자, 지방명망가, 정당관계자 등으로 개별기업의 이익추구나 정치적 지위의 상승이라는 측면 이외에도 인구와 식량문제의 해결이라는 국가적 정책적 차원이나 지역피폐의 해결이라는 관점에서 진행되었다. 일본인의 해외이주는 적극적 추진(식민세력권)과 억제(하와이 및 북미)라는 양면정책으로 이주의 동기는 소작농으로 전락한 농민층의 경제적인 이유와 가족 호주 및 장남 출신이 많은 것으로 나타났다.

1945년 이후에는 일본인이민은 브라질과 일본의 국교회복과 동시에 재개되었다. 민간에 의한 이민송출재개와 병행하여 일본정부에 의한 해외이주의 국책화가 진행되었다. 결국 처음에는 귀국을 의도한 브라질이민이었지만 조기 축재가 곤란하였다는 점, 일본과 브라질의 물리적 거리가 멀었던 점, 가족동반의 이민이었던 점, 일본인들의 촌락공동체를 형성했다는 점 등이 정주이민을 가능하게 했으며 최종적으로 영주와 연결되어 브라질은 해외 최다 일계인 인구 수를 기록하게 되었다.

1990년대 이후 해외거주 일계인들이 1990년 입국관리법개정 이후 일본 각지의 기업을 중심으로 제조업 혹은 일손부족이 심각한 산업, 즉 3K산업분야 노동자, 비숙련노동자로서 종사할 수 있게 되었다. 입국관리법의 개정은 외국적이어도 '일계인'임을 증명하면 일계인 3세는 '정주자', 일계인 2세는 '일본인의 배우자 등'이라는 자격을 취득할 수 있었다. 취업이 가능한 체류자격 때문에 인플레와 경제위기에 빠진 브라질로부터 일본 취업으로 도일하게 되었다. 이를 실현 가능하게 한 것은 일본-브라질 간에 형성된 초국적 '인재파견시스템'이었다. 1990년대 이후 30년이 지난 시점에서 약 20만 명에 달하는 귀환 일계인들은 고령화와 재일브라질 4세의 비자문제에 직면하고 있다.

둘째, 1945년 전후 일본정부의 해외이주사업의 성격과 특징, 1990년대 이후 일본귀환 일계인의 지원정책을 살펴보았다. 일본인의 해외이주에 대하여 역사적 관점에서 개괄하고 일본정부에 의한 1945년 전후 북남미 이민송출정책과 외국인수용정책을 통한 귀환이민정책, 그리고 이들에 대한 지원정책에 대하여 논의하였다. 일본정부의 재외방인정책은 국민과 비국민이라는 경계선을 획정함으로써 해외거주 재외일본인과 재외방인, 그리고 일본 국내외 재외방인(일계인=현지국적자)에 중점을 두고 있다. 글로벌화와 더불어 일계인의 국내외 이동이 다양화되고 있는 가운데 국적에 따른 향후 출입국관리정책과 사회통합정책의 괴리를 해결할 수 있는 통합지원정책의 필요성을 제시하였다.

셋째, 일본인의 글로벌적 이동이 활발해짐에 따라 해외로 진출하는 일계기업도 증가해왔으며 일본의 영토 외에 진출하고 있는 일계기업의 총

수도 아시아를 중심으로 급성장 해왔다. 해외일계기업의 증가와 더불어 장기체류자의 증가, 그리고 해외자녀 수의 증가에 따라 이들의 교육지원을 위해 해외에 재외교육시설들이 설립되기 시작했다. 해외체류 재외방인이 증가함에 따라 해외에 거주하는 일본인 자녀들이 재학할 수 있는 재외교육시설들이 출현하게 되었는데 이들 학교의 형태는 일본인학교, 보습수업교, 사립재외교육시설 및 보습교실, 기타 '재외교육시설' 등이 있다. 재외교육시설은 설립지의 대표자 등에 의해 구성되는 학교운영위원회를 모체로 하여 일본의 학교관계법령에 준거하여 초등학교 혹은 중학교에 상당하는 교육을 수행하는 것을 목적으로 하는 전일제 교육시설을 말한다. 일반적으로 현지의 일본인회 등이 주체가 되어 설립되고 운영은 일본인회 등이나 진출기업의 대표자, 보호자의 대표 등으로 구성되는 학교운영위원회가 담당하고 있다. 일본외무성과 문부과학성은 일계기업의 해외진출을 배경으로 재외교육시설의 수요가 많은 것을 감안하여 가능한 많은 해외자녀들이 재외교육시설에서 배울 기회를 부여할 수 있도록 지원조치를 강구하고 있다.

일본인학교 및 보습수업교의 설립운영에 관해서는 일본정부가 먼저 정비방침이나 예산방침 등을 정하여 추진하는 것이 아니라 소재지에서 일본인회 등 재외방인사회로부터의 자발적인 요청에 의해 문부과학성이 일본인학교로서의 인정을 수행함과 동시에 문부과학성 및 외무성이 일본인학교 및 보습수업교에 대해서도 각종 정부지원을 시행하고 있다. 일본인학교로서의 인정에 대해서는 문부과학성이 '재외교육시설의 인정 등에 관한 규정' 및 '재외교육시설의 인정기준, 운영기준 및 인정의 절차 등에 대하여'에 의거하여 일본 내의 소중고등학교의 교육과정과 동등의 과정을 가진다는 취지를 인정하고 있으며 일본인학교의 수료자에게는 학교교육법 및 학교교육법시행규칙에 의해 일본 내의 고등학교 및 대학의 입학자격을 인정하고 있다. 또한 일본인학교 및 보습수업교에 대한 정부원조에 대해서는 의무교육에 대한 지원으로서 예산 범위 내에 실시하고 있다. 그러나 현지학교의 선택은 현지학교의 교육환경, 자녀의 연령, 학년, 학습능력, 성격, 해외체험, 희망, 부모의 체류기간, 가정교육방침 등이 크게 영향을 미치고 있는 것으로 나타났다.

넷째, 일본출입국체류관리청에 의하면 2019년 6월 기준으로 일본체류 외국인 수는 282만 9,416명으로 일본 총인구의 2.24%에 달했다. 일본 내 도도부현별 체류외국인이 가장 많은 곳은 도쿄도, 아이치 현, 오사카 부, 가나가와 현 등 이들 4도후현이 전체 외국인인구의 47%를 차지하였다. 도도부현별로 브라질인 인구는 아이치 현이 가장 많고 시즈오카 현, 미에 현, 기후 현 등 지방에 집중되고 있다. 기타 군마 현, 나가노 현, 사이다마 현 등 북관동 지역에 집중되고 있다. 이들 자치단체에는 자동차 관련 기업이나 각종 제조업공장이 집중되어 있으며 아이치에는 도요타, 시즈오카에는 스즈키, 혼다, 야마하, 미에 현에는 샤프, 도시바 등 액정 제조라인이 있다. 체류외국인이 일본 도시에 집중하는 이유는 주로 서비스업의 임금이 지방도시보다 높고 생활을 지원하는 외국인공동체가 발달되어 있기 때문인 것으로 생각된다. 일본 내 일계브라질인들도 1990년대 이후 장기체류자가 급증하게 되자 브라질 모국의 정체성을 지키면서 일본에서의 생활에 잘 적응하기 위하여 학교를 설립하기 시작했다. 학교설립배경에는 체류의 장기화, 정주화 경향이 높아지고 있지만 브라질로 귀국하더라도 생활에 지장이 없도록 어린이들에게 모국의 언어와 문화를 가르치고 싶다는 욕구가 강하고 언젠가는 브라질에서의 생활을 희망하고 있기 때문이다. 이에 따라 일본전국에 일계브라질 학교가 거의 100여 개 이상이 설립되었다.

일계브라질학교의 설립 배경에는 다음과 같은 3개의 사례가 있다. ① 브라질에서 교사를 했던 사람이 경험을 살려 포르투갈어로 공부를 가르친 것을 계기로 학교를 경영한 경우다. ② 일본인 경영자가 브라질인 교사를 고용하여 학교를 경영하는 사례이다. ③ 브라질 모국에서 학교경영을 하고 있는 교육기관이 일본에서 자매교를 설립한 사례이다.

일계브라질학교는 브라질 모국의 인가를 받고 있으며 브라질 교사들은 전원 모국의 교원자격을 가지고 있다. 그러나 모국으로부터 재정적 지원은 거의 받지 못하고 있다. 교과서는 모국의 것을 사용하고 있지만 구입해야 한다. 일본정부나 행정으로부터 인가를 받지 못하고 있으며 개인 사숙형태이기 때문에 일본행정으로부터 조성금도 거의 지원받을 수 없다. 학교운영비는 부모들이 지불하는 사례비로 충당하고 있기 때문에 부모들의 부담도 크다. 브라질학교의 이러한 어려운 환경은 전후 이보다 훨씬 어려운 상황에서 학교를 설립하고 발전시켜 온 재일코리안 조선학교가 좋은 모델이 되고 있다.

다섯째, 브라질 한인이주는 1963년 브라질 공식이민 재개 이후 53년이 경과된 시점에서 한인공동체의 이주역사를 회고하고 봉헤찌로를 중심으로 한 코리아타운의 형성과 에스닉 산업의 전개과정, 의류산업의 성공신화, 타운의 지역적 특성과 민족계승, 교회를 중심으로 한 한인공동체의 형성과 특징 등에 대하여 현지조사를 토대로 살펴보았다. 브라질 봉헤찌로 코리아타운에서 민족계승은 맨 처음 유대인이 진출하여 이후 이탈리아-볼리비아-일본인-한국인-중국인 순서로 에스닉 산업의 민족승계가 이루어지고 있다. 코리아타운의 의류산업과 식당업은 현재 고급화를 지향하는 한국인으로부터 저임금과 값싼 상품을 앞세운 중국인들의 진출이 현저히 늘어난 것으로 나타났다. 또한 주목할 것은 리베르다지 일계인타운, 봉헤찌로 코리아타운, 브라스 지역 차이나타운이 독립적으로 존재하는 것이 아니고 상호 협력관계에 있다는 점이다. 이러한 점은 리베르다지 일계인타운의 아시아타운화에 잘 나타나고 있다.

여섯째, 일본정부의 해외일계인 청소년 정책을 고찰하고 실태와 현황을 분석하였다. 분석결과, 일본정부의 청소년정책은 2001년 1월 이후 새로 편성된 정부 관계성청이 청소년에 관한 각 분야의 정책을 분담하고 내각부가 청소년의 건전 육성에 관한 사안의 기획 및 입안, 종합조정 등을 담당하고 있는 것으로 나타났다. 일본정부의 차세대 청소년 육성 지원정책은 2020년까지 약 18만 명의 유학생을 지원한다는 계획을 세우고 있다. 이러한 일본의 성장 동력을 견인하는 글로벌 인재양성을 달성하기 위해 일본 각 부성청의 강점을 살리고 유기적인 대응을 통해 상호 연계하여 협력하고 있는 것으로 나타났다. 일본정부의 재외방인 청소년을 위한 교육시설은 해외에 체류하는 일본인 자녀를 위한 학교교육법(1947년 법률 제26호) 규정을 준수하고 일본 국내 초등학교, 중학교, 혹은 고등학교와의 동등한 교육과정을 유지한다는 취지로 지정 혹은 인정을 허가하고 있는 것으로 나타났다. 일본정부의 해외귀국 학생들에 대한 지원정책은 학교생활의 원활한 적응을 위한 지도 및 지원과 함께 다른 학생들을 포함하여 해외에서 학습 및 생활경험을 존중한 교육을 추진하는 것을 주요 목표로 삼고 있다. 일본정부의 재외교육시설과 일본인학교는 넓은 의미에서 국제화를 지향하고 있지만 일본 국내 초등학교, 중학교 과정과 동등한 과정을 유지하는 것을 중시하고 있다. 재외교육시설은 일본헌법, 교육기본법을 기반으로 한 법규에 준거한 설립과 교육과정은 정부학습지도요령의 지도방침에 의해 일본 국내와 동등한 초중등교육을 추진하고 있는 것으로 나타났다. 결국 일본정부의 내각부와 문부성에 실시하고 있는 일본인 청소년 교육 및 재외방인 청소년 교육정책은 일본 국내의 국제화와 해외거주 일계인청소년의 일본화(내부화)라는 두 가지 측면에서 진행되고 있는 것으로 나타났다.

일곱째, 브라질 일계인타운과 한인타운에 대해 구체적인 현지조사의 연구수행 내용을 중심으로 살펴보았다. 리베르다지 일계인타운은 일본인, 한국인, 중국인들이 혼재되어 거주하고 있는 곳으로 이를 '동양인 거리'로 불리고 있다. 상파울루 '동양인 거리'는 과거에는 '일본인 거리'로 불리던 곳이다. 일본인들이 최초로 만든 거리였기 때문이다. 하지만 최근 일계인타운에 중국인들이 모여들어 일계인들이 축적한 문화와 브라질인들의 일본인 신뢰를 활용하여 장사를 시작하였고 중국인들이 상점을 인수하기 시작하면서 일본인들의 소멸이 가시화되고 있다. 그 이유는 출세한 사람을 잘 활용하는 중국식 문화와 질투로 다른 사람의 장사를 방해하는 일본식 문화의 차이 때문이라는 분석도 있다. 현재 리베르다지 일계인타운은 인근지역 슬럼가에 거주하고 있는 흑인들의 접근으로 치안이 불안정하고, 토지가격의 상승과 상점의 대부분을 중국인들이 차지하여 일계인들이 교외로 내몰리면서 일계인들이 거의 보이지 않는 일계인타운으로 변하였다. 이렇게 리베르다지 일계인타운은 동양인의 거리로 불리게 되었고 최근에는 '차이나타운'화 되어가고 있는 추세이다.

지금까지 일계인 디아스포라의 초국적 성격에 대하여 1945년 전쟁전후 해외이주, 1990년대 이후 귀환이민, 그리고 이민과 민족교육에 대하여 살펴보았다. 일본인의 국제이주와 재외방인교육은 상호 불가분의 관계를 가지고 있는 것으로 나타났다. 먼저 1945년 전쟁전후 일본인의 해외이주는 식민지 세력권과 비세력권으로의 이동으로 확연히 구분되는데 이는 일본정부의 보호와 비보호라는 전제 하에 이주와 식민개척이 각기 따로 전개되었다는 점이다. 특히 일본정부의 식민지 비세력권으로의 이동은 이민알선업자와 인재파견시스템을 통해 이루어졌다는 점과 이를 지원하는 식민협회, 해외흥업, 해외이주조합법제도, 아마존흥업 등과 같은 법적 제도적 뒷받침이 있었기 때문에 가능했다는 점을 상기할 필요가 있다.

또한 해외체류 재외방인이 증가함에 따라 해외에 거주하는 일본인 자녀들이 재학할 수 있는 재외교육시설들이 출현하게 되었는데 이들 학교의 형태는 일본인학교, 보습수업교, 사립재외교육시설 및 보습교실, 기타 '재외교육시설' 등의 유형이 있다. 재외교육시설은 설립지의 대표자 등에 의해 구성되는 학교운영위원회를 모체로 하여 일본의 학교관계법령에 준거하여 초등학교 혹은 중학교에 상당하는 교육을 수행하는 것을 목적으로 하는 전일제 교육시설이다. 일반적으로 현지의 일본인회 등이 주체가 되어 설립되고 운영은 일본인회 등이나 진출기업의 대표자, 보호자의 대표 등으로 구성되는 학교운영위원회가 담당하고 있다. 일본외무성과 문부과학성은 일계기업의 해외진출을 배경으로 재외교육시설의 수요가 많은 것을 감안하여 가능한 많은 해외자녀들이 재외교육시설에서 배울 수 있도록 지원조치를 강구하고 있다. 일본정부의 재외교육시설은 넓은 의미에서 국제화를 지향하고 있지만 일본 국내 초등학교, 중학교 과정과 동등한 과정을 유지하는 것을 중시하고 있다. 재외교육시설은 일본헌법, 교육기본법을 기반으로 한 법규에 준거한 설립과 교육과정은 정부학습지도요령의 지도방침에 의해 일본 국내와 동등한 초 · 중등교육을 추진하고 있는 것으로 나타났다. 결국 일본정부의 외무성과 문부과학성이 실시하고 있는 재외방인 청소년 교육정책은 일본 국내의 국제화와 해외거주 일계인청소년의 일본화(내부화)라는 두 가지 측면에서 진행되고 있는 것으로 나타났다.

❙ 참고문헌 ❙

김동성(1954),『중남미 기행』, 서울: 원문각: 89.

이구홍(1979),『한국이민사』, 서울: 중앙일보 동양방송.

이채문 외(2016),「브라질 거주 아시아계 이민의 과거와 현재: 한인과 일계 이주민의 비교연구」,『라틴아메리카연구』 29(2).

임영언(2010),「일계인(日系人)디아스포라: 초민족공동체 형성과정 연구」,『日本文化学報』 46.

임영언(2011),「일계인(日系人)디아스포라의 귀환과 브라질타운형성에 관한 연구: 군마현 오이즈미마치 일계브라질타운을 중심으로」,『한국동북아논총』 16(4).

임영언(2011),「일계인(日系人)디아스포라 브라질 이주사와 전시문화콘텐츠 고찰」,『日本文化学報』 50.

임영언 외(2013),『일계인디아스포라: 초국적 이주루트와 글로벌네트워크』, 성남: 북코리아.

임영언(2014),「일본의 이민정책과 일계인의 모국귀환정책 연구」,『日語日文学』 63.

임영언(2017),「일계인디아스포라의 LA리틀도쿄형성과 재미한인관계 고찰」,『일본근대학연구』 58(0).

임영언 · 최석신(2016),「일계인의 모국연계와 민족정체성 지향에 관한 조사 연구」,『동아시아일본학회』 58(0).

임영언 · Ajay K. Dubey(2016),「일계인디아스포라의 학교설립 유형과 운영에 관한 고찰」,『일본문화학보』 68(0).

임성모(2008),「근대 일본의 국내식민과 해외이민」,『동학사학연구』 103.

임채완 · 임영언 · 박구용(2013),『일계인디아스포라: 이주루트와 초국적 네트워크』, 성남: 북코리아.

______(2014),『일계인디아스포라의 초국적 공간 이동과 재영토화』, 성남: 북코리아.

______(2015),『일계인디아스포라의 혼종성과 문화영토』, 성남: 북코리아.

임영언 · 임채완 · Ajay K. Dubey(2017),『일계인디아스포라의 문화적응과 정착기제』, 성남: 북코리아.

송석원(2009),「일본정부의 일계인(日系人)정책-JICA의 해외일계인 지원사업을 중심으로」,『민족연구』.
전경수(1991),『브라질의 한국이민: 인류학적 접근』, 서울: 서울대학교 출판부.
______(1995),『한국문화론-해외편』, 서울: 일지사.
조정남(2015),「일본의 재외동포 정책」,『민족연구』 61(0).
최금좌(1991),『한국이민사: 무지개를 넘어서』, 브라질: 상파울루대학 석사논문.
______(2012),「재브라질 한인사회와 문화정체성」,『디아스포라연구』 6(1).
현규환(1976),『한국유이민사(하)』, 서울: 삼화인쇄㈜출판부.

アケミ・キクムラ=ヤノ編(2002),『アメリカ大陸日系人百科事典: 写真と絵で見る日系人の歴史』, 明石書店.
浅香幸枝(2018),「日系人の受け入れ支援: 中南米日系社会との連携の視点から」,『留学交流』 12(93).
安藤由美編(2007),『沖縄社会と日系人・外国人・アメラジアン: 新たな出会いとつながりをめざして』, クバプロ.
岩槻泰雄・鈴木譲二(1975),『海外移住政策史論』, 東京: 福村出版.
井口泰(2001),『外国人労働者新時代』, ちくま親書.
今津孝次郎, 松本一子編(2002),『東海地域の新来外国人学校』, 新曜社.
イシ, アンジュロ(1998),「単純労働者から起業家への道: 在日日系ブラジル人のもうひとつの顔」全国市町村国際文化研究所,『国際文化研修』 18.
______(2001),「IT時代の移民と移民研究: 在日デカセギ日系ブラジル人の場合」,『移民研究年報』 7.
______(2002),「エスニック・メデイアとその役割: 在日ブラジル人のむ向けポルトガル語メデイアの事例から」, 宮島喬・加納弘勝(編),『国際社会第2巻: 変容する日本社会と文化』.
今野敏彦・藤崎康夫(1994)『増補移民歴史: I 南米編』新泉社.
______(1996),『増補移民歴史: IIアジア・オセアニア編』新泉社.
移民研究会編(2008),『日本の移民研究: 動向と文献目録 I 明治初期-1992年9月』, 明石書店.
______(2008),『日本の移民研究: 動向と文献目録II 1992年10月: 2005年9月』, 明石書店.
石川友紀(1989),「ブラジルにおける日本移民の地域的分布と職業構成の変遷第二次世界大戦前を中心に」,『琉球大学法文学部紀要』32.
石川雅典(1995), "出稼ぎ送出の実態と家庭・地域生活: アマゾン地区日系集団地の留守家族, 出稼ぎ經驗者の調査から", 渡辺雅子編) 共同研究出稼ぎ日系ブラジル人上巻』明石書店.
李東準(1956),『日本にいる朝鮮の子供: 在日朝鮮人の民族教育』, 春秋社.
大阪市社会部(1924),『朝鮮人労働者問題』弘文堂書房,『集成』1.
大泉町企画調整部企画課(2011),『くらしのべんり帳』.
大泉町住民課(2010),『外国人登録の推移』.
大沼保昭(1993),『新版・単一民族社会の神話を超えて: 在日韓国・朝鮮人と出入国管理体制』, 東京: 東信堂2.
岡本雅享監修編著(2005),『日本の民族差別』明石書店.
岡部恭宜(2014),「青年海外協力隊(JOCV)の学際的研究」,『JICA-RI Working Paper』72.
小内透編著(2009),『ブラジルにおけるデカセギの影響』, お茶の水書房.
______(2009),『在日ブラジル人の労働と生活』, お茶の水書房.
岡部一明(1991),『日系アメリカ強制収容から戦後補償へ』, 岩波書店.
呉万虹(2004),『中国残留日本人の研究: 移住・漂流・定着の国際関係論』, 日本図書.
梶田孝道・丹野清人・樋口直人(2005),『顔の見えない定住化: 日系ブラジル人と国家・市場・移民ネットワク』, 名古屋大学出版会.
川島真・服部龍二(2011),『東アジア国際政治史』, 名古屋大学出版会.
鎌塚扶(1940),「大阪に於ける朝鮮同胞の一居住地帯を往訪して」,『総動員』.
上毛新聞社編(1997),『サンバの町から:外国人とともに生きる: 群馬大泉』, 上毛新聞社.
海外移住資料館(2010),『海外移住資料館だより』, 2010特集号.
外交資料館所蔵(1918),「第7回送金目録」,『在外日本人送金送達雑件』3.
金鐘在, 玉城素編(1978),『渡日韓国人一代』, 図書出版社.
喜多川豊宇(1996),「浜松市における日系ブラジル人の生活構造と意識: 日伯両国調査を踏まえて」,『東洋大学社会学部紀要』34(1).
______(1997),「ブラジル町の形成とディアスポラ: 日系ブラジル人の定住化に関する7年継続大泉町調査」,『東洋大学社会学部紀要』34(3).
北脇保之(2008),「日本の外国人政策: 政策に関する概念の検討及び国・地方自治体政策の検証」,『多言語多文化: 実践と研究』1(3).
月刊『イオ』編集部編(2006),『日本の中の外国人学校』, 明石書店.

黒田陽子(2007),「フィ:ルドワ:クによる日系人の生活戦略分析: 人間関係と言語習得から見る支援の一つの可能性」,『生態人類学会ニュ:スレタ』14.
駒井洋監修・小林真生編著(2013),『レイシズムと外国人嫌悪』, 明石書房.
駒井洋(2006),『グロ:バル化時代の日本型多文化共生社会』, 東京: 明石書店.
郡司英美(2005),「日系ブラジル人の子どもを取り巻く研究の再検討」,『異文化間教育』21.
京都市社会課(1937),『市内在住朝鮮出身者に関する調査』, 京都市,『集成』3.
坂中英徳著(2013),『日本型移民国家の道』, 東信堂.
佐々木衛(2005), 中国朝鮮族に見られる移動と階層文化, エスニシティ, 奥山真知・田巻松雄, 北川隆吉編, 階層, 移動と社会, 文化変容, 文化書房博文社.
佐藤郡衛(2009),「日本における外国人教育政策の現状と課題: 学校教育を中心にして」,『移民政策研究』創刊号.
斉藤広志(1959),「ブラジルにおける日系人の人口と地域的移動」,『南米研究』6.
______(1960),「ブラジルにおける邦人移住者の地域的移動」,『国際経済研究』10.
サンパウロ人文科学研究所編(1997),『ブラジル日本移民史年表』, 無明舎出版.
篠田藤治(1954),「在日朝鮮人の生活実態の概況(下)」,『親和』.
新人物往来社編(2006),『ユニ:ク博物館・記念館』, 新人物往来社.
杉原達.(1986),「在阪朝鮮人の渡航過程: 朝鮮・済州島との関連で」,『大阪・大世・スラム』新評論.
鈴木江里子・渡戸一郎(2002),『地域における多文化共生に関する基礎調査: 日本における多文化共生の実現に向けてPART 2』, フジタ未来経営研究所.
鈴木一代(2005),「日系国際児の文化的アイデンティティ形成: 事例の検討」,『埼玉学園大学紀要』5.
関口知子(2003),『在日日系ブラジル人の子どもたち: 異文化間に育つ子どものアイデンティティ形成』, 明石書店.
鄭哲(1967),『民団: 在日韓国人の民族運動』, 洋々社.
全淑美(2006),「日本植民地時代に「契約移民」としてブラジルへ移住した朝鮮人一家」,『東アジア研究』46.
全淑美(2010),「植民地期朝鮮のブラジル朝鮮人移民: 移住の経緯と移住が実現したその要因」,『朝鮮学報』215.
全淑美(2010),「ブラジル・サンパウロにおける朝鮮人コミュニティの諸相 ~植民地期朝鮮移民および1956年青年移民の出会いを中心に~」,『大阪経済法科大学東アジア研究』53.
丹野清人(1999),「在日ブラジル人の実像: 工場労働者の生活と将来設計を中心に」, 梶田孝道編,『トランスナショナルな環境下での新たな移住プロセス: デカセギ10年を経た日系人の社会学的調査報告』, 科学技術振興調整費研究成果報告書.
武者小路公秀監修, 浜邦彦・早尾貴紀編(2008),『ディアスポラと社会変容』, 国際書院.
辻元昌弘(1998),「文化間移動によるエスニック・アイデンティティの変容過程: 南米日系移住地から日本への移民労働者の事例研究」,『社会心理学研究』14.
ヂンダレ研究会編(2010),『「在日」と50年代文化運動』, 人文書院.
外村大(2012),「ポスト植民地主義と在日朝鮮人: 帝国崩壊後の民族関係の変遷に注目して」,『移民研究と多文化共生』東京: お茶の水書房.
独立行政法人国際協力機構横浜センタ(2004),『海外移住資料館展示案内: われら新世界に参加す』, 算用印刷株式会社.
仲尾宏(2003),『在日韓国・朝鮮人問題の基礎知識』, 明石書店.
永田・素彦・藤本・久司(2007),「日系南米人の若者のアイデンティティと生活経験の関係: 三重県でのアンケ: ト調査をもとに」,『三重大学人文学部文化学科研究紀要』24.
日本移民学会編(2011),『移民研究と多文化共生』, お茶の水書房.
日本赤十字社(1956),『在日朝鮮人帰国問題の真相』, 日本赤十字社.
日本ブラジル交流史編纂委員会(1995),『日本ブラジル交流史日伯関係100年の回顧と展望』, 日本ブラジル修好100周年記念事業組織委員会・社団法人日本ブラジル中央協会.
日本外交青書(2016),『海外における日本人への支援』, 東京: 外務省.
野口道彦他(2009),『批判的ディアスポラ論とマイノリティ』, 明石書店.
萩原理沙・中島隆信(2014),『人口減少下における望ましい移民政策: 外国受け入れの経済分析をふまえての考察』, 独立行政法人経済産業研究所.
パウリスタ新聞社編(1996),『日本・ブラジル交流人名辞典』, 五月書房.
樋口雄一・小沢用作編(1978),「在日朝鮮人部落の成立と展開」,『近代民衆の記録10在日朝鮮人』, 新人物往来社.
______(1986),『協和会戦時下朝鮮人統制組織の研究』, 社会評論社.
樋口直人・高橋幸惠(1998),「在日ブラジル出身者のエスニック・ビジネス: 企業家供給システムの発展と市場の広がりを中心に」,『イベロアメリカ研究』20(1), イベロアメリカ研究所.

一橋大学社会学部(1999),『トランスナショナルな環境のもとでの新たな移住ポロセス: デカセギ10年を経た日系人の社会学調査報告』.
藤田結子(2008),『文化移民』, 新曜社.
兵庫県学務部社会課(1937),『朝鮮人の生活状態』, 兵庫県.
法政大学大原社会問題研究所所蔵思想対策研究会(1994),『半島人問題: 思想対策研究会報告書』2.
朴鐘碩・上野千鶴子ほか著(2008),『日本における多文化共生とは何か: 在日の経験から』, 新曜社.
朴在一(1957),『在日朝鮮人に関する総合調査研究』, 新紀元社.
朴慶植(1989),『解放後在日朝鮮人運動史』, 三一書房.
朴燦镐(1987),『韓国歌謡史1895~1945』, 晶文社.
増田義郎・柳田利夫(1999),『ペル: 太平洋とアンデスの国』, 中央公論新社.
箕浦康子(1994),「異文化で育つ子どもたちの文化的アイデンティティ」,『教育学研究』61.
前山隆(1996),『エスニシテイとブラジル日系人』, お茶の水書房.
______(1997),『異邦に「日本を祀る」: ブラジル日系人の宗教とエスニシテイ』, お茶の水書房.
______(2003),『個人とエスニシテイの文化人類学』, お茶の水書房.
______(2001),『異文化接触とアイデンティティ: ブラジル社会と日系人』, お茶の水書房.
水島瑠美(2005),『日系アメリカのアイデンテイテイ』, 卒業論文.
南川文里(2017),「戦後期における出入国管理体制の成立と「非移民国」日本」,『立命館言語文化研究』29(1)
宮島喬(2003),『共に生きられる日本へ: 外国人施策とその問題』, 東京: 有斐閣.
文京洙(2013),「戦後在日朝鮮人の生活と日本社会」,『社会の境界を生きる人々: 戦後日本の緑』, 東京: 岩波書店.
村井忠政編著(2007),『トランスナショナル・アイデンティティと多文化共生』, 明石書店.
森幸一(1995),「日系集団地にとっての『出稼ぎ』のもつ意味 3: 日系集団地の出稼ぎ送出形態とその影響」, 渡辺雅子,『共同研究出稼ぎ日系ブラジル人上巻』明石書店.
______(1999),「ブラジルからの日系人デカセギの一五年: 還流型移住としての〈デカセギ〉」,『ラテンアメリカ・レポト』16(1).

森本豊富(2012),『トランスナショナルな「日系人」の教育・言語・文化』, 明石書店.
蘭信三(2013),「戦後日本をめぐる人の移動の特質: 沖縄と本土の比較から」,『社会の境界を生きる人びと: 戦後日本の緑』, 東京: 岩波書店.
柳原和子(1994),『「在外」日本人』, 昌文社.
依光正哲(2005),『日本の移民政策を考える: 人口減少社会の課題』, 東京: 明石書店.
依光正哲編(2006),『日本の移民政策を考える: 人口減少社会の問題』, 東京: 明石書店.
米山裕・河原典史編(2007),『日系人の経験と国際移動: 在外日本人・移民の近現代史』, 人文書院.
渡邊博顕(2004),「間接雇用の増加と日系人労働者」,『日本労働研究雑誌』531.
渡辺雅子(1995),『共同研究出稼ぎ日系ブラジル人(上)論文編・就労と生活』, 明石書店.
______(1995),『共同研究出稼ぎ日系ブラジル人(下)資料編・体験と意識』, 明石書店.

公益財団法人海外日系人協会: http://www.jadesas.or.jp/aboutnikkei/index.html(검색일: 2017.07.02.)
日本法務省出入国管理局統計: http://www.immi-moj.go.jp/toukei/index.html(검색일: 2015.07.02.)
카스트로와 쿠바 혁명 이끈 한인, 그의 부친은 독립운동가: https://news.joins.com/article/23660617(검색일: 2019.12.19.)
체류외국인통계(구 등록외국인통계)통계표: http://www.moj.go.jp/housei/toukei/toukei_ichiran_touroku.html(검색일: 2019.12.10.)
일본인의 해외이주약사, 1868년~1998년: http://www.janm.org/projects/inrp/japanese/overview_ja.htm(검색일: 2019.12.11.)
일계사회 관련 사업 개요: https://www.jica.go.jp/regions/america/ku57pq0000207h3n-att/nikkei_outline.pdf(검색일: 2019.12.04.)
일계인 초청연수프로그램: https://www.jica.go.jp/regions/america/college.html(검색일: 2019.12.04.)
전쟁 전 일본인 해외이주자: https://www.jica.go.jp/regions/america/ku57pq0000207h3n-att/transition.pdf(검색일: 2019.12.04.)
전후 일본인 해외이주연표: https://www.jica.go.jp/regions/america/ku57pq0000207h3n-att/pamphlet_201903.pdf(검색일: 2019.12.06.)
가케하시 프로젝트(架け橋プロジェクト): https://www.jpf.go.jp/j/project/intel/youth/kakehashi/(검색일: 2015.06.17.)

교육시설 활용 청소년 교류사업: http://www.mext.go.jp/a_menu/sports/ikusei/kouryujigyou/index.htm(검색일: 2015.06.27.)
일본 내각부 청소년의 국제교류: http://www8.cao.go.jp/youth/kouryu/data/core.html(검색일: 2015.06.17.)
일본국제협력기구(JICA): http://www.jica.go.jp/activities/schemes/tr_youngleader/summary.html(검색일: 2015.06.10.)
일본인학교: http://www.mext.go.jp/a_menu/shotou/clarinet/002/1338806.htm(검색일: 2015.09.02.)
일본정부인정 재외교육시설: http://www.mext.go.jp/a_menu/shotou/clarinet/002/002.html(검색일: 2015.09.02.)
청소년행정의 종합적 추진: http://www8.cao.go.jp/youth/suisin/houkoku/c_1.htm(검색일: 2015.09.01.)
청소년연령구분: http://www8.cao.go.jp/youth/whitepaper/h20honpenhtml/html/sanko_02.html(검색일: 2015.07.02.)
청소년 해외유학 촉진 실행에 관한 관계 부성청의 시도: http://www.cas.go.jp/jp/seisaku/ryuugaku/dai2/siryou2_3.pdf#search(검색일: 2015.09.01.)
청소년 체험활동 지도자 양성 커리큘럼: http://www.niye.go.jp/services/plan/natural_experience.html(검색일:2015.06.26.)
학교교육법: http://www.mext.go.jp/a_menu/shougai/senshuu/06033002.htm(검색일: 2015.09.02.)
한국의 개발원조: http://kov.koica.go.kr/hom/(검색일: 2015.07.02.)
브라질 남미복음신문, 2016.02.19, pp. 10-11.
브라질 생활정보지 하나로, 2016.02.24, pp. 1-32.

| 찾아보기 |

(ㅂ)

(ㅅ)

(ㅇ)

(ㅈ)

(ㅊ)

(ABC)

(123)